读客文化

U0524468

图书在版编目（CIP）数据

华杉讲透《资治通鉴》/ 华杉著. -- 上海：上海文艺出版社, 2019.9
ISBN 978-7-5321-7167-5

Ⅰ.①华… Ⅱ.①华… Ⅲ.①中国历史 - 古代史 - 编年体②《资治通鉴》- 研究 Ⅳ.① K204.3

中国版本图书馆 CIP 数据核字 (2019) 第 076617 号

责任编辑：毛静彦
特邀编辑：周　喆　　乔佳晨　　沈　骏
封面设计：王　晓

华杉讲透《资治通鉴》
华杉　著

上海文艺出版社出版、发行
地址：上海市闵行区号景路159弄A座2楼
电子信箱：cslcm@publicl.sta.net.cn
新华书店经销　三河市龙大印装有限公司印刷
开本 710毫米×1000毫米　1/16　16印张　字数247千字
2019年9月第1版　2024年4月第11次印刷
ISBN 978-7-5321-7167-5/K.0388
定价：46.80元

如有印刷、装订质量问题，
请致电010-87681002（免费更换，邮寄到付）

华杉讲透
资治通鉴

通篇大白话，拿起来你就放不下；
古人真智慧，说不定你一看就会。

华杉 著

上海文艺出版社

目 录

编者注:为了保证阅读流畅性,本书目录列出每卷"主要历史事件"和"主要学习点"的页码,方便读者查找,不在内文中另设标题,仅在"主要学习点"处划线提示。

自序:君子多识前言往行以畜其德 / I

卷第一 周纪一

(公元前403年—公元前369年,共35年)/ 001

【主要历史事件】

韩赵魏三家分晋 / 003
豫让漆身吞炭 / 010
吴起杀妻求将 / 012
聂政刺杀侠累 / 015
田氏代齐 / 019
吴起死于楚国 / 020

【主要学习点】

礼制名分不能乱 / 004
德行为先,才能为后 / 009
看透一个人的五条方法 / 012
国家之宝,在德不在险 / 017

卷第二 周纪二

（公元前368年—公元前321年，共48年）/ 027

【主要历史事件】

商鞅变法 / 032
围魏救赵 / 038
孙膑与庞涓第二次交手 / 043
商鞅之死 / 047
孟子见魏惠王 / 048
诸侯开始称王 / 052
苏秦合纵 / 053
孟尝君散财养士 / 060

【主要学习点】

成就大事业的人，不跟一大堆人商量 / 032
诚信是人君的大宝 / 034
齐威王的国宝论 / 036
国君不可随意行赏 / 040
兵法关键在于掌握老套路 / 045
千人之诺诺，不如一士之谔谔 / 047
中国价值观大命题：孟子的"义利之辨" / 049
君子养士，是为了人民的福祉 / 060

卷第三　周纪三

（公元前320年—公元前298年，共23年）/ 063

【主要历史事件】

秦国兼并巴蜀 / 067
千金市骨 / 073
张仪连横失败 / 076
赵武灵王胡服骑射 / 082
魏冉崛起 / 083
鸡鸣狗盗 / 087

【主要学习点】

孟子的王道思想 / 066
有错就改，还是君子 / 071
对身边人好，远方之人就蜂拥而至 / 073
王道战略原型：商汤与周文王 / 078
要走光明大道，不要另辟蹊径 / 079
没有什么比滴水穿石更快 / 080

卷第四 周纪四

（公元前297年—公元前273年，共25年）/ 089

【主要历史事件】

赵章叛乱 / 092
白起崛起 / 094
宋康王，从疯狂到灭亡 / 097
乐毅率五国联军伐齐 / 098
完璧归赵 / 103
负荆请罪 / 107
田单的火牛阵 / 112
黄歇上书退秦兵 / 119

【主要学习点】

数胜必亡 / 097
义立而王，信立而霸，权谋立而亡 / 099
只有理想主义的事业才能基业长青 / 101
政治家的三个层次 / 104
学会与问题共存，带着问题前进 / 109
杀敌靠愤怒，夺敌靠奖赏 / 111
君子交绝，不出恶声 / 113
耳朵根子不能软 / 115

卷第五 周纪五

（公元前272年—公元前256年，共17年）/ 121

【主要历史事件】

阏与之战 / 124
范雎的"远交近攻" / 127
长平之战 / 136
毛遂自荐 / 145
信陵君窃符救赵 / 148
白起自杀 / 150
吕不韦与嬴异人 / 151

【主要学习点】

先胜后战，不胜不战，胜可知而不可为 / 125
胜利不是目的 / 129
没有什么是理所应当，一切都是难能可贵 / 133
无缘无故送上门的利益，必是祸患 / 135
把自己代入古人的事 / 139
上下不同欲，君臣异利 / 140
不可有利必趋、有害必避 / 142
用之则行，舍之则藏 / 143
小人物不要自卑，大人物别把自己太当回事 / 147

卷第六　秦纪一

（公元前255年—公元前228年，共28年）/ 155

【主要历史事件】

荀况论道 / 158
吕不韦任相国 / 168
东周灭亡 / 168
嬴政即位 / 171
李牧大破匈奴 / 173
嬴政诛杀嫪毐 / 178
春申君之死 / 179
李斯《谏逐客书》/ 180
吕不韦之死 / 182
韩非之死 / 183

【主要学习点】

民心可用，军队才可用 / 158
知道自己的能力边界，不追求最好的结果 / 162
兵法的关键不在于胜，而在于不败 / 164
君子的三个不变 / 167
学会与小人共存 / 172
等待，本身就是一种积极行动 / 174
人们总是低估做成一件事情需要的时间 / 176
志在必得者死 / 184

卷第七　秦纪二

（公元前227年—公元前209年，共19年）/ 189

【主要历史事件】

荆轲刺秦 / 191
王翦伐楚 / 193
秦始皇统一天下 / 197
蒙恬攻打匈奴 / 202
焚书 / 202
修建阿房宫和骊山陵墓 / 203
坑儒 / 204
秦始皇之死 / 205
扶苏自杀 / 205
胡亥即位 / 206
陈胜吴广起义 / 208
刘邦起兵 / 211

【主要学习点】

压倒性投入：投入越大，风险越小 / 194
团结是一个人的事，不是大家的事 / 197
名不正则言不顺，言不顺则事不成 / 214

卷第八　秦纪三

（公元前208年—公元前207年，共2年）/ 215

【主要历史事件】

张良追随刘邦 / 222
李斯之死 / 228
项羽成为上将军 / 231
钜鹿之战 / 232
赵高指鹿为马 / 237
秦二世之死 / 238
子婴杀赵高 / 238

【主要学习点】

与其早点看清别人，不如早点看清自己 / 219
有价值观和志向，才能行道于天下 / 219
领导力的关键，在于成就他人 / 221
命名就是召唤 / 224
傲和惰，能毁掉人的一生 / 228
"一语见幸"被提拔，是一种危险 / 229
君臣之义，只有名分是不行的 / 231
仁爱的领导力和恐怖的领导力 / 234

自序：君子多识前言往行以畜其德

我写这本《华杉讲透〈资治通鉴〉》，希望给读者贡献两个价值：一是轻轻松松通读《资治通鉴》，把故事讲好，一读就懂，把道理讲清楚，一看就明白；二是真正能学到东西，用在自己身上，知行合一。

要实现这两个价值，就要写成《资"自"通鉴》。什么意思呢？司马光写《资治通鉴》，是写给皇上看的，让皇上学习历史，从中找到治国理政的经验教训。而我这本书，是写给我自己看的，是写给和我一样的普通人看的，让人们从中找到自己安身立命、经营事业和人生的经验教训。正如宋神宗在为《资治通鉴》御制序言中所说："君子多识前言往行以畜（音xù，养育之意）其德。"我们读《资治通鉴》的目的，就在于"畜德"，提高自己的智慧和修养。

为什么要读史呢？就因为我们每个人都是历史的产物，也是形成未来的参与者。读史可以理解今日之中国、今日之世界为什么是这样子，也可以理解今日之我为什么是这样子。现在虽然是全球化的时代，但我们每个人都首先是中国人，我们与生俱来就继承着中国独特的政治和文化遗产。这些遗产构成了我们生存发展的环境，也存在于我们每个人的血脉里，是我们的文化基因。这文化既在我们之内，也在我们之外，构成我们的思想观念，让我们浸泡在其中。

《资治通鉴》从战国的三家分晋，写到后周世宗显德六年（公元959年）征淮南，一共16个朝代，1362年的历史。可以说，这就是中国政治和文化遗产的集大成。现在不是流行讲大数据吗？这就是历史的大数据。

这些历史大数据，是历朝历代一个个活生生的人和故事，是一本超级案例集。这些人物，是中国人的"原型人物"，这些故事，是中国社会的"原型故事"，驱动这些人物和故事的力量，就是中国历史的"社会原理"和"文化原力"。我们今天遇到的问题和困惑，无论是家国天下的，还是个人遭遇的，历史先辈都遇到过，都处理过，都有经验教训，找到原型、原理和原力，就可以更好地理解我们今天的社会，指导我们的生存、学习和发展。

《华杉讲透〈资治通鉴〉》是我"华杉讲透历史智慧系列"的第六部书。之前我写完了《华杉讲透〈孙子兵法〉》《华杉讲透〈论语〉》《华杉讲透〈孟子〉》《华杉讲透〈大学中庸〉》《华杉讲透王阳明〈传习录〉》。完成《资治通鉴》之后，我还会写讲透《史记》，整个讲透系列六本书，也可以说整体是一本书，为什么呢？因为后两本，《资治通鉴》和《史记》，可以说是前五本书的案例集。不是说"半部《论语》治天下"吗？在对《资治通鉴》的解读中，和平年代的事件和议论，我就用儒家思想来作案例分析。而战争年代的军事部分，则用《孙子兵法》来作对照讲解。这样，六本书结合起来，就是中国历史、中国文化、中国智慧最精华部分的理论和案例大全了。

写这一部书，是我"为往圣继绝学"心愿的一部分，之前写《孙子兵法》和"儒家思想"，是因为那是中国智慧的母体。而写《资治通鉴》，是因为它篇幅太大，现在很难有人能花精力去写，所以我就想利用我的优点——能下日日不断之功，滴水穿石——利用每天早上5：00到7：00的写作时间，花上十年，把这个工作做了。

孔子说："夫孝者，善继人之志，善述人之事者也。"继承往圣先贤的遗志，叙述他们的事迹，我这也是为祖先尽孝吧！

《资治通鉴》各种版本的权威，当然是历经宋、元两朝的胡三省的注本，后人无法超越了。但是，胡三省的注释，仍是古文，绝大多数人读不了。目前大家读的《资治通鉴》白话文版，一种是文白对照版，通常是找若干历史或中文教授，每人分解一部分合译，其出发点只在于译，不在于讲，可读性不是很强，而且每个人的理解也不一样。还有一个问题，就是过分翻译，译得像白开水，失去了原文的气脉。我在译注时，力图尽量保留原文的韵味，特别是一些传世警句，如果直译就太可惜了。所以，我先保留原句，再作解释，在文白之间,把握到比《三国演义》再白一点就可以了,能让读者没有阅读困难,又能体验到一点古风古韵。

另一种白话文版,就是《柏杨版〈资治通鉴〉》。柏杨老师怀着对中国历史"哀其不幸,怒其不争"的否定态度和憎恨情绪,基本上通篇都是痛斥,读得我心惊肉跳。我觉得他用现代语境来臧否中国古人,着力于批判,而不是借鉴,这不但对古人不公平,而且也无益于读者的学习进步。说实话,读了他的版本,是我发愿要重写《资治通鉴》解读的重要原因。但是,如果没有柏杨老师做的大量考据工作,我也没法这么容易去写这套书。对他的评论,我也作了部分收录。

宋神宗在御制序言中说:"惟是非不谬于圣人,褒贬出于至当,则良史之才矣。"我也用这句话来要求我这套书,是非明确,褒贬恰当,而且基本以中国儒家思想为价值观标准,怀着对祖先的感情和敬意去写。至于与"现代观念"不一致的地方,就要读者自己去辨别了。

神宗又说《资治通鉴》:"其中所记载的明君、良臣,他们切磋琢磨治国理政之道,他们相互商议讨论的精当之语,他们制定的德政和刑法,在天人相与之际,吉凶和善恶的原理,威福和盛衰之根本,规模和利害之功效,良将之方略,循吏之条教,评判其邪正,概括其善治与疏忽,其辞令渊厚,箴谏深切,可谓齐备!"

神宗这个评价,高度概括,令人神往。今天我写《资治通鉴》,就以胡三省的注本为本,结合张居正的《资治通鉴》讲稿,和王夫之的《读通鉴论》来写。希望能用现代的语言,还给读者原汁原味的古人智慧,再以"华杉讲透"的点评,与读者分享我的心得体会,知行合一。

《资治通鉴》全文三百余万字,我这套"讲透",也将有五百万字之巨,其中谬误,在所难免,望读者不吝批评指正!

华杉

2018年9月23日于上海寓所

卷第一 周纪一

（公元前403年—公元前369年，共35年）

主要历史事件

韩赵魏三家分晋　003

豫让漆身吞炭　010

吴起杀妻求将　012

聂政刺杀侠累　015

田氏代齐　019

吴起死于楚国　020

主要学习点

礼制名分不能乱　004

德行为先，才能为后　009

看透一个人的五条方法　012

国家之宝，在德不在险　017

威烈王二十三年（戊寅，公元前403年）

1 初命晋大夫魏斯、赵籍、韩虔为诸侯。

【张居正曰】

魏斯、赵籍、韩虔，这三人都是晋国强臣。春秋时，晋国有范氏、中行氏、智氏，及韩、赵、魏三家，一共六家，就是六卿。后来范氏、中行氏、智氏都被韩、赵、魏所灭。韩、赵、魏权势日益重大，就三分晋国之地，以威势逼迫周天子，求封为诸侯。天子微弱，不能讨伐其罪，只好顺从他们，封他们为诸侯，与列国之君同等地位。

周朝自周平王东迁以来，王室卑微，诸侯强大，礼乐征伐之权不出自天子。但是，体貌犹存，名分还在，所以，诸侯彼此吞并的事虽然有，但以臣代君的事还真没发生过。到了三家分晋，割地自强，胁迫天子以请封，而天子也不敢不从，这就冠履倒置，纪纲扫地了。

所以，特意用"初命"二字，意思是之前从未有这种事，这是开天辟地第一回，垂戒万世。

【华杉讲透】

《资治通鉴》从三家分晋开始写,因为这是治乱分野。

【司马光曰】

天子之职莫大于礼,礼莫大于分,分莫大于名。什么是礼?就是纪纲,就是政体、制度、法律。什么是分?就是君臣的名分。什么是名?就是公、卿、大夫的名位。

以四海之广,兆民之众,受制于一人。就算你有绝伦之力、高世之智,也不能因为你比他优秀,就要取而代之。你还是得为他奔走而服役听命,这就是因为有礼制纲纪。所以天子统辖三公,三公督率诸侯,诸侯管制卿大夫,卿大夫治理老百姓。这一个个层级,上级指挥下级,下级服从上级。上级驱使下级,就像心腹运动手脚,根本控制枝叶;下级事奉上级,就像手脚保卫心腹,枝叶庇护根本。如此才能上下相保,使国家长治久安。所以说天子的职责,莫大于礼。

当初文王为《易经》作序,把《乾》《坤》二卦列在书首。孔子《系辞传》说:"天尊地卑,乾坤定矣。卑高以陈,贵贱位矣。"就是说君臣名分像天地一样不可更易。孔子著《春秋》,抑诸侯,尊王室。王室虽然衰微,可夫子还把他们序列在诸侯之上。可见圣人对于君臣分际,向来都是殷殷致意,极为重视。(这就是在敲打那些野心家,不要乱想乱动。如果没有礼制名分的规矩,那岂不是随时都会准备内战?)

所以,除非出现极端情况,比如天子是桀纣那样的暴君,而诸侯中正好又有商汤、武王那样的仁人,天下都归心于商汤文武,上天也授命他们,那样才可以更易君臣之位。否则,君臣之分当伏节守死而已。

当初纣王无道,以微子的才能,如果取而代之,那么殷商王朝还可国运绵长,他们的先祖商汤还可继续在天子太庙祭祀。另一个是季札的例子,吴王寿梦有子四人,季札排行第四,但是最为贤能。父亲寿梦想传位给他,季札辞让,说王位是大哥的。于是寿梦立了长子诸樊。诸樊死时传给老二余祭,意思是兄终弟及,要一路传给季札,完成父亲的心愿。余祭死,老三夷昧立。夷昧临死,就要传位给季札,可季札还是避而不受。于是,夷昧就立了自己的儿子僚。这时候另一个人不服了,他就是诸樊的儿子公子光。公子光认为应该传给他，如果传儿子，当初诸樊死时就应该传给他了。公子光使专诸刺杀僚而自立，即阖闾。阖闾再往下传一代夫差，吴国就亡了。微子和季札二人，宁愿亡国也不要君位，就是因为礼制的大节不能乱，所以说礼莫大于名分。

礼以名器为重。礼的作用，在于辨别贵贱，序次亲疏，裁制万物，办理众事。没有名，就不能隆重彰显；没有器，就没有形式符号。所以，要用不同的名分来命名，用不同级别的器物来加以区别，这就是名器。有了名器，上下的秩序就清楚明白了。如果名器没有了，那礼制也不能单独存在。

当初卫国仲叔于奚，有战功于国家，却辞去赏赐给他的采邑，而向国君申请允许他在马脖子上挂繁缨。繁缨，是天子、诸侯马车上的带饰。繁是马腹带；缨为马颈革带。繁缨是只有天子、诸侯的马车上才能装饰的。孔子就认为，就算再给他增加采邑，也不能给繁缨，因为名分与器物不可以随便给人，这是国君的执掌。如果不坚持原则，就会走上亡国之路。

繁缨，是一个小小的器物，而孔子珍惜它。正名，似乎也只是一个细节问题，但是孔子认为应以之为先。因为名器乱了，上下等级次序就乱了。任何事物的发展，都是从小地方开始发端，然后逐渐显著，或者成就大功，或者铸成大祸。圣人深谋远虑，在事情还没有发展起来的时候就治理它，所以用力不多而成效显著。一般人见识短浅，总是等到事情已经不可收拾了才去救火，那竭尽全力也难以挽回了。《易经》说："履霜坚冰至。"脚下踏着严霜时，就知道要结冰了。《尚书》说："一日二日万几。"每天都要注意事物的细枝末节，就是讲这道理。所以说，<u>分莫大于名，要秩序稳定，各守本分，最重要的事就是正名</u>。

自从周幽王、周厉王失德，周朝就日益衰落了。纪纲散坏，以下犯上，诸侯专擅征伐，大夫专擅朝政，礼之大体，也丧失七七八八了。但是，文王、武王的祭祀还能绵延不绝，是因为周的子孙还能守住名分。当初晋文公有大功于王室，向周襄王请求允许他死后用只有天子才能使用的"隧葬"礼仪，可襄王不许，说："这是国家的典章，正是区别周天子和诸侯不同的地方。没有国君之德，却敢僭行天子之礼，那就是有两个天子了，如果出现这种事，恐怕叔父您也是厌恶的吧！不然的话，您有的是土地，想怎么葬就怎么葬，何必请示我呢？"晋文公于是害怕了，不敢违背。

所以，周国的土地，虽然已经只有曹国、滕国那么大，周国的人民，也不比邾国、莒国更多，但是几百年宗主天下，以晋、楚、齐、秦之强，也不敢侵犯它。为什么呢？就是因为名分还在。至于鲁国的季氏，齐国的田常，楚国的白公，晋国的智伯，他们的势力都足以逐君而自立。但是他们都不敢动。是他们力有不足吗？是他们于心不忍吗？非也！他们是害怕犯了奸名犯分的大罪，而天下共诛之。如今三家分晋，周天子若能像当初周襄王不许晋文公隧葬一样，不给他们名分，就是守住了底线。可他却加封了他们，先王之礼，到这儿就算走到尽头了！

或许有人会说，当时周室衰微，也是不得已。这是大谬！以三晋之强，如果不顾天子之反对而违反道义，破坏国体，那他们也不必向周天子请封，直接自立为诸侯就是了。如果不请于天子而自立，那就是悖逆之臣。天下如果再出现像齐桓公、晋文公那样的诸侯霸主，就要奉礼义而讨伐他们了。可如今他们请命于天子，天子居然答应了，那他们就合法地成为诸侯了，谁要是讨伐他，就师出无名了。所以三家分晋，位列诸侯，不是三家坏了礼制，而是天子自己坏了礼制。

礼制坏掉了，名分就乱掉了。天下之人就会斗智斗勇，互争雄长，那些作为圣贤后代的诸侯们，无不会遭受灭绝的命运，老百姓也几乎家破人亡，怎能不让人哀伤呢！

2 当初，智宣子将立智瑶为继承人，族人智果进谏说："不如立您的另一个庶子智宵。因为智瑶有五个方面都比别人优秀，但是有一条却不如人。五个优秀的方面是：一表人才，精于骑射，多才多艺，能文善辩，强毅果敢。而不如人的地方，就是他这个人不仁义。以如此的才干，又没有仁德之心，强力去驾驭别人，那谁受得了呢？如果您立了智瑶，智氏一定会灭族。"

智宣子不听。智果为了避祸，就找太史重新登记，改姓辅氏，脱离了智氏家族。

赵简子的儿子，大的叫伯鲁，小的叫无恤。赵简子犹豫不知道该立谁为继承人，就用两片竹简，刻上训诫的话，分别给他们俩，交代说："一定谨记！"三年后，他问两个儿子简书上的内容。伯鲁张口结舌，早就忘了。问他竹简在哪儿，也说丢失了。而无恤则背诵如流，问他竹简在哪儿，他马上从衣袖里拿出来，一直随身带着呢！于是赵简子认为无恤贤德，就立了无恤。

赵简子派尹铎治理晋阳。尹铎请示说："您派我去，是为了多搜刮钱财呢，还是为了保家卫国呢？"赵简子说："保家卫国。"于是尹铎就去了，他减轻赋税，增进民生。赵简子对无恤说："晋国一旦有灾变，你不要认为尹铎年轻，也不要嫌晋阳路远，一定去投奔他。"

智宣子去世后，智襄子继位。智襄子就是前面说的智瑶，又称智伯，他也掌握了晋国执政大权。有一天，智襄子与韩康子、魏桓子在蓝台宴会。宴会期间，智伯屡次戏弄韩康子，又侮辱韩家的总管段规。智国听说后，进谏说："激怒对方而不小心提防，恐怕要大难临头！"智伯说："什么大难？我就是大难，我不给人大难，谁还敢给我带来大难吗？"智国说："恐怕不是这么回事儿！《夏书》上说：'一个人屡犯过失，结下的冤仇不在明处，不能因为看不见就不加防备。'君子能在小事上谨慎，才没有大患。今天主公您在一次宴会上就同时羞辱了对方君相二人，让他们蒙受耻辱，您还认为他们不敢报复，恐怕不大妥当吧！就连黄蜂蚂蚁都能害人，何况对方是一个强大家族的族长和总管！"可智伯不听。

智伯要强占韩康子的土地，康子当然不愿意给。段规就说："智伯好利，而且刚愎自用。如果不给，他一定兴兵攻伐我们。不如给他，他得意忘形后，必定如法炮制，找其他家族要地。如果别人不给，就会激起战争，那时候咱们再见机行事。"

韩康子说："行！"于是就派使者去，给智伯送上一个拥有一万户人家的城邑。

智伯大为高兴，果然如法炮制，又找魏桓子要地。桓子准备拒绝。魏氏家族总管任章说："为啥不给他呢？"桓子说："他无故索地，当然不给。"任章说："他无缘无故就要别人的地，诸家大夫一定畏惧。我们给他，他一定更加骄横。他骄横而轻敌，诸家大夫就会因为畏惧共同的敌人而相亲。以相亲之兵对轻敌之人，我看智伯的命也就不长了。《周书》上说：'将欲败之，必姑辅之。将欲取之，必姑与之。'主公您不如给他，让他骄横，然后我们就可以选择联盟来对付他了。干吗要在今天独自一家来跟他翻脸呢？"

魏桓子说："好！"就也送了一座一万户人家的城邑给智伯。

韩家给了，魏家也给了，智伯得意忘形，接下来又找赵襄子，指名要蔡与皋狼两座城邑。赵襄子拒绝了。智伯大怒，统帅韩、魏两家的军队来攻打赵氏。赵襄子抵挡不住，想要撤离，就问手下："咱们往哪儿撤呢？"手下说："长子县比较近，而且城郭完固。"赵襄子说："人民精疲力竭去巩固城郭，又要拼死命来守城，谁能与我同心合力呢？"手下说："那去邯郸吧！存粮比较充裕。"赵襄子说："所谓存粮充裕，那都是搜刮来的。当初把人民都搜刮光了，现在又让他们跟我送死，他们能拥护我吗？还是去晋阳吧！父亲在世时嘱咐我，有难就去晋阳。尹铎宽厚爱民，晋阳人民一定和我上下一心！"于是就去了晋阳。

智、韩、魏三家的军队包围了晋阳，并引水灌城，城淹到只剩六尺，连锅灶都沉入水里，生出了长脚虾，可人民却还没有背叛投降的意思。智伯视察水攻的情景，当时魏桓子驾车居中，韩康子持矛居右。智伯说："我今天才知道，水攻可以亡人之国啊！"听了这话，魏桓子用肘碰碰韩康子，韩康子也轻轻踩了一下魏桓子的脚，两人都想到了，汾水可以灌魏的主城安邑，绛水可以灌韩的主城平阳。

智伯的谋士絺疵说："韩魏必反！"智伯问："你怎么知道？"絺疵说："形势之必然，以韩魏之兵攻赵，赵灭亡了，下一个就轮到韩魏。之前我们约好的，灭赵之后，三分其地。现在城已经淹到只剩六尺了，人马相食，眼看他们就要投降了，而韩魏二人，面无喜色，反而忧心忡忡，这不是要反，那是什么呢？"第二天，智伯把絺疵的话告诉韩魏二人，二人说："这是敌人的离间计，是让主公您怀疑我们，然后放松对赵氏的攻击。我们怎么会对马上就要到手的地盘不动心，反而去图谋反对您，做那充满危难而办不到的事呢？"韩魏两人刚走，絺疵就进来，对智伯说："主公您怎么把我的话跟他们说呢？"智伯说："你怎么知道我跟他们说了？"絺疵说："他两人盯着我看，然后又快步离开，我就知道他们的心思了。"但智伯不听絺疵的。絺疵为了避祸，就请求出使齐国，溜了。

赵襄子派张孟谈偷偷出城见韩魏二子，说："我听说唇亡齿寒的道理，今天智伯率韩魏攻赵，赵亡之后，就轮到韩魏了。"二子说："我们也知道这道理，就是怕事情没办成，而阴谋泄露，反而招祸。"张孟谈说："谋出于二子之口，入臣之耳，有什么不放心呢？"于是三人商议停当，约好起事的日期，赵襄子派人深夜杀掉守堤的士卒，把水引去灌智伯的军队。智伯军乱，韩、魏两军分从两翼夹攻，赵襄子率赵军从正面攻击，智伯军大败，于是杀了智伯，尽灭智氏之族，只有辅果一支得以幸存。

【司马光曰】

智伯之亡，是亡于才胜于德。才和德是两回事，但是一般人分辨不出来，都通称为贤，这就是看错人的原因。

聪察强毅叫才，正直中和叫德。才者，德之资也；德者，才之帅也。德驾驭才，德运用才。那云梦泽的竹子，有着天下最强劲的质地，但是，不进行矫正揉曲的处理，再加之以羽翎箭括，就不能成为一支利箭。那棠谿出产的金属，是天下最锋利的物件，但是，不进行熔炼锻铸，再加之以磨炼砥砺，就不能攻击强大的敌人。

所以说，才德兼备的叫圣人，才德皆无的叫愚人，德胜于才的叫君子，才胜于德的叫小人。取人之术，如果得不到圣人、君子，宁肯得愚人，也不要用小人。为什么呢？因为君子挟才以为善，小人挟才以为恶。挟才以为善，则善无所不至；挟才以为恶，则恶也无所不至。愚者虽然也想干坏事，但是智力不能周全，力量不能胜任，就像乳狗咬人，很容易就把它制住了。小人呢，智足以逞其奸，勇足以决其暴，这是如虎添翼，为害不浅！而且，人们对德呢，往往是敬而远之，对才呢，则爱而亲之；一个疏远，一个亲近，就往往为有才之小人所蔽，而忽视了他们的德行。自古国之乱臣，家之败子，才有余而德不足，以至于亡国败家的例子，太多了！岂止是智伯这一个案例！所以，治国当家者，如果能审查才德之分而知所先后，又何必怕自己没有知人之明呢！

【华杉讲透】

《资治通鉴》开篇头两节，用心良苦，开篇立意。第一节讲礼制名器，这是治国之大本；第二节讲才德之分，亲贤臣，远小人。《资治通鉴》，最重要的纲领就这两条吧。

才德之分，司马光说要知所先后。而知所先后，是《大学》里的话："知所先后，则近道矣。"凡事你知道哪个在先，哪个在后，就接近得道了。你知道德为先，才为后，那么在用人之际，你就能辨别谁是君子，谁是小人。而且，根据我的体会，是自己做君子在先，辨别别人是不是君子在后。如果对自己的德没有要求，你就看不清别人。智宣子当初为什么看不出智伯是败家子呢？不是他不晓得这些道理，而是他自己就有问题。

所以，凡事在于要求自己。如果你在网上看见一个标题——什么样的朋友不值得交。你点击进去一条一条读，提醒自己提防这些人，还转发分享，这等于什么也没学到。当我们读这样的文章的时候，应该一条条对照自己，我不要成为那样的人！至于别人，一时还顾不上，自己还没管好呢！

神宗皇帝在御制《资治通鉴》序中说："君子多识前言往行以畜其德。"我们读书是为了修自己的德。要修德，是因为真切认识到自己缺德，因为缺，所以才要修嘛。

学习才德之辨，学习君子小人之分，主要是要认识到自己是小人，自己缺德，才尽量去补救改过，不是为了制别人，也不是为了有辨别他人的"智慧"。当你擦亮了自己的良知，自然心如明镜，来者如照，了了分明，不需要再添加什么智慧。

3 韩、赵、魏三家分了智氏的田产，赵襄子还是对智伯恨之入骨，就把智伯的头盖骨用油漆漆了，当饮器喝酒。智伯的臣子豫让想替智伯复仇，就诈称自己是个受过刑的犯人，然后暗藏匕首，到赵襄子宫中扫厕所。赵襄子如厕，突然觉得心中不安，叫人严加搜索，然后抓住了豫让。左右的人要杀掉他。赵襄子说："智伯死而无后，这人还能替主公报仇，也是个义士，把他放了吧。我躲着点他就是了。"豫让又用漆涂在自己身上，长满癞疮，口吞木炭，让自己声音沙哑，在街上做乞丐。他妻子看见他都不认识，但有一个朋友把他认出来了，哭着说："以子之才，臣事赵孟（当赵家的臣子），也一定会得到宠幸，那样不更能找到机会杀他吗？何必这样苦自己呢？这样报仇，不是很难吗！"豫让说："我如果委质为赵氏之臣，又图谋杀他，那就是有二心了。我想做的事，确实是很难办到。而我之所以这样做，正是要让天下后世为人臣而有二心者感到羞愧啊！"这一天，赵襄子出门，豫让埋伏在桥下。赵襄子到了桥头，马突然受到惊吓。四下搜索，抓到豫让。这回，赵襄子杀了他。（赵襄子也是个厚道人，前面说过，父亲测试他和大哥伯鲁谁更有贤德，最后选了他做继承人。）

赵襄子想着这君位本来应该是伯鲁的，就还想还给伯鲁的后代。所以，他自己虽然有五个儿子，却不肯立自己的儿子做继承人。他封伯鲁的儿子在代城，称为代成君。代成君死得早，赵襄子就立代成君的儿子赵浣为继承人。赵襄子死后，他的弟弟赵桓子夺位，逐走了赵浣，自立为君。但是，他只做了一年君主就死了。赵国人不服，说："赵桓子为君，不是襄子主公的意思。"于是一起把赵桓子的儿子杀了，再把赵浣接回来为君，这就是赵献子。赵献子生赵籍，就是后来的赵烈侯。

魏国方面，魏桓子的孙子魏斯，就是后来的魏文侯。

韩国方面，韩康子生武子，武子生虔，就是韩景侯。

魏文侯尊贤爱士，以卜子夏、田子方为师，每次从段干木的家门口过，必定低头，手扶车前横木，以示敬礼，所以四方贤士都来归附他。

子夏是孔子的学生，在魏国开馆设教，让魏国风气人才，为之一新。

有一次，魏文侯与群臣饮酒，正在兴头上，突然天降大雨，文侯下令备车前往野外去。左右说："咱们喝得正高兴，天又下雨，主公要到哪里去呢？"魏文侯说："我与管理山林的虞人约好了今天一起打猎，饮酒虽乐，我也不能失信于人哪！"于是驾车前往，亲自去告诉对方因为下雨，取消打猎的事。

韩国向魏国借兵，要攻打赵国。魏文侯说："寡人与赵是兄弟之国，不敢从命！"赵国也来向魏国借兵，要攻打韩国。魏文侯说："寡人与韩是兄弟之国，不敢从命！"两国使者都愤怒而去，后来知道文侯跟对方说的话也是一样，都感动羞愧，来魏国朝谢。于是魏国成为三晋之首，天下诸侯都不能与之争锋。

魏文侯派乐羊攻伐兼并了中山，封给他的儿子魏击。文侯很得意，问群臣说："你们认为，我是什么样的君主呢？"大家都说："仁君！"任座却唱反调："主君得了中山，没有封给自己的弟弟，而是封给了自己的儿子，怎么能算得上是仁君呢？"文侯发怒，任座就起身出去了。文侯又问翟璜。翟璜说："仁君！"文侯问："何以知之？"翟璜说："我听说君仁则臣直，任座能如此当面直言，所以我知道您是仁君。"文侯听了很高兴，让翟璜去把任座请回来，亲自下堂迎接，以为上宾。

魏文侯和田子方一起饮酒，说："噫？这编钟的乐音好像不太调和啊？是不是左边挂高了？"田子方笑。文侯说："你笑啥？"子方说："我听说，主君应该知道的，是乐官是否胜任，而不是知道乐音准不准。如果主君您知道乐音准不准，恐怕就不知道乐官是否胜任了。"

公子魏击出门，路上遇见国师田子方，连忙下车行礼。田子方也不还礼。魏击怒，说："是富贵者骄人呢？还是贫贱者骄人呢？"田子方答："当然是贫贱者骄人，富贵者怎么敢骄人呢！国君骄人则失其国，大夫骄人则失其家。亡国之君，没有人会再把一个国给他；破家大夫呢，也没有人会再给他一分封邑家业。而我们贫贱之士呢，言不听，计不从，行不合，穿上鞋就走，到哪儿得不到贫贱呢？"魏击于是向他谢罪。

文侯问李克："先生您曾经跟我说过：'家贫思良妻，国乱思良相。'现在选择宰相，不是魏成就是翟璜，先生认为他们二位如何？我该选谁？"李克说："卑不谋尊，疏不谋戚。臣在野之人，不敢妄议朝中贵戚大臣！"文侯说："这是国家大事，先生不要推辞！"李克说："国君只是没有留意考察罢了。看一个人，一看他平时亲近的人，二看他富贵时资助的人，三看他显达时保举的人，四看他遇困时有所不为之事，五看他贫穷时有所不取之利，这五个方面，就足以看透一个人了，主君何须问我呢？"文侯说："先生回宾馆休息吧，我的宰相已经选定了！"

李克出门，遇见翟璜。翟璜问："今天听说国君召见先生问宰相人选，最后选了谁呢？"李克说："魏成。"翟璜忿然作色，说："西河守吴起，是我举荐的。国君担忧邺城的治理，我举荐了西门豹。国君要攻伐中山，我举荐了乐羊。中山攻取后，没有守备，我举荐了先生您。国君的儿子没有老师，我举荐了侯鲋。就这几条来看，我哪一点不如魏成？"

李克说："你举荐我给国君，难道是为了结党营私做大官吗？国君问我谁可以做宰相，我是如此这般跟国君回答的（把跟魏文侯的对话复述了一遍）。我之所以知道国君会选择魏成，是因为魏成千钟俸禄，只用一百钟养家，九百钟都用来结交贤士。所以发掘出卜子夏、田子方、段干木，举荐给国君。国君都把他们尊为国师。您举荐的五人，国君都用为臣子。您怎么能跟魏成比呢！"

翟璜羞愧地说："是我识见浅陋，说错话，愿终身做您的学生！"

【华杉讲透】

识人用人的五条，还是那句话，不要光用来审察别人，关键是对照检查自己，才算是学到了。平时亲近什么人，富贵时资助什么人，显达时举荐什么人，遇到困境时是不是不义之事宁死也不会干，贫穷时是不是不义之财饿死也不取。这就是孟子说的："行一不义，杀一不辜而得天下，皆不为也。"

吴起，本是卫国人，在鲁国做官。齐国攻打鲁国，鲁国想命吴起为大将。但是吴起妻子是齐国人，鲁国对他不放心。于是吴起杀了妻子，消除嫌疑，得以为将，大破齐师。

　　有人就对鲁侯说："吴起起初事奉曾参，自己母亲死了，都不回家奔丧。曾参很厌恶他，和他绝交了。现在又杀妻求将，这是残忍薄行之人啊。"吴起听说后，害怕获罪，听说魏文侯贤德，就投奔魏国。文侯问李克意见，李克说："吴起贪而好色，但是要说到用兵，就是司马穰苴也赶不上他。"于是魏文侯用吴起为将，攻打秦国，拔下五个城池。

　　吴起为将，与士卒同吃同穿，同甘共苦，睡觉时就睡地上，不另外铺席子，行军不用车马，只凭两条腿和士卒一起走。亲自背负干粮，和士卒一样劳动。士卒有身上长了疮的，吴起亲自用嘴替他吮吸。那士卒的母亲听说了，失声痛哭。旁人问："你儿子只是一个普通士兵，而将军亲自为他吮吸疮脓，这么荣耀的事，你怎么还哭呢？"那士卒母亲说："当初将军为他的父亲吮吸疮脓，他父亲奋不顾身，战死沙场。如今将军又为他吮吸疮脓，不知道他将来又要战死何处了，我如何能不哭！"

4 燕湣公薨逝，子僖公立。

威烈王二十四年（己卯，公元前402年）

1 周威烈王崩逝，子安王立。

2 强盗击杀楚声王。楚国人立其子为悼王。

安王元年（庚辰，公元前401年）

1 秦伐魏，打到阳孤。

安王二年（辛巳，公元前400年）

1 魏、韩、赵联军伐楚，打到桑丘。

2 郑国围攻韩国阳翟。

3 韩景侯虔逝，子烈侯继位。

4 赵烈侯虔逝，国人立其弟继位，是为赵武侯。

5 秦简公虔逝，子惠公继位。

安王三年（壬午，公元前399年）

1 周王子姬定逃奔晋国。

2 虢山崩塌，泥石壅塞黄河。

安王四年（癸未，公元前398年）

1 楚国发兵包围郑国。郑国杀掉宰相驷子阳。因为驷子阳是郑国宗族，是郑穆公的后代。

安王五年（甲申，公元前397年）

1 发生了日食。

2 三月，强盗杀死韩国宰相侠累。

侠累与濮阳严仲子有仇。严仲子听说轵人聂政勇猛过人，以黄金百镒为聂政母亲贺寿，想请他为自己报仇。聂政不接受，说："老母亲还在世，我不能以身许人。"等聂政母亲去世后，严仲子便派聂政刺杀侠累。侠累坐在自己府上，兵卫甚众。聂政突击而入，冲上台阶，刺死了侠累。聂政自知无法逃脱，用刀子割破自己面皮，又自挖双眼，毁容后再剖腹自杀，肠流满地。韩国人把聂政尸体在大街上示众，悬赏征求辨明聂政身份，但没人能认出来。聂政的姐姐聂嫈知道了这件事，走到弟弟尸体旁痛哭，说："这是轵地深井里的人聂政啊，因为姐姐我还活着，怕连累我，所以毁容灭迹来保护我。我怎么能因为怕惹上杀身之祸，而埋没了我弟弟的英名！"于是在聂政尸体旁自杀。

安王六年（乙酉，公元前396年）

1 郑国驷子阳的余党杀掉了郑繻公，立他的弟弟乙为君，是为郑康公。

2 宋悼公薨逝，子休公田立。

安王八年（丁亥，公元前394年）

1 齐伐鲁，取最。

2 郑国负黍城叛变，重新回归韩国。

【胡三省曰】

负黍本来是韩国城市，据《史记》记载，郑繻公十六年，败韩于负黍，应该是在该年成为郑国地盘，现在又起义回归韩国。

安王九年（戊子，公元前393年）

1 魏伐郑。

2 晋烈公薨逝，子孝公倾立。

安王十一年（庚寅，公元前391年）

1 秦伐韩宜阳，攻取六个城邑。

2 当初，田常生襄子田盘，盘生庄子田白，白生太公田和。这一年，齐国权臣田和把齐康公流放到一个海岛上，给了他一个城邑的赋税，以奉其祖先祭祀。

安王十二年（辛卯，公元前390年）

1 秦、晋战于武城。

2 齐伐魏，取襄阳。

3 鲁败秦师于平陆。

安王十三年（壬辰，公元前389年）

1 秦侵晋。

2 齐国权臣田和与魏文侯以及楚国、卫国代表在浊泽会晤，希望魏、楚、卫支持他取代齐国姜氏成为诸侯。魏文侯替他向周安王请求，并且斡旋列国诸侯。周安王同意了。

安王十五年（甲午，公元前387年）

1 秦伐蜀，取南郑。

2 魏文侯薨逝，太子魏击继位，是为魏武侯。

魏武侯在西河顺流而下，船至中流，对吴起说："美哉山河，固若金汤，此魏国之宝也！"吴起说："国家安全，在于君王之德行，不在于地势之险要。上古时代的三苗氏，左有洞庭湖泊为屏障，右有鄱阳湖为拱卫，但是德义不修，终为大禹所灭。夏桀的都城安邑，左有黄河、济水，右有华山，南面两山相对为伊阙，北有羊肠之险，但是修政不仁，被商汤赶下宝座，流放远方。而商纣王之国呢，左有孟门天险，右有太行山脉，常山在其北，黄河在其南，修政不德，为周武王所杀。由此观之，国家安全，在德不在险，如果君上您不修德，这舟中之人，都是敌国！"武侯说："好！"

魏国任命田文为宰相。（此田文，不是齐国的田文。）吴起不服，问田文："我能跟您比一比谁对国家的功劳大吗？"田文说："好啊！您说！"吴起说："率领三军，使士卒慷慨赴死，让敌国不敢打魏国主意，您赶得上我吗？"田文说："我不如您。"吴起说："统领百官，亲近百姓，促进生产，充实国库，您比得上我吗？"田文说："我不如您。"吴起接着说："守卫西河，让秦兵不敢东向，韩、赵只能唯命是从，您行吗？"田文说："我不如您。"吴起说:"那么问题来了,这三方面您都不如我,凭什么您的地位要比我高呢?"田文说:"新主年少,上层互相猜疑,大臣还未亲附,百姓对新朝还没有信任和信心,在这个时候,您说,用您做宰相呢?还是用我做宰相呢?"吴起默然良久,说:"该用您做宰相!"

后来,魏国宰相公叔,娶了公主为妻。他嫉恨吴起,想把吴起除掉。公叔的一个仆从献计说:"除掉吴起很容易。吴起这个人,为人刚劲,而且自鸣得意。您先给君上说:'吴起是个大才,而咱们是个小国,怕留不住他呀!主公不如下嫁公主给他,他如果不想在咱们魏国久留,一定会拒绝这门亲事。'然后呢,您再请吴起到家里做客,让夫人对您百般凌辱,吴起看到娶了公主之后生不如死的生活,一定推辞,咱们的计策就成功了!"公叔大喜,依计而行。吴起到公叔家做客,看到公叔在公主面前猪狗不如的地位,紧接着魏武侯就要嫁女给他,他吓得赶紧推辞。魏武侯下嫁公主,居然被吴起拒绝,出离愤怒,怀疑吴起有二心。吴起此时就算知道上当,也来不及了,他害怕被诛,只能逃亡,就跑去投奔楚国了。

楚悼王一向仰慕吴起的贤名,吴起一到,就直接任命他为楚国宰相。吴起推动改革,修订法律,罢黜所有只领薪水、没有具体工作的闲散官位;废除血缘疏远的公族的爵位俸禄,把国家财政,用来养战斗之士,提高军队待遇和战斗力;坚持独立自主的外交政策,既不合纵,也不连横。于是三面出击,南平百越,北却三晋,西伐秦国,楚国国势大张,诸侯都畏惧楚国之强,而楚国的贵戚大臣利益集团,因为吴起触动他们的利益,而非常仇恨吴起。

3 秦惠公薨逝,子出公立。

4 赵武侯薨逝,赵国人复立烈侯之太子章,是为敬侯。

5 韩烈侯薨逝,子文侯立。

安王十六年（乙未，公元前386年）

1 初命齐大夫田和为诸侯。

【华杉讲透】

田氏从此取代姜氏拥有齐国，田和为"新齐国"的齐太公。这也是开天辟地头一遭，之前韩赵魏是三家分晋，而齐国是田氏一家直接通过周天子的合法任命，把姜太公的子孙取代了。

2 赵国公子朝作乱，逃奔魏国，又和魏国结盟，率领魏国军队攻打邯郸，没能攻克。

安王十七年（丙申，公元前385年）

1 秦国庶长改发动政变，杀死秦君出子及其母，沉之渊旁，迎接流亡河西的师隰回国继位，是为秦献公。

【胡三省曰】

师隰是秦灵公的儿子，这君位本该是他的。但当初秦灵公死，师隰的叔父悼子夺位，是为简公。师隰就流亡到河西去了。简公死，子惠公立。惠公死，子出子继位。如今庶长改杀出子而迎立献公。

2 齐伐鲁。

3 韩伐郑，取阳城。

4 齐太公薨，子桓公田午继位。

安王十九年（戊戌，公元前383年）

1 魏败赵师于兔台。

安王二十年（己亥，公元前382年）

1 发生了日全食。

安王二十一年（庚子，公元前381年）

1 楚悼王薨，贵戚大臣作乱，围攻吴起。吴起跑到停放王尸的地方，伏在尸体旁边。攻击吴起的乱臣用箭射杀吴起，也射中了王尸。悼王下葬之后，肃王继位，让令尹尽诛作乱者，因吴起案牵连被灭族的有七十余家。

安王二十二年（辛丑，公元前380年）

1 齐伐燕，占领桑丘。魏、韩、赵三国联军伐齐，打到桑丘。

【胡三省曰】

前面周安王二年记载有魏、韩、赵联军伐楚，打到桑丘。此桑丘非彼桑丘，是另一座同名城市。

安王二十三年（壬寅，公元前379年）

1 赵国偷袭卫国，未能得手。

2 之前被田氏流放到一个海岛上的齐康公薨逝，没有子嗣，田氏就兼并了齐国。姜太公的齐国，至此亡国灭宗了。

就在这年，齐桓公也薨逝，子因齐继位，是为齐威王。

安王二十四年（癸卯，公元前378年）

1 狄人在浍打败魏国军队。

2 魏、韩、赵伐齐，打到灵丘。

3 晋孝公薨，子俱酒继位，是为晋靖公。

安王二十五年（甲辰，公元前377年）

1 蜀伐楚，占领兹方。

2 子思向卫侯推荐苟变说："他的才能可以统帅五百辆兵车。"

【胡三省曰】

古者兵车一乘，甲士三人，步卒七十二人，五百乘，就是三万七千五百人的部队。

卫侯说:"我知道他有大将之才,但是他曾经做过政府官吏,下乡收税的时候,吃了百姓两个鸡蛋,所以我不用他。"子思说:"圣人任命官员,是用人之才,就像建筑师选用木材一样,取其所长,弃其所短,比如杞和梓,两木皆良材,长到几人合抱的大树,中间有几尺是朽坏的,优良的工匠还要拿它来用,不会把整棵树都丢弃。现在国君您身处战国时代,正需要爪牙之士,就因为吃了百姓两个鸡蛋,而要抛弃捍卫国家的大将吗?这消息千万不要传出去,一则为人耻笑,二则天下之才,觉得自己有点缺点,都不敢到卫国来了。"卫侯再拜说:"我谨受您的教诲!"

卫侯在卫国的君臣会议上讲话,讲得也不怎么样,意见也不对,作出了错误的决定,但是群臣同声一致赞同,就像一个嘴巴在讲话一样。子思说:"在我看来,今日之卫国,就像孔子说的'君不君,臣不臣',一样一样的!"公丘懿子问:"为什么说卫国君不像君,臣不像臣呢?"子思说:"人主自以为是,臣下就不会说出自己的意见。做对了,自鸣得意,还会排斥别人的意见;何况卫侯说的这意见根本就不对!群臣还同声唱和,那不是助长他的罪恶吗?人主不审察事情的是非真伪,而是喜欢听别人的赞美,没有比这更昏暗的了。群臣不揣度事情的真理所在,就阿谀奉承,争取君王的好感,没有比这更谄媚的了。君暗臣谄,这样的统治阶级来领导人民,人民绝对不会认同。再不改变这种风气,国家就要灭亡了!"

子思对卫侯说:"国事日非,君上的卫国越来越差了!"

卫侯问:"何出此言?"

子思说:"事情演变到此,是有原因的。国君讲起话来自以为是,卿大夫就不敢提出反对意见;卿大夫讲话也自以为是,士人庶人也不敢提出反对意见。君臣都自以为贤能,下级群众也同声赞美,一级哄一级,随声赞美的有福,出言反对的遭祸,这样,有益于国家的善言善政,怎么能够产生?《诗经》上说:'具曰予圣,谁知乌之雌雄?'都自称是圣贤,谁能辨别鸟的雌雄?说的就是卫国君臣吧!"

3 鲁穆公薨,子姬奋继位,是为鲁共公。

4 韩文侯薨,子韩哀侯继位。

安王二十六年（乙巳，公元前376年）

1 周安王崩逝，子姬喜继位，是为周烈王。

2 魏、韩、赵三家废晋靖公为庶人，瓜分了晋国残留的最后一块土地，晋国正式灭亡。

烈王元年（丙午，公元前375年）

1 发生了日食。

2 郑国灭亡，被韩国吞并。韩国将都城迁到郑国国都新郑。

3 赵敬侯薨，子赵种继位，是为赵成侯。

烈王三年（戊申，公元前373年）

1 燕国在林狐打败齐国军队。鲁伐齐，攻陷阳关。魏伐齐，打到博陵。

2 燕僖公薨，子燕桓公继位。

3 宋休公薨，子宋辟公继位。

4 卫慎公薨，子卫训继位，是为卫声公。

烈王四年（己酉，公元前372年）

1 赵伐卫，占领首都濮阳附近七十三个村镇。

2 魏国在北蔺击败赵国军队。

烈王五年（庚戌，公元前371年）

1 魏伐楚，占领鲁阳。

2 韩国大夫严遂，刺杀了国君哀侯。国人立其子懿侯继位。当初，哀侯任命韩廆为宰相。但是，他又对严遂更加亲近。这样搞得韩廆和严遂二人势不两立。严遂派人刺杀韩廆，韩廆急奔哀侯寻求保护。哀侯抱住韩廆，刺客就连哀侯一块儿杀了。

3 魏武侯薨，生前没有立太子。他的儿子魏罃与公中缓争位，国内乱。

烈王六年（辛亥，公元前370年）

1 齐威王到周朝首都洛阳，朝见天子。当时周室衰弱，诸侯早就废了朝见之礼，而唯有齐威王去朝见，于是天下人都以齐威王为贤德。

2 赵伐齐，打到鄄城。

3 魏国在怀县打败赵军。

4 齐威王召见即墨大夫,说:"自从我委任你治理即墨,我每天都收到针对你的举报信。但是我派人去即墨秘密调查,发现开荒地为良田,人民富足,衙门无事,齐国东部,一片祥和安宁,这说明你没有巴结攀附我左右的那些近臣。"于是,增加他一万户人家的封邑。

齐威王又把东阿大夫召来,说:"自从我委任你治理东阿,我几乎每天都听到对你的赞扬。我派人去东阿调查,发现田野荒芜,人民贫困,还饿肚子。当初赵国攻打鄄,你见死不救;卫国占领了薛陵,你还不知道;那些赞扬你的话,都是你买通我的左右来骗我的吧!"当天,就把东阿大夫和平时赞扬他的近臣,全都用大锅烹杀。群臣惊惧,再也没人敢欺上瞒下,都尽力做实事,于是,齐国大治,强于天下。

【张居正曰】

齐威王刚即位的时候,不理政事,凡事废弛,国势衰弱。到了第三年,他突然发奋图治。那些之前乱来的臣子,就倒霉了。

5 楚肃王臧,无子,其弟良夫继位,是为楚宣王。

6 宋辟公辟兵,子剔成继位。

烈王七年(壬子,公元前369年)

1 发生了日食。

2 周烈王崩,弟弟姬扁继位,是为周显王。

3 魏国大夫王错出奔韩国。公孙欣对韩懿侯说:"魏国乱了,可以攻取!"韩懿侯就与赵成侯合兵伐魏,战于浊泽,打破魏军,于是包围了魏国首都安邑。赵成侯说:"把魏䓨杀了,改立公中缓,以此为条件,让他割一部分土地给我们,我们就退兵,这样咱们两国都得利。"韩懿侯说:"不可!杀魏君,这是暴行；割地而退，这是贪婪。不如把魏国一分为二，让他两人都当国君。魏国分裂后，就比宋国还弱，对我们两国都没有威胁了。"

赵成侯坚决不同意韩懿侯的意见。韩懿侯不高兴，当天晚上就班师回国了。韩军撤了，赵成侯一个人也拿不下来，也撤了。安邑之围遂解。魏䓨乘机袭杀公中缓，自立为君，是为魏惠王。

从周烈王五年魏武侯薨逝，到周烈王七年魏惠王继位，经历两年内忧外患，魏国终于有了新君。

【司马光曰】

魏惠王之所以自己没有身死，国家没有分裂，是因为韩、赵两家阴谋不相合，如果赵成侯听了韩懿侯的，魏国就分裂了。所以古人说："国君去世，如果没有合法继承人，那国家就会被外敌攻破。"

卷第二 周纪二

（公元前368年—公元前321年，共48年）

主要历史事件

商鞅变法　032

围魏救赵　038

孙膑与庞涓第二次交手　043

商鞅之死　047

孟子见魏惠王　048

诸侯开始称王　052

苏秦合纵　053

孟尝君散财养士　060

主要学习点

成就大事业的人，不跟一大堆人商量　032

诚信是人君的大宝　034

齐威王的国宝论　036

国君不可随意行赏　040

兵法关键在于掌握老套路　045

千人之诺诺，不如一士之谔谔　047

中国价值观大命题：孟子的"义利之辨"　049

君子养士，是为了人民的福祉　060

显王元年（癸丑，公元前368年）

1 齐伐魏，占领观津。

2 赵侵齐，占领齐国修建的长城。

显王三年（乙卯，公元前366年）

1 魏、韩两国在宅阳会晤。

2 秦国在洛阳打败魏、韩两国联军。

显王四年（丙辰，公元前365年）

1 魏伐宋。

显王五年（丁巳，公元前364年）

1 秦献公在石门打败韩、赵、魏三国联军，斩首六万人。周显王赏赐给他黼黻之服。

【华杉讲透】

黼黻是天子服装的纹样，天子服十二章纹样，分别为：日、月、星、山、龙、华虫、宗彝、藻、火、粉米、黼、黻。黼、黻最早分别表示两种事物。黼专指斧，半黑半白的斧形图案，天子穿它，取其杀伐决断之意。黻专指正反两弓相背的图案。周显王赏赐给秦献公有斧和弓图案的礼服，相当于是对他征伐的肯定了。

显王七年（己未，公元前362年）

1 魏国打败韩、赵联军于浍。

2 秦国与魏国在少梁会战，魏军败，宰相公孙痤被俘。

3 卫声公薨，子卫速继位，是为卫成侯。

4 燕桓公薨，子燕文公继位。

5 秦献公薨，子秦孝公继位。秦孝公本年二十一岁。当时秦国所处的形势，黄河、华山以东，有齐、韩、赵、魏、燕、楚六个强国，淮河、泗水之间，还有宋、鲁、邹、滕、薛等十几个小国，楚、魏与秦接壤。魏国为了防备秦国，修筑了长城，从郑县沿着洛河，直到上郡。楚国自汉中，经巴城，南到黔中，拥有广袤的领土。各国都把秦国看成落后地区的蛮族部落，排斥秦国，中原地区的国际会议，都不邀请秦国参加。于是秦孝公布德修政，发愤要把秦国建成强国。

显王八年（庚申，公元前361年）

1 秦孝公发布全国通告：想当年，我先祖秦穆公，在岐山、雍县之间起家，励精图治，修德行武，向东平定晋国之乱，协助晋文公归国继位，以黄河为界，修为秦晋之好；向西讨伐戎翟蛮族部落，开疆千里之广。天子封他为伯爵，统治一方，各国诸侯都来致贺，为后世开基创业，光辉灿烂。以后经过厉公、躁公、简公、出子相继在位，内政不安，无暇外举。导致三晋夺我先祖河西之地，实为国耻！到我的父亲献公继位，镇抚边境，迁都栎阳，并且准备出兵东征，收复穆公的故土，重修穆公之政令。寡人每当想起先君壮志未酬，常痛于心！无论是本国臣子，还是外邦宾客，能有出奇计强秦者，我就赏他高官，封他土地！

卫国公孙鞅听到这个通告，就向西投奔秦国。公孙鞅是卫侯庶出的子孙，喜好刑名之学。

【胡三省曰】

刑名之学，就是法家学派，循名以责实，尊君卑臣，崇上抑下。公孙不是姓氏，他的祖先出自卫，他姓卫，叫卫鞅。如果是卫侯的儿子，就是公子鞅，因为是卫侯的孙子，所以叫公孙鞅。

【华杉讲透】

后来秦孝公将商赐予他，作为他的封地，所以叫商鞅。

卫鞅开始时事奉魏相公叔痤。公叔痤知道他的才能，还没来得及向国君推荐，就身染重病，卧床不起。魏惠王去探望他，说："公叔病情如果有个三长两短，国家怎么办呢？"公叔痤说："我的中庶子卫鞅，虽然年少，但有奇才，希望国君您把整个国家都交给他治理！"魏惠王默不作声。公叔痤看魏惠王不以为然，又说："君上如果不愿意重用卫鞅，一定把他杀掉，不能让他出境为别国效力。"魏惠王答应后离开了。

公叔痤把卫鞅找来，说："我先君而后臣，先公而后私。所以先为君谋，然后再告诉你，你赶快逃亡吧！"卫鞅说："国君不能听您的话用我，他又怎么会听您的话杀我呢？"卫鞅安然不动。

魏惠王从公叔痤家里出来，对左右说："公叔病重，人都烧糊涂了，悲乎！一会儿叫我举国来听从卫鞅，一会儿又叫我把他杀掉，这岂不是前后矛盾吗？"

卫鞅安然到了秦国，靠着一位得宠的近臣景监介绍，求见秦孝公，说以富国强兵之术。秦孝公大悦，之后凡有国事都会和他商量。

显王十年（壬戌，公元前359年）

1 卫鞅想变法，秦国人不乐意。卫鞅对秦孝公说："夫民不可与虑始，而可与乐成。论至德者不和于俗，成大功者不谋于众。是以圣人苟可以强国，不法其故。"甘龙说："不对！我们应该沿袭旧法来治理国家，毕竟官员和老百姓对于旧法已经既熟悉又习惯了。"卫鞅说："庸人墨守成规，书呆子不知变通，这两种人，让他们照着法规办事是可以的，一旦要讨论法规以外的事就不行了。智者负责制定法规，愚者遵守就好；贤者负责变风移俗，不肖者乖乖照做就行。"

【华杉讲透】

这一段，是千古名句。"民不可与虑始，而可与乐成。"意思是说，一般人见识短浅，安于现状，习于常态，害怕改变。你要跟他们商量，他们千顾虑、万问题，啥都不能改。但是，你只要逼着他们干了，他们得到了好处，自然高兴。孔子也说过类似的话："民可使由之，不可使知之。"因为对于天下大道，民众的智慧不足以知，但他的行为却足以行。你要他行，个个都行。你要他知，就全乱了套，啥主意都来了。

我们的经验是，只要领导者凭自己的经验感觉，认为可以干成的事，基本上都可以干成，但是，如果你跟大家商量，请大家谈谈自己的看法，大家会众说纷纭，告诉你这方案是不可行的，他们会用很多"您不知道的实际困难"来把你吓退。但是，只要领导者坚持，用你的意志力去改变他们，最后事情都是可以干成的。事情成不成，取决于领导者的决心和意志力，不取决于所谓"实际困难"。所谓困难和阻力，往往就是提出困难和阻力的人制造出来的。有的人解决问题，有的人制造问题。所以卫鞅说："论至德者不和于俗，成大功者不谋于众。"德行高尚的人，讲的话往往和世俗不同，成就大事业的人，只会小范围讨论决策，不跟一大堆人商量。圣人之所以能富国强兵，就是因为能改革，不墨守成规旧法。

秦孝公说："好！"于是任命卫鞅为左庶长。

商鞅变法的内容是：让人民五家为保，十家相连，相互监视，相互纠察举报。一家有罪，九家纠举；如不纠举，则九家连坐同罪。能告密举报奸私犯罪的，按上阵杀敌斩得敌人首级的标准赏赐。知情不报的，以投降敌国的标准处罚。有军功的，各依照标准受上等爵赏。私自械斗的，按情节轻重加以处罚。致力于农业生产工作，辛勤耕织而使粮食丰收，布帛高产的，给予减免税赋劳役的优惠。从事商业的，以及因懒惰无业而贫穷的，号召群众举报，收录其妻子为奴婢。只认军功，不认贵族，宗室子弟，没有军功的，不得进入宗室族谱。制定尊卑爵位的等级标准，升迁顺序，每一等级，配以相应的田庄、臣妾婢女和服装器物。有军功者显达荣耀。没有军功的，再有钱也没地位。

【钱穆曰】

吴起在楚，商鞅在秦，都严行以军功代替贵族的新法。吴起相楚，规定有封地的贵族，经历三代，就收回他家族的爵位、封地和俸禄，用来赏赐给有军功的军人。商鞅在秦国，所定二十级爵位，取代之前的贵族五等封爵制。两者的目的，都是以军人为新贵族。

以前是贵族任战士，现在是战士为贵族。农民军队之配练与井田制的废弃，是新军国图谋富强的两大抓手，也促进了宗法封建贵族制度的崩溃。

商鞅变法，战国就进入新军国时代。

卫鞅的法令拟定了，还没有宣布，怕人民不信，就在首都栎阳城南门口，立了一根三丈高的木杆，宣称："谁能把这根木杆搬到北门，就赏他黄金十斤。"大家都觉得荒唐，没人去搬。卫鞅重新提高赏格："五十斤！"终于有人动手了，把木杆从南门搬到北门，果然得了五十斤黄金赏赐。（通过"立木取信"这件事，卫鞅得到了人民的信任。）然后他便下令颁布新法。

新法推行了一年，数以千计的秦国人到首都栎阳上访，投诉新法的弊端。正在舆论汹涌时，太子嬴驷触犯了新法。卫鞅说："法令不能推行，都是因为在上位的人不遵守。"可是太子是储君，不可施以刑罚，于是逮捕关押太子傅，就是太子的老师公子虔，将另一个老师公孙贾施以黥刑。（黥，又称墨刑，就是以刀刻凿人脸，再用墨涂在刀伤创口上，使其永不褪色。）

【胡三省曰】

商鞅对太子傅用刑，为他后来被杀埋下伏笔。

对太子傅的处罚，秦国举国震恐，第二天就举国都遵守新法，也没人说新法不好了。新法推行十年，秦国道不拾遗，个个拾金不昧；山无盗贼，全都老老实实种田；人民为国家打仗，个个奋勇争先，没人敢私下械斗。于是乡邑大治。

秦国那些之前说新法不好的人，又有人来赞颂说新法好。卫鞅说："这都是乱法之民！"将那些来赞颂的人也流放到边境地区。从此再也没人敢议论法令好坏。

【司马光曰】

诚信是人君的大宝，国家靠人民保卫，而人民靠政府的诚信保卫，如果政府说了话不算数，就没法驱使人民；没法驱使人民，就没法保卫国家。所以说古代王天下者不欺四海，称霸一方者不欺四邻，懂得统治国家的人不欺骗人民，善于当家齐家的人，不欺骗亲族子弟。不懂得这诚信道理的人呢，就恰恰相反，失信于邻国，失信于百姓，甚至失信于自己的父子兄弟。上不信下，下不信上，上下离心，以至于败亡。靠自欺欺人得的那一点蝇头小利，填补不了失信带来的伤害和损失，岂不哀哉！

当年齐桓公不背曹沫之盟，晋文公不贪伐原之利，魏文侯不废虞人之期，秦孝公不废徙木之赏。

这四位君主，他们并不是思想高洁纯粹的圣人，其中商鞅尤其是刻薄之人，又处在战国乱世，天下都以诡诈暴力为务，在这种形势下，他们仍然不忘以诚信团结人民，更何况今天和平时代的执政者呢！

【胡三省曰】

齐鲁交战，鲁国战败求和，齐鲁两国会盟，鲁国大将曹沫，在会议上劫持了齐桓公，用匕首逼着他答应归还侵占的鲁国土地。齐桓公许诺了。之后桓公后悔，欲杀曹沫。管仲说不行，许诺了就兑现，于是返还侵地。各国诸侯听说后，都信任齐国而亲附。

晋文公围攻原城，下令说："三天攻不下，就撤军。"三天后原城还是不投降。晋文公说班师回国吧。城内间谍回来汇报说："原城很快就投降了，再等一等！"晋文公说："如果得了原城，失了信用，那是得不偿失。"于是撤退。

2 韩懿侯薨，子昭侯立。

显王十一年（癸亥，公元前358年）

1 秦国在西山打败韩国军队。

显王十二年（甲子，公元前357年）

1 卫国与韩国在鄗会晤。

显王十三年（乙丑，公元前356年）

1 赵国和燕国在阿会晤。

2 赵、齐、宋在平陆会晤。

显王十四年（丙寅，公元前355年）

1 齐威王、魏惠王约了一起打猎。魏惠王问："齐国有什么国宝啊？"齐威王说："没啥国宝。"魏惠王说："寡人的国家虽小，也有十颗直径一寸那么大的明珠，光泽夺目，可以前后照亮十二辆马车。您齐国这样的大国，怎么能没有宝贝呢？"

齐威王说："寡人之宝，与您不同。我有一个臣子叫檀子，让他守南城，楚国人就不敢来侵扰，泗上十二诸侯（就是泗水流域的十二个小国——宋、鲁、卫、邾、薛、郳、滕、莒、任、郯、费、邳）都来朝见。我还有一个臣下叫盼子，让他守高城，赵国人不敢到黄河捕鱼。我还有一个官吏叫黔夫，让他守徐州，则北边的燕国人祭拜我们的北门，西边的赵国人祭拜我们的西门。他们都申请移民以加入我国，最后同意他们搬来七千多户。我还有一个臣下叫种首，让他负责治安，则道不拾遗。这四个臣子，能照亮千里，何止照亮十二辆马车那么大点地方呢？"

魏惠王大为羞愧。

【张居正曰】

齐威王不以明珠为宝，与《大学》里引用《楚书》说"惟善以为宝"的意思正好相同，这说明他知道什么是国之重宝，也因此，他成为战国之贤君。

【华杉讲透】

《大学》："《楚书》曰：'楚国无以为宝，惟善以为宝。'舅犯曰：'亡人无以为宝，仁亲以为宝。'"

《楚书》说："楚国没有什么是宝，只是把善当作宝。"

楚国之宝的故事，是讲春秋时晋楚两国最强，相互攀比夸富。楚国大夫王孙围出使晋国，晋国赵简子问他："你们楚国的白珩不错呀！其他还有什么国宝呀？"

王孙围昂然对着简子道："白珩不是什么国宝。楚国人引以为国宝的，不是金玉珠饰，而是有德之人。比如观射父，善于辞命，出使四方，能使各诸侯敬重我国。又有左史倚相，善于祝史，使上下鬼神无有怨痛于楚国。这便是楚国之宝了。要说白珩，先王的一个小玩具也，算不上什么宝。喧哗之美，在楚国不算宝。"这一席话把赵简子说得垂头丧气，默默无言。那王孙圉也是楚国之宝了。

舅犯说："流亡在外的人没有什么是宝，只是把亲族仁爱当作宝。"

舅犯是晋文公的母舅，名狐偃，字子犯。当初晋文公重耳避骊姬之难，逃亡在外，所以叫亡人。到了秦国时，他的父亲晋献公薨逝，秦穆公劝重耳兴兵回国夺位。舅犯对晋文公说："我们流亡在外的人，不以富贵为宝，以爱亲为宝。如果亲人去世，家里都在办丧事，咱们没有哀伤思慕之心，却兴兵去争国，便是不爱亲了，虽得国，不足以为宝。"所以晋之所宝，不在于得国而在于仁亲，这也是不外本内末的意思。

2 秦孝公、魏惠王在杜平会晤。

3 鲁共公薨。子姬毛继位，是为鲁康公。

显王十五年（丁卯，公元前354年）

1 秦国在元里打败魏军，斩首七千级，占领少梁。

【胡三省曰】
秦国法律规定，斩敌一人之首，赐爵一级，这就是"首级"这个词的由来。

2 魏惠王伐赵，包围邯郸，楚王派景舍带兵救赵。

显王十六年（戊辰，公元前353年）

1 齐威王派田忌救赵。

当初，孙膑和庞涓是同学，一起跟师父学兵法。庞涓先离开师门，到魏国任职做了将军，知道自己能力不如孙膑，就把孙膑召来，给他安了一个罪名，判了砍断双足之刑，让他终生残废而不能做官为将。齐国使者到了魏国，孙膑暗中以刑余之人身份求见，说服齐国使者，把他藏在车里，带回齐国。齐国大将田忌以宾客待之，把他推荐给齐威王。齐威王问他兵法，相见恨晚，任命他为军师。这时候齐威王要起兵救赵，想任命孙膑为主将，孙膑推辞，说刑余之人，不可为将。于是以田忌为大将，孙膑为军师，坐在辎重车里，出谋划策。

田忌要率领大军到赵国去。孙膑说："要排解纠纷，就不能握着拳头硬上；要给两个人拉架，不能拿着兵器上去搏斗。只要击中强梁一方必救的痛处，造成一种打不下去的形势，他自己就解开了。现在魏国去攻打赵国，一定是轻兵锐卒都上了前线，留在家里的，都是老弱病残。我们不如引兵直取魏都安邑，占领主要道路，打到他的痛处，他自己就放弃攻赵回来了。这样，我们既解了赵的围，又打击了魏国。"

田忌听从了孙膑的计策。十月，邯郸投降魏国。魏军得胜还朝。齐军在桂陵设伏，大败魏军。

【华杉讲透】

这是著名的围魏救赵的故事，兵法所谓攻其所必救，围点打援之计。

2 韩伐东周，占领陵观、廪丘。

3 楚国任命昭奚恤做宰相。江乙对楚王说："有个人很喜爱他的狗，有一天，狗往他们家水井里面撒尿。他的邻居看见了，要去告诉他。那狗呢，就挡在门口朝邻居狂吠。现在昭奚恤常常阻挡我见您，就是这个道理。大王您呢，听到谁说别人好，就说这说别人好话的是君子，亲近他；听到谁说别人坏话，就是那讲别人坏话的是小人，疏远他。这样一来，您就听不到谁说别人坏话了，以后国中出现子弑父、臣弑主的事，您也不知道。因为大家都知道您喜欢听好话，不喜欢听坏话，谁也不告诉您。"

楚王说："好的，我以后注意，两边的话都听！"

【胡三省曰】

江乙筹划诋毁昭奚恤，现在开始给楚王挖坑埋伏笔。

显王十七年（己巳，公元前352年）

1 秦国大良造卫鞅率军伐魏。

【华杉讲透】

之前卫鞅是左庶长，秦官第十一级。现在是大良造，秦官第五级，升了六级。

2 各国联军包围魏国襄陵。

显王十八年（庚午，公元前351年）

1 秦国卫鞅率军包围魏国固阳，固阳投降。

2 魏国将前年占领的赵国都城邯郸归还赵国，两国在漳水缔结和平盟约。

3 韩昭侯以申不害为宰相。

申不害本来是郑国的基层官员，学习黄帝、老子的学问，又研究刑名之学，自荐于韩昭侯。昭侯用以为宰相，内修政教，外应诸侯，十五年间，因为申子在位，韩国国治兵强，跃升为一等强国。

申不害曾经向韩昭侯请求给他的堂兄官职，昭侯拒绝了。申不害有怨色。昭侯说："我向先生学习治国之道，我是接受您的请求而抛弃您教给我的道理呢，还是按您教我的道理做，拒绝您的请求呢？您教会我大公无私，封赏一个人，要看他的功劳大小，现在又私下为您的堂兄请封。我该听您哪一句呢？"

申不害赶忙离席请罪，说："国君真是英主！"

韩昭侯有一条裤子旧了，让近侍把它收起来，不穿了。侍者说："国君也有点不仁爱吧，这裤子您都不穿了，不赏赐给我们，还收起来浪费呀！"昭侯说："我听说英明的君主不随便皱眉，也不随便笑。有该皱眉的事才皱眉，有可笑的事才笑。今天这条裤子，更非皱眉或微笑可比，不可随便给人，我一定要等谁有功劳，才赏赐给他。"

【张居正曰】

赏罚是人主威福之柄，行赏一定要和对方的功劳相对应，大家才知道你倡导什么。如果无论有功无功，随意行赏，则得到的人不以为重，其他的人也不知道自己该朝哪个方向努力。昭侯把裤子收起来，不是舍不得这一条裤子。就像后世宋太祖赵匡胤，经常把自己身上的貂裘解下来，赏赐给西征将士，这就是昭侯说的，以待有功之人。

显王十九年（辛未，公元前350年）

1 秦国商鞅在咸阳筑建宫阙，秦国从栎阳迁都咸阳。又下令禁止父母兄弟姐妹住在一个卧室。把小村镇合并为县，置县令、县丞，全国一共三十一县。又废井田，开阡陌，统一度量衡，斗、桶、秤、丈、尺，全都统一标准。

【胡三省曰】

秦国用西戎之俗，男女无别。父母兄弟儿媳姐妹都在一个大炕上睡觉。商鞅就教民以人伦，令男女有别，长幼有序。

【钱穆曰】

废封地而设郡县，废井田而开阡陌，是战国后期两大社会变革。

郡县制倒不是秦国发明的，在春秋时期晋国就有了。晋文公重耳的父亲晋献公，他继位的时候，为了巩固政权，诛杀了"桓庄之族"，把宗族公子全杀光，彻底地解决了"公子作乱"的问题，废除了公族大夫制度。他自己有八个儿子，他死的时候，又有骊姬之乱，他的儿子申生、奚齐、卓子先后自杀或被杀。所以晋国没有公族大夫，也就没有公族封地，而国家强盛，兼并小国而得的土地越来越多，就推行了县制。

内废公族，外务兼并，是封建制度之破坏和郡县制推行的两大原因。郡县政令受制于中央，郡守县守不世袭，视实际服务成绩任免进退，这是郡县制与宗法封建制度绝对不同的地方。从此，贵族特权阶级分割性的封建，就渐渐改变为官僚统治之政府。相应于郡县制度而起的，就是游仕势力取代了贵族世卿。

井田制，是把一井九百亩，按照九宫格分为九块，每块一百亩，居住八家人。其中，中间一块为公田，另外八块一家一块。八家各耕各的地，并共同耕种公田，自己的一百亩收成归自己，公田的收成归公家，这就是周朝的井田制。随着公族大夫被废，分封贵族的采邑逐渐取消，地都归国家了，以前贵族圈地分区小规模的井田就不合适了。于是打开格子线，铲除田岸围墙，形成整块的大农田，这就是"开阡陌"。阡陌，就是田间小路，小路不需要了，也成为田地，这就是尽地力，产量也因此提高了。

井田制一废，税收制度自然也随之改变，以前的税收制度叫"助"，八家一起助耕公田，把公田的收成上交了，私田的就归自己。现在公田没了，都是私田，就改为"履亩而税"，按田亩的实际收成收取一定的比例。认田不认人，土地的自由买卖、转移兼并也随之而起。

【华杉讲透】

我们解决问题的举措，总是会制造出新的问题。晋献公彻底解决了"公子作乱"的问题，没有公子争位了，但是，公族没了，权臣争位，埋下了后来三家分晋的亡国之祸。所以，要学会与问题共存，在问题中前进，而不是啥问题都要"彻底解决"，因为按下葫芦会浮起瓢。

2 秦、魏两国军队在彤地遭遇。

3 赵成侯薨。公子緤与太子争位失败，出奔韩国。

显王二十一年（癸酉，公元前348年）

1 秦商鞅改革赋税法，全国推行。

【胡三省曰】

井田制废，用计亩而税之法。

显王二十二年（甲戌，公元前347年）

1 赵国公子范起事，偷袭邯郸，兵败被杀。

显王二十三年（乙亥，公元前346年）

1 齐国诛杀大夫田牟。

2 鲁康公薨，子姬偃继位，是为鲁景公。

3 卫国国君自贬爵位为侯，成为韩赵魏的附属国。

【胡三省曰】

周朝开国时，周成王封康叔为卫侯。所以卫国本来就是侯国，后来进位为公。现在国小势弱，又自己给自己贬一级。

显王二十五年（丁丑，公元前344年）

1 诸侯各国在周朝首都洛阳会晤。

显王二十六年（戊寅，公元前343年）

1 周天子封秦国为诸侯之长，各国都祝贺秦国。秦孝公派公子少官率师会诸侯于逢泽，一起朝见周天子。

显王二十八年（庚辰，公元前341年）

1 魏国庞涓率师伐韩。韩国向齐国求救。齐威王召群臣会议，问："咱们是早救还是晚救呢？"当时的齐国宰相邹忌，被封为成侯，他说："不如不救。"田忌说："不救，韩国就投降魏国了，不如早救。"孙膑说："现在韩魏两国，都还没有受什么损失，现在去救，相当于咱们替韩国去跟魏国打仗，成了咱们听命于韩国了。魏国有吞并韩国的决心，一定全力攻打，韩国顶不住，自然向我们求救。等到那时候咱们再出手，就可深结韩国的感恩之心，又可晚一点承受魏国的兵锋。让他们两家先相互消耗吧！"

齐威王说："好主意！"于是暗中承诺韩国使臣，送他回去，又不发兵，坐山观虎斗。

韩国有了齐国托底，就全力抵抗，结果五战五败，再次向齐国呼救。

齐国起兵救韩，派田忌、田婴、田盼为将，孙膑为军师，还是围魏救赵的老套路，直奔魏国首都安邑而去。庞涓收到军情，只得撤兵，班师回国作战。魏国国内，也再次动员，以太子申为大将，迎击齐军。

孙膑对田忌说："他们三晋之兵，素来悍勇，轻视齐国，认为我们齐国人胆怯，咱们就给他表演一个胆怯，迷惑他们。兵法云：'百里而趣利者蹶上将，五十里而趣利者军半至。'我们就给他演一出戏！"

于是就让齐军刚进入魏国国境的第一天，挖十万个灶做饭，第二天五万，第三天两万。庞涓一路追踪而来，看见灶越来越少，大喜："我一向知道齐军胆怯，但也没想到到这种程度！进入我国国境才三天，一大半士卒已经当了逃兵，赶紧追！"于是举其轻兵锐卒，一天赶两天的路，一路狂追而来。

【华杉讲透】

司马光这一段引用《孙子兵法》有误，百里而趣利，不是蹶上将军，是蹶三将军，上、中、下三军的将军全都得栽。我们学习一下这段《孙子兵法》，才能理解孙膑的计策。这段话出自《孙子兵法》军争篇，齐魏两军争利，正是军争篇的教科书式战例，我们先读一读原文：

"百里而争利，则擒三将军，劲者先，疲者后，其法十一而至；五十里而争利，则蹶上将军，其法半至；三十里而争利，则三分之二至。"

古代行军，三十里为一舍，就是一天的正常行军速度，是走三十里。倍道兼行，翻一倍，行军六十里。日夜不处，晚上通宵接着走，加四十里，百里而趋利，是一天一夜急行军一百里。士卒的体能不一样，有的人走得快，有的人走得慢，如果你带了十万大军，正常行军速度，行军一天，晚上宿营，还做不到十万人都到，总有掉队的，其法三分之二至，只能到六万多人。如果一天走一百里强行军，劲者先，疲者后，其法十一而至，晚上就只有一万人抵达宿营地。要是卷甲而趋（把盔甲卷起来，轻装前进），日夜不处（昼夜兼行不休息），急行军一百里去争利，那左中右三军将领都要被人俘虏。为什么呢？急行军一百里不休息的话，身体强壮的赶到了，体力差的掉队在后面。赶到的时候，大概十分之一的士兵能先到，那大部队变成小部队，到那儿就被敌人吃掉了。敌人还可以以逸待劳，等在那里，我们的疲兵疲将陆陆续续喂上去，他就一口一口地吃。

所以，孙膑的计策，就是要把庞涓的大军，变成小部队，一口一口把他吃掉。

孙膑都计算好了，庞涓有多少兵，一路追过来还能剩多少，然后选择阵地，在什么地方打他，这个兵法上也有，叫"知战之日，知战之地，则可千里而会战"。庞涓本来在韩国作战，孙膑却能给他安排好，让他抛弃辎重和大部队，轻兵小队来孙膑选择的时间地点送死，这就是兵法。

孙膑计算好庞涓行程，某天傍晚应该抵达马陵，就选择马陵为战场，构筑阵地，以逸待劳。马陵道路狭窄，旁边有很多断壁险阻，可以伏兵。孙膑安排齐军埋伏妥当，又在路上选择一棵大树，把树皮剥了，上书六个大字："庞涓死此树下！"告诉弓箭手夹道埋伏，说："见到火光就射！"庞涓果然晚上抵达，看见树上有字，喊人点火把来看，字还没看清，齐军万箭齐发，魏军大乱。庞涓自知智穷兵败，抹脖子自杀，临死还不服，说："遂成竖子之名！"成全你小子的名声吧！

齐军乘胜打破魏军，魏太子申也被俘虏了。

【华杉讲透】

孙膑和庞涓两次交手，孙膑都是一个套路，招儿都没换过，就是攻其所必救，围点打援，然后知战之日，知战之地，选择好时间地点，占好有利地形，构筑阵地，设好埋伏，以逸待劳，以多胜少，等他来送死。可见兵法的关键，不在于学习新套路，而在功力。套路要老，功力要深。套路要够老，才可靠，功力要够深，才起效。不要学新招，要知行合一，真正掌握老套路。庞涓也对这种套路滚瓜烂熟，但是没有真学会。

2 齐国成侯邹忌和田忌交恶，要陷害他，就派人拿十斤黄金，到街上找算命先生，说："我是田忌的手下，我家将军三战三胜，想举大事，您算一算看能不能成功。"等那算命的出门，邹忌派人把他抓住，告发此事。田忌有口莫辩，逼上梁山，率领他的家丁攻打临淄城，要抓邹忌。未能攻克，田忌无法，便流亡楚国。

显王二十九年（辛巳，公元前340年）

1 卫鞅对秦孝公说："秦国对于魏国来说，就像人有腹心之疾，不是魏国吞并秦国，就是秦国吞并魏国，势不两立。为什么呢？因为魏国处于险厄山岭的西边，建都安邑，与秦国以黄河为界，独享中条山以东的利益。国势强盛时，可以向西侵略秦国；国势衰微时，也可向东收兵保土。如今凭借国君您的贤德圣明，我秦国正值强盛时期，而魏国呢，往年被齐国打败，各国诸侯都不跟他团结，正是我们东伐魏国的战略机遇期。魏国顶不住我们的进攻，一定迁都向东。这样，黄河天险，成为我们的内河，中条山之巍峨，成为我们的屏障。背靠黄河和中条山，我们正可东向而遏制天下诸侯，这是帝王的事业啊！"

秦孝公同意卫鞅的战略，派卫鞅将兵伐魏。魏国派公子卬为将，领兵抵抗。

两军相拒，卫鞅为公子卬送去一封信，说："我之前和公子您也是好朋友！如今各自为两军大将，我不忍心相互攻杀，不如咱俩见个面，缔结盟约，高高兴兴喝个酒，然后各自休兵，让秦、魏两国人民安享和平，公子以为如何呢？"

公子卬轻信了卫鞅，驱车去与卫鞅会盟。盟约签订，把酒言欢，卫鞅埋伏的甲士冲上来，袭击俘虏了公子卬，然后发动进攻，大破魏军。

魏惠王害怕了，派使者割黄河以西之地以求和。黄河天险没有了，安邑不能安全，于是迁都大梁。他悔恨说："我恨自己当初没有听公叔痤的话！"

卫鞅立了大功，秦孝公封赏他商於十五座城邑，号为商君。

2 齐、赵联军伐魏。

3 楚宣王薨，子芈商继位，是为楚威王。

显王三十一年（癸未，公元前338年）

1 秦孝公去世，他的儿子惠文王继位，当初被商鞅处以刑罚的太子傅公子虔的门徒告发说商鞅要造反，派官吏去抓他。商鞅逃往魏国，但是魏国不让他进关。商鞅只好折返秦国，回到自己的封地商於，发兵向北攻打秦国国都所在的郑县，结果兵败被杀，他被车裂，五马分尸以示众，全家也被灭族。

当初，商君担任秦国宰相，用法严酷，曾经在渭水河边处决死囚，河水都染红了。为相十年，结怨甚多。赵良见商鞅，商鞅觉得自己有振兴秦国之功，要和当初春秋五霸之一秦穆公的宰相百里奚比一比，就问赵良："你觉得我比五羖大夫如何？"

【胡三省曰】

百里奚被称为五羖大夫，因为当初他是秦穆公用五张黑羊（羖就是黑羊）羊皮换来的。百里奚本是虞国大夫，晋献公灭了虞国，俘虏了百里奚。晋献公的女儿嫁到秦国，百里奚作为陪嫁家奴跟到秦国。百里奚逃往楚国，被楚国边境的人抓住。秦穆公听说百里奚有治国之才，本想重金向楚国赎回，又怕给钱太多，反而让楚王怀疑，就派人对楚王说："我家的陪嫁奴隶百里奚逃到了您这儿，用五张羊皮换回来，行不？"楚王一听，这点小事，有何不可，就把百里奚送回来，秦穆公委任他为上大夫，秦国人就给他取了五羖大夫的绰号。

赵良说："千人之诺诺，不如一士之谔谔（一千个人唯唯诺诺，不如有一个人敢说真话）。说真话可以免死不？"

商鞅说："好的，你说吧！"

赵良说："五羖大夫，一个楚国乡下人，秦穆公把他从一个放牛的低贱地位，抬举到万人之上，秦国人无人可以望其项背。他担任秦国宰相六七年，有攻伐郑国的战功，又三次帮助晋国立新君，一次救了楚国的国难。他虽然做了宰相，但到哪儿都自己步行，也不坐车；大太阳天，车上也不要遮盖。在都城中巡行，没有车队随从，也没有武装保卫。五羖大夫去世的时候，秦国男女痛哭流涕，小孩子都伤心而不歌唱，一起舂米的人，本来习惯是一起唱着号子劳动的，他们也默不作声。而如今先生您呢，靠一个国君的宠臣介绍，爬上高位，这种发迹的路径，已经不让人尊重，不像五羖大夫那样高洁和传奇。您执政之后呢，凌虐公族，残伤百姓。公子虔被您用刑，已经八年不出门了。您又杀祝欢，对公孙贾施以黥刑，把脸给人毁容了。《诗经》上说：'得人者兴，失人者崩。'您做这些事，没有一件算得上是得人的。您出动的时候，后面都跟着武装车辆，勇武的甲士左右保卫，车队两旁还有持矛操戟的士兵跑步跟随。这一套警卫排场，少一件，您都不敢出门。《尚书》上说：'恃德者昌，恃力者亡。'您这套排场，可算不得是恃德！您可以说是危如朝露！您的权势富贵，就像早晨的露水一样，霎时间就会化为乌有。可是，您不但不醒悟，反而贪图商於的富贵，专擅秦国的政权，积蓄百姓的怨恨。一旦秦王去世，秦国想收拾您的人，恐怕不在少数吧！"

商鞅听了这些话，不以为然。仅仅五个月后，商鞅就大难临头了。

显王三十二年（甲申，公元前337年）

1 韩国宰相申不害去世。

显王三十三年（乙酉，公元前336年）

1 宋国设在太丘的神社崩塌。

2 邹国人孟轲见魏惠王。魏惠王说："老人家！不远千里而来，有什么有利于我们国家的建议呢？"孟轲说："大王何必开口就要利呢？我这里，只有仁义而已。国君如果成天念叨什么对我国家有利，大夫就会念叨什么对我家族有利，士庶百姓就会念叨什么对我自身有利，上上下下，都为利益而争夺，国家就危险了。我从来没有听说一个仁德的人，会抛弃他的父母；也从没听说一个守义的人，会不顾他的君王。"

魏惠王说:"说得好!"

当初,孟子师事子思。他曾经问子思,牧民之道,何者为先。子思说:"先利之。"为人民谋福利。孟子说:"君子要教给人民的,唯有仁义而已,何必说利!"子思说:"君王的仁义,就是给人民谋福利。君上不仁,则百姓不得其所;君上不义,则百姓也崇尚欺诈,这就是最大的不利。《易经》说:'利者,义之和也。'义是因,利是果。又说:'利用安身,以崇德也。'利可以用来安身,以崇其德。这些都是最大的利益啊!"

【司马光曰】

子思、孟子的话虽不同,但意思是一样的。唯有仁者知道仁义就是利益,不仁者不知道。孟子对梁王,只讲仁义,不讲利益,是因为说话的对象不同。

【华杉讲透】

义利之辨,是中国价值观的大命题,也可以说是"孟子第一命题",因为在《孟子》书中第一章就是。司马光又将子思的话拿来比对。咱们要在这儿掰开了,揉碎了,讲透学透。

《孟子》第一章里讲道:

> 孟子见梁惠王。王曰:"叟!不远千里而来,亦将有以利吾国乎?"孟子对曰:"王何必曰利?亦有仁义而已矣。王曰'何以利吾国?'大夫曰'何以利吾家?'士庶人曰'何以利吾身?'上下交征利而国危矣。万乘之国弑其君者,必千乘之家;千乘之国弑其君者,必百乘之家。万取千焉,千取百焉,不为不多矣。苟为后义而先利,不夺不餍。未有仁而遗其亲者也,未有义而后其君者也。王亦曰仁义而已矣,何必曰利?"

魏惠王和梁惠王,是同一个人。前面说了,魏国原来都城在安邑,因秦国的压力,魏惠王迁都大梁,故魏也被称为梁,魏惠王就成了梁惠王。

两人见面,梁惠王问:"老人家!不远千里而来,您一定能给我的国家带来很大利益吧?"

孟子一句话就顶回去了："大王何必说利益，我这里只有仁义而已！您也只需要仁义，不需要利益。如果大王说'怎样才对我的国家有利'，大夫也会说'怎样才对我的家族有利'，一般士子老百姓也会说'怎样对我自身有利'。上上下下，你想从我这儿取利，我想从你那儿取利，那国家就危险了。

"在拥有一万辆兵车的大国，杀掉国君的，必然是有一千辆兵车的大夫。在拥有一千辆兵车的小国，杀掉国君的，必然是有一百辆兵车的大夫。

"一万辆兵车的国家，那大夫就有一千辆；一千辆兵车的国家，那大夫就有一百辆；这都不算少了吧！但如果先利后义，那大夫不把国君的产业全夺去，他是不会满足的！

"从来没有仁者遗弃他的父母的，也从来没有讲'义'的人却对他的君主怠慢的。大王只讲仁义就行了，为什么要讲利益呢！"

孟子讲的道理，其实非常简单，非常清楚。你琢磨别人的利，你手下的人也琢磨你的利。在《论语·季氏篇》里，季孙氏图谋要攻打颛臾，冉有和季路来告诉老师。孔子说："吾恐季孙之忧，不在颛臾，而在萧墙之内也。"他想得到颛臾城，找个理由说颛臾对他有威胁，担心颛臾以后会对他不利，我看他要担心的，不是颛臾，而是他自己的那些所谓心腹！后来呢，果然被孔子说中，季孙氏家臣阳虎作乱，胁迫季孙氏，攫取了鲁国摄政权力。当然，阳虎的权势也没能保持下去，他很快也倒台流亡了。

不管干什么事，你一个人干不了，总得有人跟你干。如果你仁义，跟你的人也仁义。如果你逐利，跟你的人也逐你的利。所以你的所谓心腹，也不可靠。你选的接班人，正是颠覆你，杀得你的后人片甲不留的人。所以逐利者最重要的，是防着萧墙之内的自己人。

防不防得住呢？

防不胜防。

三千年历史的结论很清楚——防不住！

再说这梁惠王，他的先祖，魏国的建立，是韩赵魏三家分晋，三个大夫联手灭了他们的主君，把晋国分了。

所以梁惠王和孟子，不是一个逻辑的人，遵守的游戏规则也不一样，鸡同鸭讲，说不到一块儿去。战国七雄，都是谋利，而最终获胜的，是谋利最能出极端、最无底线的秦国。但秦国的胜利很短暂，二世而亡。人人逐利，天下就这么来回折腾。

程颐把义利之辨逻辑说得很清楚："君子未尝不欲利，但专以利为心则有害。唯仁义则不求利而未尝不利也。当是之时，天下之人唯利是求，而不复知有仁义。故孟子言仁义而不言利，所以拔本塞源而救其弊，此圣贤之心也。"

君子未尝不想得到利益。但是如果你一心想着利益，眼里只盯着利益，那就对你有害。行仁义，不求利，未尝不得利。在当时，天下之人都利欲熏心，所以孟子只讲仁义，不讲利益，拔本塞源，以救时弊，这是孟子的圣贤之心。

总结一下就是，义利之辨，不是义和利两个东西摆在面前让你挑，非此即彼。义和利，不是并列关系，是先后关系，因果关系。《大学》说："物有本末，事有始终，知所先后，则近道也。"义是本，利是末；义是先，利是后；义是因，利是果。理解这个先后次序，就接近得道了。还有一句类似的话："只问耕耘，不问收获。"耕耘和收获也不是并列关系，是先后关系。很多人不理解，怎么能不要收获呢？不是不要收获，是问收获没用，那问不来，你问它干吗？只有问耕耘，才有收获。

那么，行仁义是不是就一定得利益呢？不一定！得不到怎么办呢？孔子说了："求仁得仁，何所怨。"你不要有所期待，不要翘首以盼，要埋头苦干，只凭着自己的良知，凭着大是大非去做。

子思对孟子说的话，和孟子对魏惠王说的话有所不同，但是王阳明说过，你不可把圣人说的不同的话，拿到一块儿比对，说"哎呀他们说得不一样，到底听谁的？！"因为语境不同，说话对象不同，都是"因病发药"。子思看到孟子心里只有仁义，没有利益，就提醒他利。孟子看见魏惠王一心逐利，心中没有仁义，就告诉他只有义，没有利。你读这书要学到什么呢？就是要切己体察，观照自己，事上琢磨，放到自己的事情上，知行合一。

显王三十四年（丙戌，公元前335年）

1 秦伐韩，攻占宜阳。

显王三十五年（丁亥，公元前334年）

1 齐王、魏王在徐州会晤，彼此互尊为王。

【柏杨曰】
司马光认为三家分晋是一大巨变，但他们仍然都在周王统御之下，只是要求周天子封自己为诸侯而已。到本年，齐魏两国国君忽然宣称自己成了国王，跟周国王一般高，平起平坐，这种当国王的风气，使其他封国纷纷跟进，战国时代，就加速进入了跑道。

2 韩昭侯要建一个高大的宫门。屈宜臼说："您一定不能从此门出入，因为不是时候，不是良辰吉日。人有走运的时候，也有倒霉的时候。以前国君您曾经很顺风顺水，那时候没有修建高门。前年秦国攻占了我们的宜阳城，今天国内又遭旱灾，国君不在此时体恤百姓，而急于满足自己的欲望，这就是所谓的'时诎举赢'，时势很窘迫，举措却好像很宽裕一样，这真不是时候啊！"

3 越国国王无疆发兵攻打齐国，齐王派人去游说他，说伐齐不如伐楚有利。越王就伐楚，被楚国人打得大败，楚国乘胜占领了以前吴国的土地，向东一直到浙江，越国因此离散，诸公子争立，有的自立为王，有的自立为君，流散在海滨一带，分别向楚称臣。

显王三十六年（戊子，公元前333年）

1 楚王伐齐，包围徐州。

2 前面韩昭侯要修的那个高门建成了，韩昭侯也在这一年去世了，他的儿子宣惠王继位。

3 当初,洛阳人苏秦游说秦王以兼并天下之术,秦王没有采纳他的建议。苏秦于是离开秦国,又去燕国,游说燕文公。苏秦说:"燕国之所以没有被卷入战争,是因为赵国在南方,成为燕国屏障。如果秦国要攻打燕国,那他是在千里之外发动。而如果赵国要攻打燕国呢,那是在百里之内。不担心百里之内的祸患,而重视千里之外的关系,没有这样制定战略的。我建议大王与赵国联姻,燕赵一体,那就不用担心什么祸患了。"

燕文公采纳了苏秦的建议,于是给苏秦车马盘缠,去游说赵肃侯。苏秦对赵肃侯说:"当今之世,太行山以东,以赵国为最强。秦国最视为腹心之患的,也是赵国。但是秦国为什么不敢攻打赵国呢?是怕韩国、魏国抄他的后路。如果秦国攻打韩国和魏国,两国没有大山大河,无险可守,稍微推进一下,就可直抵两国首都城下。如果韩魏两国不能抵挡,投降秦国,那么秦国没有韩、魏的牵制,就一定会来攻打赵国。我观察天下的地图,诸侯的土地五倍于秦国,算下来总兵力应该是秦国的十倍。如果六国合纵为一,向西攻打秦国,秦国必破。那些主张连横的人,割诸侯之地给秦国以换取暂时的和平,秦国越来越强,献计的人得到荣华富贵,一点也不操心自己的国家被秦国侵略的危险。所以,那些主张连横的人,成天用秦国的强大来恐吓诸侯,要求割地,希望大王您要深思熟虑!我为大王制定一个战略,不如使韩、魏、齐、楚、燕、赵六国合纵以抗秦,让六国将相盟会于洹水之上,交换人质,缔结盟约如下:'秦攻一国,五国各出锐师,有的骚扰秦军后路,有的救援被攻打的城镇,如果有背盟不来的,五国共伐之!'诸侯如果能这样合纵抗秦,秦国必不敢出函谷关一步,就不能危害山东诸国了。"

赵肃侯闻计大喜,把苏秦奉为上宾,尊宠厚赏,委派他联络诸侯。

正在这个时候,秦国派犀首为大将伐魏,大败魏军四万多人,生擒魏将龙贾,占领雕阴。苏秦担心秦军攻打赵国,破坏合纵盟约,就琢磨要用什么计策对付秦国。他想起了张仪这张牌,就用激将法,激怒张仪,让他去秦国。

张仪是魏国人,当初和苏秦是师兄弟,都在鬼谷子门下学纵横术,苏秦自以为本事不如张仪。张仪游说诸侯,一个也没能成功,在国外穷困潦倒。苏秦把他召来,故意羞辱他。张仪既愤怒又害怕,想想诸侯各国中,只有秦国能危害赵国,就到秦国去。

苏秦暗中派人用钱资助张仪,让张仪得以进见秦王。秦王很喜欢他,任他为客卿。资助张仪的恩人对张仪说："我其实是苏秦先生派来的，苏先生担心秦国攻打赵国，破坏合纵盟约，认为只有您有能力掌握秦国的权柄，所以用激将法激怒您，又派我给您供奉活动经费，这都是苏先生的安排啊！"张仪说："哎呀！我身在苏秦计中还不知道！看来我是赶不上苏先生哪！请您替我谢谢苏先生，只要苏先生还在，我就不会提连横之计。"

于是苏秦游说韩宣惠王说："韩国地方九百里，带甲数十万，天下之强弓、劲弩、利剑，都是韩国出产的。韩国士兵发射劲弩，坐在地上，脚踏弩材，手引凑机，连射一百发也不停止，这是何等勇力！以韩国士卒之勇猛，身披坚甲，脚踏劲弩，手持利剑，以一当百，那是不消说的！但是，大王如果臣服于秦国，秦国一定要求您割让宜阳、成皋。今年给了他，明年又要求割别的地。给吧，实在没有地给他了；不给吧，之前给的白给了，弃前功，受后祸，还得被他打。何况大王您的地有限，而秦国的欲求无限，以有限的地去满足无限的欲求，这正是市怨结祸，都是自找的，还没开战，地已经割给人家了。俗话说得好：'宁为鸡头，不做牛后。'以大王您这样的贤德，又有韩国强大的军队，却得了个牛后的名声，我真是为大王您感到羞耻呢！"

韩王听从了苏秦的话。

苏秦又去游说魏王："魏国地方千里，幅员似乎不算太大，但是，村落棋布，农田稠密，连割草放牧的荒野都没有，人口之众，车马之多，日夜来往，好像部队行军一样热闹。我私下衡量大王的国力，不在楚国之下。我听说大王的军队，有国家正规军二十万，各贵族首领旗下苍头军二十万，先锋军二十万，后勤部队十万，兵车六百乘，战马五千匹，您的实力可不小！以这样的实力，却听从群臣的话，想要臣服于秦国！所以赵王派我来向您献计，合纵抗秦，现在我向您奉上合纵盟约，谨听大王指示！"

魏王也听从了苏秦。

苏秦再游说齐王："齐国是一个四面险要的国家，地方两千里，带甲数十万，粮食多得堆成山，军队之强，士卒之健，进如射箭，战如雷霆，退如飘风，即便有战事，敌国军队从来未能越泰山，渡清河，涉渤海。首都临淄七万户人家，按一户人家三个壮丁来计算，如果要战争动员，不用远县，光是首都就能动员二十一万兵力。临淄市民富裕殷实，成天斗鸡、赛狗、下棋、阗鞠。临淄街道上，车辆多得车轴互相剐蹭，人们摩肩接踵，举起袖子，都能连成帷幕；一人挥一把汗，都像下雨。韩国、魏国畏惧秦国，那是因为他们与秦国接壤，双方冲突，动员开战，十天之内，胜负存亡就见分晓了。就算韩魏战胜了秦国，那也得自损一半兵力，无法再守卫四方边境；如果战败呢，那亡国就在眼前，所以韩魏两国，不敢得罪秦国，宁愿臣服，委曲求全。但是秦国要想攻打齐国，就不一样了，他得跨越韩、魏两国的国境，穿过卫国晋阳要道，经过亢父的险隘，车辆不能并行，战马不能并驰。用一百人把守，他一千人也过不来。秦国虽然想深入，但是又顾盼猜疑，怕韩魏两国抄他后路，所以他只有虚声恫吓，骄矜谩骂，就是不敢进攻。如此，我们可以很明显地看到，秦国根本不敢拿齐国怎样，但是您的臣下，却建议您向西臣属于秦国，这实在是有点过了，希望大王您稍加留意。"

齐王听从了。

下一站，向南游说楚王："楚是天下强国，地方六千余里，带甲百万，战车一千乘，战马一万匹，粮食储备够用十年，这是霸王之资啊！秦国最忌惮的就是楚国，楚强则秦弱，秦强则楚弱，势不两立。所以我替大王设计，不如与五国合纵，孤立秦国。我可以号召太行山以东的国家，按春夏秋冬四时的奉献，来听大王您的号令，以他们的宗庙社稷，强师劲旅，都听大王指挥。合纵，则诸侯割地以事奉楚国；连横，则诸侯割地以事奉秦国。这两计相差甚远，大王以为如何呢？"

楚王也同意了。

于是以苏秦为从约长，挂六国相印，兼任六国的宰相，北上向赵王汇报盟约成果。当时，苏秦车马排场之大，可比于六国的君王。

4 齐威王薨，儿子田辟疆继位，是为齐宣王。齐宣王知道成侯邹忌诬陷田忌，就召回田忌，给他恢复名誉和官职。

5 燕文公薨，儿子燕易王继位。

6 卫成侯薨，儿子卫平侯继位。

显王三十七年（己丑，公元前332年）

1 秦惠王派犀首欺骗引诱齐、魏一起攻打赵国，以破坏合纵盟约。赵肃侯责怪苏秦："你跟我吹嘘的外交成果呢？"苏秦害怕被清算，请求出使燕国，联络处罚齐国。苏秦离开赵国，整个合纵盟约就瓦解了。赵国人破坏黄河堤防，引洪水灌齐、魏联军，齐、魏两国军队才撤去。

2 魏国将阴晋割让给秦国以求和，华阴得以充实。

3 齐王伐燕，占领十座城市，后来又归还给燕国。

显王三十九年（辛卯，公元前330年）

1 秦伐魏，包围焦城、曲沃。魏国把少梁、河西两地割让给秦国，换取和平。

【柏杨曰】
十年前魏国已经派使臣献河西地给秦国，可能是一直拖着没交接，现在才实质割让。

显王四十年（壬辰，公元前329年）

1 秦伐魏，渡过黄河，占领汾阴、皮氏，又攻陷焦城。

2 楚威王薨，子楚怀王继位。

3 宋国国君剔成的弟弟宋偃发动兵变，进攻剔成。剔成逃奔齐国。宋偃自立为君。

显王四十一年（癸巳，公元前328年）

1 秦国公子嬴华和张仪率师攻占魏国蒲阳。张仪说服秦王，把蒲阳归还魏国，并派公子嬴繇到魏国做人质。然后张仪游说魏王说："秦王对魏国是相当厚待了，魏国不可对秦王无礼啊！"魏国于是把上郡十五个县，全部割让给秦国。张仪回到秦国，秦王任命他做宰相。

显王四十二年（甲午，公元前327年）

1 秦灭西戎，设义渠县，义渠国君成为秦国臣民。

2 秦国归还焦城、曲沃给魏国。

【胡三省曰】
一会儿取，一会儿还，秦国把魏国像婴儿一样，玩弄于股掌之上。

显王四十三年（乙未，公元前326年）

1 赵肃侯薨，儿子赵武灵王继位。设博闻师三人，左右司过三人，问候先君贵臣肥义，增加他的俸禄。

显王四十四年（丙申，公元前325年）

1 这一年夏天四月，戊午日（初四），秦国开始正式称王。

2 卫平侯薨，儿子卫嗣君继位。卫国有一个受轻刑的囚犯逃亡到魏国，因为精通医术，为魏王王后治病，得到魏国收留。卫嗣君听说了此事，派人用五十斤黄金买回他。使者往返五次，魏国都不放人。于是就以一个左氏城来交换。左右进谏说："为了一个轻刑犯人，用一座城去换，这值得吗？"卫嗣君说："这道理不是你们所能理解的，治无小，乱无大，如果国家治理得好，国土小一点也没什么，如果国家乱了，大有什么用？如果法律不能确实建立，刑罚得不到彻底执行，就算有十座左氏城，又有什么用呢？法令能立，违法必究，就算失去十座左氏城，也是值得的！"魏王听到这番话后，说："人主之欲，不听之不祥。"于是不要任何交换条件，把那逃犯押解回卫国。

【胡三省曰】

此学申、韩者为之悦耳。

【华杉讲透】

胡三省注了一句话，说卫嗣君这个故事，那些学法家申子、韩非子的人，听了很喜欢吧！显然胡三省的态度是不以为然。卫嗣君刚刚继位，他可能也是想搞点事情吧！他这种做派，已经达到儒家批判的"索隐行怪"的怪行，舍其易者而不行，究其难者以为学，搞一些特立独行之事，耸人听闻，不是中庸之道。

显王四十五年（丁酉，公元前324年）

1 秦相张仪率师伐魏，占领陕。

2 苏秦在燕国，和燕国前任国君燕文公的夫人私通，被燕易王知道了。苏秦很害怕，对易王说："我在燕国，不能提高燕国地位；如果派我到齐国，我就可以提高燕国地位。"易王同意了。于是苏秦假装得罪了燕王，逃奔齐国。齐王任他为客卿。苏秦游说齐王大筑宫室，扩大王室花园和猎场，以壮大其声威，想以此来腐化消耗齐国，使之无暇对燕国有不利之举。

【胡三省曰】

此处交代，为后来齐大夫杀苏秦埋下伏笔。

【华杉讲透】

苏秦此计，《孙子兵法》里也有，叫"役诸侯以业"。业，就是事，找点事来折腾他，消耗他，让他疲惫。

显王四十六年（戊戌，公元前323年）

1 秦国张仪与齐、楚两国宰相在啮桑会晤。

2 韩、燕皆称王。赵武灵王却不肯，他说："名不副实，配得上吗？"便让国人还是称自己为君，不要称王。

【胡三省曰】

赵武灵王此时不肯称王，不是他老实，要守君臣之分，也不是他谦虚。而是他胸怀大志大欲，还没称心如意。

【华杉讲透】

他这也是瞧不起韩、燕的虚名，不愿意跟他们一起瞎起哄。

显王四十七年（己亥，公元前322年）

1 张仪从啮桑回国后，就被免去了秦国宰相职务，改而到魏国任宰相，实际上还是为秦国利益服务，要魏国做个表率，事奉秦国，让其他诸侯也仿效。魏王不听。秦王伐魏，占领曲沃、平周。秦王暗中更加厚待张仪。

显王四十八年（庚子，公元前321年）

1 周显王崩。子姬定继位，是为慎靓王。

2 燕易王薨。儿子哙继位。

3 齐王封田婴于薛，号曰靖郭君。靖郭君对齐王说："对各大夫的建议表章，应该每天都听取汇报，反复阅读考虑。"齐王说："好！"但是，搞了一阵子，厌烦了，不想理事，全都委托给靖郭君："你去弄吧，都你自己定！"于是靖郭君得以专擅齐国的权柄。

靖郭君想修建薛城的城墙城防。一位门客对他说："您听说过海里的大鱼吗？渔网网不住它，鱼钩钓不起它，但一旦离开了水，小蚂蚁也能把它给啃了。如今齐国就是您的水，如果齐国没了，一个薛城，就是城墙高到天上，又有什么用呢？"于是放弃了筑城墙的计划。

靖郭君有四十个儿子，其中田文，是一个地位低下的贱妾生的。田文建议靖郭君散财养士。靖郭君就委任田文负责当家，招待宾客。宾客争相向靖郭君夸赞田文，请靖郭君立田文为嗣子。靖郭君死，田文嗣位为薛公，号孟尝君。

【司马光曰】

君子养士，是为了人民的福祉。《易经》说："圣人养贤，以及万民。"什么是贤呢？就是他的德行足以敦化人民，匡正风俗；他的才干足以整顿朝纲，严明纪律；他的明睿足以烛微虑远，既洞察细微，又深谋远虑；他的刚强足以结仁固义，凝聚仁人，坚固正义。往大了说，他能有利于天下；往小了说，至少也能有利于一国。所以君子用丰厚的利禄来富裕他，用尊贵的爵位来尊崇他，这就是养一人而及万人的养贤之道。如今这孟尝君养士呢，不分智愚，不择好坏，盗用国君给他的俸禄，来养自己的私党，图自己的虚名。上以欺骗君王，下以侵占民财，这是奸人之雄，不值得提倡！《尚书》说："受为天下逋逃主、萃渊薮（商纣是天下逃犯的窝藏家，坏人的俱乐部）。"这就是田文的写照！

4 孟尝君曾经访问楚国，楚王送他一张象牙床，派登徒直护送。登徒直不想去，对孟尝君的门徒公孙戌说："象牙床价值千金，我负责护送，要是碰坏一只角，我把老婆孩子卖了也赔不起。您要是能去帮我说说，把这差事给我推掉，我有一把祖传的宝剑，送给您做酬谢！"公孙戌应诺，进去对孟尝君说："小国之君，之所以把宰相之印都交给先生，把整个国家都托付给您，是因为觉得先生能振贫穷，存亡国，继绝世，所以莫不喜悦于您的仁义，爱慕您的清廉。如今您到了楚国，就接受象牙床这样贵重的礼物，别的小国都交不起您这个朋友了呀！"

孟尝君说："好！"于是推辞，不接受楚王的厚礼。

公孙戌转身退出，走到中门，孟尝君又把他喊回来，问："你走路怎么这么趾高气扬，兴高采烈呢？"公孙戌老老实实以实情相告，说因为可以得到登徒直的祖传宝剑，心里高兴。孟尝君就让人在门板上写一个告示："有能发扬我的美名，制止我的过失者，即使他的建议是为了得到别人的好处，也没有关系，赶快向我进谏！"

【司马光曰】

孟尝君可以说是能用谏的人了。只要别人说的话是对的，哪怕他别有用心，我还是要采纳他的意见，更何况那些一片忠心的人呢？《诗经》说："采葑采菲，无以下体。"（葑，是芜菁，菲，是土瓜，这两种菜，根和叶都可以吃，但是叶子好吃，根有时好吃，有时难吃。采这两种菜，就不要管它的根好根坏，即使根是坏的，叶子还是一样可以采摘。）孟尝君之用谏，就是采葑采菲的道理。

5 韩宣惠王想把国政大权，分别授予公仲和公叔二人，问缪留的意见。缪留说："不可！晋国用六卿，最后国家分裂。齐简公用陈成子和阚止，最后导致自己被杀。魏国用犀首和张仪，丢了河西之地。您同时用两个人，那势力大的就在国内广树党羽，势力小的呢，就要和境外结盟。那群臣分为两群，一群对内结党营私，一群对外卖国求荣，您的国家就危险了！"

【胡三省注】

晋国六卿，智氏、范氏、中行氏、赵氏、韩氏、魏氏，从晋文公、晋襄公以来，轮流秉持国政，又相互倾轧兼并，最终导致韩赵魏三家分晋。

齐简公分别任用田成子田常和阚止为左、右相。阚止得宠于齐简公，田成子嫉妒。最终田成子杀死阚止，又一不做，二不休，连齐简公也杀了。

魏国的犀首和张仪呢，以犀首为相，就倒向韩国；以张仪为相，就倒向秦国。因为这两人都是与境外势力勾结，在国内争权夺利。所以魏国就被他们不断地削弱了。

卷第三 周纪三

（公元前320年—公元前298年，共23年）

主要历史事件

秦国兼并巴蜀　067

千金市骨　073

张仪连横失败　076

赵武灵王胡服骑射　082

魏冉崛起　083

鸡鸣狗盗　087

主要学习点

孟子的王道思想　066

有错就改，还是君子　071

对身边人好，远方之人就蜂拥而至　073

王道战略原型：商汤与周文王　078

要走光明大道，不要另辟蹊径　079

没有什么比滴水穿石更快　080

慎靓王元年（辛丑，公元前320年）

1 卫国国君再次贬号为君。

【胡三省曰】
之前在周显王二十三年，卫国国君已经从公自贬为侯，这次又从侯贬为君。卫处于秦、魏之间，国势是越来越弱了。

慎靓王二年（壬寅，公元前319年）

1 秦伐韩，占领鄢城。

2 魏惠王薨，子魏襄王继位。孟子去觐见他，出来对人说："看他呀，没有一点君王的样子。接近他呢，也没有一点威严。他突然就问我：'天下怎样才能安定？'我说：'统一了就能安定。'他问：'谁能统一天下呢？'我说：'不爱杀人的人，能统一天下。'他问：'谁能跟随他呢？'我说：'全天下所有人都会跟随他，如今人民生活在水深火热当中，正是久旱盼甘霖。大王您知道稻田里的稻苗吧？七八月间，如果天旱，稻苗就枯槁了。这时候，如果天油然作云，沛然下雨，那苗就勃然生长，这样的气势，谁能阻挡呢？'"

【华杉讲透】

这就是孟子的王道思想，战国时代，天下诸侯都推行军国主义，互相征伐兼并，人民困苦不堪。孟子就说，王天下易如反掌，就是不要战争，自己行仁政。你行仁政，人民都愿意做你的人民，不愿意做别国臣民，这样如果外敌来侵，大家众志成城，誓死抵抗，外敌就打不进来。你行仁政，天下人都想移民到你的国家，你的国家就越来越强盛。等别国君王自己作死，天下就可传檄而定。商汤、周文王，都是这么得的天下。

孟子无论到哪国，说的都是这番话，但是没有一个君王能听懂，战国结局，还是最能杀人的秦国得了天下，似乎和孟子说的相反。但是，那杀人的，他也被人杀，秦朝的天下，十四年就亡了。楚汉相争，项羽爱杀人，刘邦不爱杀人，刘邦得了天下，开创汉朝四百年基业，而刘邦号"沛公"，正是孟子说的"沛然下雨"，算是天作之巧合了。

慎靓王三年（癸卯，公元前318年）

1 楚、赵、魏、韩、燕五国联军伐秦，秦国出兵迎战，五国联军败走。

2 宋国开始称王。

慎靓王四年（甲辰，公元前317年）

1 秦国在修鱼大败韩国军队，斩首八万级，又在浊泽俘虏韩军将领鲠和申差，各国诸侯震动恐惧。

2 齐国大夫与苏秦争宠夺权，派刺客刺死苏秦。

3 张仪游说魏襄王说:"魏国土地不到一千里,士卒不到三十万,四面都是平地,没有名山大川之险,边防军要戍守楚、韩、齐、赵四国边境,真正能保卫国内城镇和要塞的军队不过十万人。魏国的地势,本身就是战场啊!现在诸侯各国,缔结合纵盟约于洹水之上,结为兄弟之国。这兄弟之国,有什么用呢?如今这世道,一母同胞的亲兄弟,还有争夺钱财而相攻相杀的,想再用当年苏秦合纵抗秦的计策,明显是不可能了。大王您如果不臣服于秦国,秦国出兵攻打河外,占领卷城、衍城、酸枣;再攻击卫国,占领阳晋,则赵国不能南下,魏国不能北上,南北交通断绝,合纵的纵没了,怎么合呢?我这样说,不是为了我个人的利禄,实在是真心为大王的国家着想,希望大王您仔细考虑。我愿意辞去宰相职务。"

魏襄王听从了张仪的话,背弃合纵盟约,托张仪的关系,向秦国求和。张仪回到秦国,继续担任秦国宰相。

4 鲁景公薨,儿子姬旅继位,是为鲁平公。

慎靓王五年(乙巳,公元前316年)

1 巴国、蜀国爆发战争,都来向秦国求援。秦惠王想乘机吞并蜀国,但是一怕道路险远阻隔,二怕大军远征,后方空虚,韩国乘机来侵,所以犹豫不决。司马错建议伐蜀。张仪反对,说不如伐韩。秦王问他什么道理。张仪说:"和魏、楚两国交好,专门对付韩国,大军深入伊水、洛水、黄河交汇的三川地区,攻打新城、宜阳,抵达东周、西周的郊野,占据九鼎重器,取得天下地图和户籍,挟天子以令诸侯,天下莫敢不听,这是帝王之业。我听说争名的要争于朝廷,争利的要争于闹市,这三川地区和周国王室,就是天下之朝廷闹市,大王不到那儿去争,去争巴蜀戎狄小国,离帝王之业太远了吧!"

司马错说:"您说的道理不对!我听说,要国富,先要土地广阔;要强兵,先要人民富足;要兴帝王之业,先要广施恩德;这三样都具备了,王业自然缔成。如今我秦国地小民贫,我希望大王先从容易的事情着手。蜀国是西边偏僻之国,戎狄部落之首,如今出了桀纣那样的暴君,他自己国家乱了,现在咱们打进去，正如豺狼追逐羊群一样容易，得其地足以广国，取其利足以富民，不必经过大的杀伤，他们就会屈服。我们兴仁义之师，吞并一个国家，而天下不会说我们是暴行，取得四海之内最大的利益，而天下不会批评我们贪婪，这是一举而名利双收，还有禁暴止乱的美名。

"反过来，如果我们攻打韩国，劫持天子，那是恶名昭彰，未必有利，却有不义之名。冒着恶名去攻打一个天下都不愿意它被攻打的小国，反而会给我们带来危机。为什么呢？我给您分析分析看：周，是天下所宗的王室，而齐国呢，是韩国的友好睦邻。周国知道自己将失去九鼎重器，韩国知道自己将失去三川重地，周、韩两国将并力合谋，还会向齐、赵两国求援，向楚、魏两国求和。惹急了，把九鼎送给楚国，把地割给魏国，大王您也制止不了。这就是我说的危机。不如伐蜀，万无一失。"

秦王听从了司马错的意见，起兵伐蜀，历时十个月，取得完胜，贬蜀王为侯，派陈庄做蜀相。蜀归属于秦国后，秦国更加富强，也更加轻视其他诸侯国了。

2 苏秦死后，他的弟弟苏代、苏厉也以游说之术显赫于诸侯。燕国宰相子之和苏代结为姻亲关系，组成利益共同体，想要取得燕国政权。苏代出使齐国回来。燕王姬哙问他："你看齐王能称霸天下不？"苏代说："不能。"燕王问："为什么不能？"苏代说："不信任他的臣下。"燕王若有所悟，钻进苏代的圈套，一切事务，都让子之专权。

燕王糊涂，子之的朋友们就接连迷惑他，给他下套。鹿毛寿对燕王说："人们都说尧舜是圣贤，是因为他们能把天下让给别人。如果大王您能把天下让给子之，那您就与尧舜齐名了。"燕王就把国事全部托付给子之。子之权势大重。

这时，又有人对燕王说："尧禅让给舜，舜禅让给禹，禹死之前，也是要禅让给益做天子的，但是，他却还是用他的儿子启的人来做官吏。等到禹老了，认为启的才德不足以为天子，要传位给益。但是，启的党羽攻打益而夺取了天下。所以，天下人都说禹虚伪，他的本意就是要传给自己儿子，但是又骗取禅让的美名，安排布置好让儿子自己去取得天下。现在大王您名义上把国事都委托给子之，但官吏都是太子的人，所以子之治国也是假的，实权还是在太子。"

燕王现在已经完全痴迷，于是把年禄三百石以上的官员印绶全部收回，交给子之重新任命。子之南面行王事。而燕王姬哙年老，不愿听取政事，反而愿意做臣子，国事无论大小，全部由子之决定。

【胡三省曰】

为之后燕乱埋下伏笔。

慎靓王六年（丙午，公元前315年）

1 周慎靓王崩，子姬延继位，是为周赧王。

赧王元年（丁未，公元前314年）

1 秦国入侵义渠，得二十五城。

【胡三省曰】

在上一卷周显王二十五年，秦国已经在义渠设县，以其君为臣，那么秦国是早已经吞并义渠了。这里又说入侵义渠，是什么缘故呢？大概是当时虽然设县，但只是稍稍侵占其地，还没有完全兼并吧。这回又占领二十五座城池，那义渠之国所余无几了。

【柏杨曰】

之前义渠已经灭了，可能是这次义渠反叛，引来大军。

2 魏国反叛秦国，秦国出兵讨伐，占领曲沃，送回魏国人民，又在岸门打败韩国军队。韩国送太子韩仓到秦国做人质以求和。

3 燕国子之当了三年燕王，国内大乱。将军市被和太子姬平密谋攻击子之。齐王派人对燕太子说："寡人听说太子整顿纲纪，让君臣父子之名义地位回复正常，寡人愿以举国之力相助，一切听您指挥！"太子于是聚集党羽，以市被为将，攻打子之。没想到未能攻克，子之反攻太子。双方交战数月，死者数万人，百姓恫恐。齐王派章子为大将，集结五个大城市的军队，率领齐国北部的民众来攻打燕国。燕国军队不作战，城门也不关，任由齐军进入。于是抓住子之，斩为肉酱，又杀死老燕王姬哙。

齐王问孟子说："有人劝我不要吞并燕国，有人劝我吞并。齐、燕都是有一万辆兵车的大国，以万乘之国伐万乘之国，如此长驱直入，五十天就拿下了，人力是做不到的，一定是天意。天意要给的，如果自己不取，反而要遭天谴。先生怎么看？"

孟子说："关键是看燕国人民高兴不高兴，吞并它而燕国人民高兴，就吞并它，这样的事历史上也有先例，武王伐纣就是。吞并它而燕国人民不高兴呢，就不要吞并他，历史上也有先例，周文王三分天下有其二，但他还是没有攻伐商朝，就是因为民心未到。以万乘之国伐万乘之国，那被伐之国的人民，却端着饭食和水壶来迎接王师，还能有别的什么缘故呢？就是因为他们生活在水深火热之中，盼望着得到解放啊！但是，如果新来的统治者更坏，水更深，火更热，那情景就会倒转过来，他们又去迎接其他人了。"

齐国吞并了燕国，打破了战略均势，诸侯各国开始商量救燕国。齐王问孟子："诸侯各国蠢蠢欲动，要攻打齐国，怎么办？"孟子说："我只听说过以七十里土地的小国行仁政而得天下的，那是商汤的事迹；还没听说过地方千里的大国还害怕别人攻伐的。《尚书》说：'盼望贤君来，贤君来了，人民就可死而复苏了。'如今燕国统治者凌虐其民，大王您派出军队去讨伐他，人民都认为是您把他们从水深火热中拯救出来，所以端着饭盒水壶来欢迎。但是，如果您杀了他们的父兄，囚禁他们的子弟，毁坏他们的宗庙，抢夺他们的国宝重器，那怎么行呢！天下诸侯，本来就害怕齐国的强大，如今您的土地又翻了一倍，而不行仁政，那就一定会招来全天下的刀兵了。大王您赶快下令，释放燕国的老幼，归还燕国的国宝重器，和燕国人商量，为他们设立新君，然后光荣撤退，这时候还可以避免灾祸啊！"

齐王舍不得到手的利益，不听孟子的话。

不久，燕国到处爆发抗齐斗争。齐王后悔了，想跟孟子商量，又不好意思去见他，说："哎呀！我真是没脸面去见孟子老师啊！"陈贾说："大王不必自责，我先去见他。"陈贾就跑去见孟子，说："先生认为周公是何等样人呢？"孟子说："古代的圣人啊。"陈贾说："周公派管叔监管商国，结果呢，管叔反而跟商国武庚联合起来叛变。周公是知道管叔要叛变，还派他去的吗？"孟子说："他当然不知道。"陈贾说："这么说，圣人也会犯错吧！"

孟子听出了他的弦外之音，是替齐王开脱，就说："周公是弟弟，管叔是哥哥，弟弟没想到哥哥会叛变，这不很正常吗？再说了，古时候的君子，有错就改，现在的某些君子呢，明知道自己错了，还干脆就错到底！古代的君子，他犯错就像日食月食，大家都看得明明白白；当他改正错误的时候呢，也是万民仰望。今天的某些君子呢，岂止是一错到底，还要编一大堆话来掩饰！"

4 这一年，齐宣王薨。儿子齐湣王继位。

赧王二年（戊申，公元前313年）

1 秦国名叫疾的右更官员率师伐赵，占领蔺城，俘虏守将庄豹。

【胡三省曰】
右更，官名，秦爵位第十四级。

2 秦王想要攻打齐国，担心齐国和楚国关系亲睦，于是派张仪出使楚国，游说楚王说："大王如果能听我的，和齐国绝交，断绝往来，我愿意将秦国商於之地六百里献给大王您，并且送上秦国公主做您的洒扫之妾。这样，咱们秦楚联姻，相互嫁女娶妇，长为兄弟之国。"楚王大喜，即刻许诺张仪照办，群臣都祝贺楚王，只有陈轸哭丧着脸。楚王怒道："寡人不动一兵一卒，就得地六百里，你哭丧着脸干啥？"陈轸说："我担心的是，商於之地不能到手，齐、秦两国反而联合起来对付楚国，大难将至啊！"楚王说："这是何道理？"陈轸说："秦国之所以看重楚国，是因为有齐国支持。如果我们闭关绝约，和齐国绝交，那楚国就孤立了。对一个孤立无援的楚国，秦国凭什么要看重它，还送它六百里土地呢？张仪回到国内，必定不会兑现他给您的承诺。这样大王北边和齐国绝了交，西边又招来秦国的祸患，两国都会发兵攻打我们。依我看，不如表面虚张声势，假装和齐国绝交，暗中仍然保持友好。派人跟张仪回秦国接受土地。他如果真给咱们，再和齐国翻脸也不迟。"

楚王说："闭上你的嘴！你等着看我怎么从秦国得地。"于是将楚国相印授予张仪，厚厚地赏赐他。然后闭关绝约，和齐国断交，派一个将军护送张仪回秦国，准备接收土地。

张仪一回到秦国，就假装从车上摔下来受伤了，三个月都不上朝。楚王看那边没动静，心想："张仪是不是对我有意见，觉得我跟齐国断交还不彻底呢？"这时候他和齐国已经没有外交通道了，于是派一位勇士叫宋遗的，借了宋国的符节去见齐王，当面辱骂齐王。

齐王大怒，改变外交政策，和秦国交好。

这时候，张仪伤好了，开始上班了，接见楚国使者说："咦？你怎么还不去接收土地呢？从某地到某地，一共六里。"使者知道被骗了，回报楚王。楚王大怒，要发兵攻打秦国。陈轸说："我现在还能再说句话吗？现在攻打秦国，还不如和秦国交好，送它一座名城，和秦国联盟攻打齐国，这样在秦国失去的地，从齐国再找回来。现在大王您已经和齐国绝交了，如果再和秦国开战，那是逼着齐、秦两国联合对付我们，全天下的军队都开到楚国来了，国家必定大伤元气啊！"楚王气得发疯，哪里听得进去，派屈匄率师伐秦。秦国也发兵，派庶长魏章迎战。

赧王三年（己酉，公元前312年）

1 秦楚两军战于丹阳，楚军大败，斩甲士八万，生擒屈匄及列侯执珪的朝臣七十多人，并且占领了汉中郡。楚王不服输，全国动员，倾国兵马出动，与秦军再战于蓝田，楚军又大败。韩、魏闻到血腥味，也来趁火打劫，向南袭击楚国，打到邓城。楚王只能撤回前线军队，又割了两座城给秦国求和。

2 燕国人立太子姬平为君，是为燕昭王，燕国的内乱外患，终于告一段落。姬平在燕国被齐国攻破之后，吊唁死者，抚恤孤幼，与百姓同甘共苦，又放下身段，重金访求贤才。燕王对大臣郭隗说："齐国乘我国内乱而攻破燕国，我自知国小力弱，现在还不能报仇。但是，如果能得到贤士与我共同治理国家，以雪先王之耻，那正是我的心愿啊！先生如果发现有贤能的人，推荐给我，我愿意屈身拜他为国师！"郭隗说："以前有一位君王，派左右近侍拿着一千两黄金去买千里马，找到了千里马，但是马已经死了，那近侍还是花五百两黄金把马头买了带回来。君王大怒。近侍说：'死马都买，何况活马！主公您等着，千里马它自己就来了！'不到一年，果然有三匹千里马送上门来。如今主公您要招贤纳士，就请把我当成死马吧！四方之士，比郭隗更有贤能的，将不以千里为远，纷至沓来矣！"

于是燕昭王为郭隗兴建宫殿，以国师之礼相待。消息传出去，天下贤士纷纷投奔燕国，乐毅从魏国来了，剧辛从赵国来了。燕王以乐毅为亚卿，主持国政。

【胡三省曰】
为之后乐毅攻破齐国埋下伏笔。

【华杉讲透】
千金市骨的故事，也是儒家思想：近悦远来，又叫悦近来远。你要想远方的人来，不需要去远方招徕，只需要对你近处的人好。近处的人喜悦了，远方的人他自己就来了。近处的人怎么能喜悦呢？还是靠你自己的修为，所以一切只需向内求，在自己身上下功夫。人才对明君的渴求，超过了君王对人才的渴求，如果天下人都知道你是明君，并且能卑身厚币求人才，他们会蜂拥而至，比你一个个去找，效率高多了。

3 韩宣惠王薨。儿子韩仓继位，是为韩襄王。

赧王四年（庚戌，公元前311年）

1 蜀相陈庄叛乱，杀死蜀侯。

2 秦惠王派使者告诉楚怀王，想用秦国武关以外的地，来跟楚国交换黔中。楚王说："不愿意换地，如果能把张仪交给我处置，黔中地白送给你！"张仪听说后，向秦王请行。秦王说："楚王恨不得杀了你才甘心，你怎么能去送死呢？"张仪说："无妨，秦强楚弱，有大王您在，楚王不敢把我怎么样。再说，我跟他的宠臣靳尚关系很好，靳尚又侍奉他的宠妃郑袖，郑袖的话，楚王没有不听的，我自有办法保全自己！"张仪于是到了楚国，楚王把他投入大牢，准备处斩。靳尚对郑袖说："秦王非常喜爱张仪，要用上庸六个县的土地和秦国美女来交换赎回他。大王重视土地，尊崇秦国，那秦国公主一定会得宠，您就要被大王疏远了。"郑袖于是日夜在楚王面前哭泣："臣子都是各为其主，张仪有什么错，无非是替秦王办事罢了。大王您要是杀了张仪，秦王一定大怒，再开战端。我请求您让我们母子迁到江南去，不要遭受秦兵凌辱啊！"楚王一听，也有道理，把张仪释放，又重新尊为上宾。张仪乘势游说楚王："那些制定合纵政策的人，就像驱使一群羊去攻击一头猛虎，实在是不明智啊！如今大王您如果不与秦国交好，那秦国裹挟韩、魏两国的军力一起攻楚，楚国就危险了。秦国西边拥有巴蜀之地，积蓄粮食，打造战船，从岷江顺流而下，一天能走五百里，不出十天，大军就到楚国扞关，扞关告急，则楚国西部边境以东，都成了危城，黔中、巫郡，也保不住了。这时候，秦军再从武关南下，楚国北部边境又断绝。西、北两面夹击，楚国危矣！所以啊，秦国要攻打楚国的话，危难在三个月之内，而楚国要争取其他诸侯国的援军呢，他们半年都到不了！如果期待弱国的救援，而忘了强秦之祸患，这是大王您没有想明白啊！大王如果能听我的，我愿意牵线，让秦、楚长为兄弟之国，不要互相攻伐。"

张仪自己送上门来给楚王处置，楚王这时候气已经消了大半，如果真把张仪杀了，那就要如约把黔中地白送给秦国，楚王也不舍得这么大一片国土啊，于是就听从了张仪的建议。

张仪又到韩国去，游说韩王："韩国土地多山，粮食生产，只有大豆和小麦，且产量不高，国内没有两年的存量，在役的士卒不过二十万。秦国呢，全副武装的部队有百万之众，东方各国的军队，作战时身披重甲，头戴铁盔，笨重不堪。秦国人则扔掉盔甲，赤膊上阵，左手提着人头，右臂夹着俘虏，以孟贲、乌获那样的猛士，攻打不服的弱国，就像以千钧之重，要压碎一个鸟蛋，那鸟蛋没有扛得住的。大王如果不和秦国交好，秦军一旦占领宜阳，切断成皋，大王的国家就被切成两段了，鸿台的宫殿，桑林的猎苑，都不再为大王您所有了。我为大王您考虑，不如事奉秦国，攻打楚国，讨取秦国的欢心，把祸水引向楚国，没有比这更好的战略了。"

韩王被张仪说服。

张仪回到秦国汇报，秦王再封给他六座城邑，号位武信君。张仪再出使东方，游说齐王："那些献合纵之计给您的人怎么说呢？他们一定说，齐国有韩、赵、魏为屏障，地广民众，就算有一百个秦国，也奈何不了齐国。大王觉得他说得不错，却没有看到形势已经发生了变化。如今秦楚交好，相互嫁女娶妇，长为兄弟之国。韩国献出宜阳给秦国，魏国献出河西之地，赵王也入朝秦国，割让河间之地。天下诸侯，都是秦国的朋友圈了。如果大王您还不赶紧表态，秦国驱使韩、魏攻打齐国南方，再动员赵国军队，横渡清河，兵锋直指博关，恐怕临淄、即墨就非您所有了。一旦撕破脸，战争爆发，您想要和秦国交好也来不及了。"

齐王许诺张仪。

张仪离开齐国，到赵国，游说赵王："想当初，大王您率领天下诸侯，合纵抗秦，让秦兵十五年都不敢出函谷关一步，大王您威武啊！敝国十分恐惧，只能加强军备建设，积极训练部队，努力耕种，积蓄粮草，不敢有丝毫大意，就怕大王您看我们有什么过错，兴兵来伐。如今呢，借着大王您的威名，我们也取得了一点小成绩，西边吞并了巴蜀，又从楚国手里取得汉中，包围了东、西两周，控制了白马津渡口。秦国虽然处在西边偏僻之地，但是举国愤怒之情，已经压抑得太久了！如今我们那些破烂军队，正集结于渑池之上，愿北过黄河，东渡漳水，进占番吾，直抵邯郸城下，重演当年周武王伐纣的故事，于甲子之日，与大王一决胜负！所以呢，先派我来，跟您汇报一下情况：如今，秦楚两国已经结盟，为兄弟之国。韩国、魏国呢，已经成为秦国东边的藩国之臣。齐国也献出盛产鱼盐之地与秦国和解，这就相当于断了大王您的右肩了。这断了一边肩膀的人，还能跟人斗吗？如今秦国发出三路大军，一路占据午道，通知齐军渡过清河，与秦军会师于邯郸之东；一路驻扎在成皋，驱使韩、魏两军于河外；一路驻扎在渑池，约秦、齐、韩、魏四国军队伐赵，赵国必然被四国瓜分了。所以啊，张仪我替大王您考虑，唯有一条出路，就是与秦王见个面，当面结盟，称为兄弟之国，才能永保太平啊！"

赵王也同意了。

张仪再北上游说燕王:"赵王已经朝奉秦国,献出河间之地。大王您如果不事奉秦国,秦国出兵云中、九原,裹挟赵军一起攻燕,那易水、长城都不能为您所有了。如今齐国、赵国之于秦国,就像是下面听令的郡县一样,不敢擅自出兵攻打别国。您如果也事奉秦国,那就永远不用担心齐、赵来攻打您了。"于是燕王也献出常山尾端的五座城池给秦国来请和。

张仪回国汇报,还没到咸阳,秦惠王就去世了。太子秦武王继位。武王做太子的时候,就不喜欢张仪。等到武王继位,群臣都说张仪坏话。其他诸侯各国听说张仪跟武王关系不好,都背叛了连横,再度恢复合纵政策。

赧王五年(辛亥,公元前310年)

1 张仪连横政策失败,这边秦国新君对他又不好,朝中政敌又多,他开始给自己找脱身之计,对秦王说:"如今东方各国局势有变,我看正是大王您可以多得割地的好时机!我听说齐王最憎恨我,我到哪国,他一定就会攻打哪国。我愿意到魏国首都大梁去,齐国一定会伐梁。齐、梁两国打得难解难分之际,大王您正可以乘机伐韩,入三川,挟天子,收取天下地图户籍,这才是帝王之业啊!"

秦王同意了。张仪到大梁,齐王果然伐梁。梁王害怕了。张仪说:"大王不必担心!我有办法让齐国撤军。"于是派手下人去楚国,找楚国借使者,出使齐国,因为他不敢自己派使者入齐,一是怕被人斩了,二是他的话齐王也不信,所以借楚国人去说话。那楚使忽悠齐王说:"大王您可是中了张仪的圈套,帮了张仪大忙!秦王更加看重他了!"齐王问:"为何?"楚使说:"张仪离开秦国,本身就是他和秦王商量好的计谋,就是想让您和梁国交战,然后秦国可以乘机占领三川。而今您果然攻打梁国,这是让您国力疲惫,又背上攻击盟邦的恶名,而张仪在秦王心目中分量更重了!"齐王一听,觉得上当,撤兵回国,不打了。张仪在魏国做宰相,一年后去世,得以善终。

张仪和苏秦都以纵横之术游说诸侯,取得富贵,天下游士争相仿效,又有魏国人公孙衍,号犀首,也以游说显赫其名。还有苏代、苏厉、楼缓之徒,纷纷云云，都以诡诈巧辩互争高下，不可胜纪，其中张仪、苏秦、公孙衍是最有名的。

有人讲："公孙衍、张仪岂不是大丈夫吗？他们一发怒，天下诸侯都恐惧；他们一安居，则天下刀兵都停息。"孟子说："他们算什么大丈夫！君子立天下之正位，行天下之正道，得志则天下人民得幸福；不得志则自己独善其身，富贵不能淫，威武不能屈，这才是大丈夫！"

扬雄在《法言》中说：有人问："张仪、苏秦学习鬼谷子捭阖之术，推行纵横之说，分别安定中国各十几年，是这样吗？"我说："他们都是诡诈之人，圣人对他们深恶痛绝。"那人又问："读孔子的书，行苏秦、张仪之事，如何呢？"我说："这就好像听起来是凤凰美妙的鸣叫声，却长着一身凶禽的羽毛。""那孔子的得意门生子贡，不也做过这样纵横捭阖的事吗？""子贡的动机是为鲁国避免祸乱，苏秦、张仪的动机是为自己游说富贵。"又有人说："苏秦、张仪才能超卓，所以不走寻常路吧？"我说："古代的帝王察明奸佞，斥其远离，不也是任才使能吗？只是你所说的才，和我说的才不是一回事吧！"

【华杉讲透】

子贡纵横捭阖的故事，记载于《史记·仲尼弟子列传》。

齐国田常欲作乱于齐，就想先出兵伐鲁。子贡出使，先到齐国说服了田常，使之放弃伐鲁而伐吴。子贡又到吴国，说服吴国救鲁伐齐。但吴王怕伐齐时越国在背后攻吴。于是子贡又到越国，说服越国军队随吴伐齐。之后，子贡又到晋国说明吴国战胜齐国后必然加兵于晋，让晋国必须作好战争准备。后来，吴国出兵伐齐，大败齐军。晋国又出兵大败吴军。越王趁吴军在北方大败，从背后伐吴，终于把吴国灭掉而北上争霸。子贡一出，存鲁、乱齐、破吴、强晋而霸越。子贡一使，使势相破，十年之中，五国各有变。

子贡的传奇，确实不是为了自己富贵，因为他本来就是大富豪，子贡善于做生意，是儒商始祖，他周游列国的外交活动，完全是为了救自己的祖国。但是，为救鲁国，兴动四国刀兵，把祸水引向别国，也不能算是君子之行。

孟子的战略只有一个，就是行仁政王道，不是去与别国争霸，而是把自己的国家搞好。诚意正心，热爱人民，自己修道保法，上下齐心，就不用担心别人打进来。百姓人人满意，则近悦远来，能吸引天下人才和移民，国家自然一天比一天强大。如此，如果别国也搞得好，那天下人民都好，大家相安无事。如果别国君王暴虐，自作孽，不可活，那就伐其国，救其民，统一天下。所以在齐国可不可以伐燕这个问题上，孟子就是这个态度，燕国人民高兴，就取；燕国人民不高兴，就不取。

孟子的战略，也不是他的发明，而是有先例，有"王道仁政战略原型"，就是商汤和周文王，他们都是这么得的天下。商汤开始征伐的时候，往东边打，西边国家的人民就不高兴，说怎么打他们，不先打我们呀？往西边打，东边国家的人民又不高兴。各国统治者，浑蛋太多，好人太少，所以有一个好人，全天下都愿意让他统治，箪食壶浆以迎王师，孟子说王天下易如反掌，就是这个道理。

商汤是怎么行王道仁政的呢，具体政策不说，就说两个小故事：一件事是商汤盖房子，挖地基，挖出一具无名尸骨，商汤很隆重很有尊严地把他安葬了。大家就说："商汤对死人都那么好！何况对活人！"商汤看见一个人张网捕鸟，四面张网，商汤就要求他撤去三面，留一面就行了，不要一网打尽，不要竭泽而渔。大家就说："商汤对鸟兽都那么好！何况对人！"

周文王的故事，那要从他的爷爷周太王说起。周太王，就是古公亶父，是周族部落君长。在位期间薰育和戎狄进攻周族，想要夺取财物，亶父就给了他们。后又来攻，要取得周族的土地和人口。民众非常愤怒，想要抵抗。古公说道："民众拥立君主，是为了让君主为民众谋利。如今戎狄来攻，是为了我的土地和臣民，而臣民归我还是归他，又有什么区别呢？你们要为我而战，要杀死很多人的父子，通过这种办法让我当国君，我不忍心做。"于是亶父带着家人和亲随离开了豳，渡过漆水和沮水，经过梁山，到岐山之下安顿了下来。豳地的人全都扶老携弱，复归古公到岐下。其他国家的人听说古公仁德，也多归附。于是古公改革戎狄的风俗，营造城郭房舍，让人们分别居住，并设置五官，各司其责。人民安居乐业，都歌颂周太王的功德。

这样一代代积德集义，到了周文王临终时，已经三分天下有其二，但是周文王并没有攻取商朝，因为他觉得时机未到，自己的德积得还不够，纣王的孽造得也还不够。等到周武王一代，商纣实在是作死，武王才伐纣，一举而得天下。

孟子的王道仁政战略，在战国时代成不成立呢？可以说完全成立。他和梁惠王、齐宣王都有很深入的交流，说得也很清楚，这两位君王呢，也都有雄厚的实力，至少远远超过商汤和周文王起家的资本，商汤起家是七十里，文王是一百里，而魏国是一千里，齐国两千里。前面齐王问孟子："诸侯各国蠢蠢欲动，要攻打齐国，怎么办？"孟子说："我只听说过以七十里土地的小国行仁政而得天下的，就是商汤的事迹；还没听说过地方千里的大国还害怕别人攻伐的。"你怕什么呢？各国君王，都是浑蛋，只要你对人民好，人民会誓死保卫祖国，谁也打不进来，别国人民还全都盼着加入我国。道理就这么简单！

但是，孟子的话，魏王、齐王都听不懂。为什么呢？因为他们都鼠目寸光，只看得到眼前的争夺，看不到万世的利益。所以，各国君王，就被苏秦、张仪之流玩弄于股掌之上，随便甩个臭鱼饵给他，他马上就咬钩子。正如《中庸》里说："人皆曰予知，驱而纳诸罟擭陷阱之中，而莫之知辟也。"人们都说，我知道！我知道！但别人把他往罗网陷阱里赶，他也不知道躲避！

战国各国君王不懂得走大道，到处找坑，哪里有火坑，他就往哪儿跳。后世注书的人，懂得的也少，也跟着说儒家"迂腐"，孟子说的也没用了。这又应了孔子的话："谁能出不由户，何莫由斯道也？"谁能不经过屋门就出去呢？为什么这平坦通达的大道没人走呢？这屋里的人从哪儿出去的？都走到哪条道上去了呢？<u>大道又平又直，就在门口，出门就是，但就是没人走，都要另辟蹊径。</u>

除了战略思想上的区别，孟子与苏秦、张仪还有价值观上的区别，就是孟子说的，君子处世，是为了救天下苍生，不是"修得屠龙术，货与帝王家"，去换取自己的富贵。所以<u>孟子的价值观，是用之则行，舍之则藏——我只有一条道路，你愿意走，就走；你不愿意走，我走，不要你的富贵。</u>苏秦、张仪就不同了，他是来求富贵的，一切看"客户需求"，你喜欢什么，我都有，随时可以随需而变。

随需而变的典型，就是商鞅了。《史记》记载，商鞅第一次见秦孝公，讲帝道，孝公实在是听不进去，打瞌睡。第二次再见，讲王道，还是没精神，对推荐人景监也非常不满意了：搞什么腐儒来浪费我时间！商鞅要求谈第三次，这次讲霸道，秦孝公听得有点味道了，但是还不到位。第四次，再讲强国之术，这回听兴奋了，两人促膝谈了几天都不厌倦。

景监问商鞅："你跟大王谈了什么啊？几次差距这么大？"商鞅说，开始讲帝王之道，商汤文王的故事，大王一听成就那大业要几代人时间，说太慢了，他不能等，要称王称帝，就在自己身上实现，哪能等一百年后成就呢！所以后来讲到强国之术，大王才感兴趣了。

这就是商鞅，他没有价值观，是一个开战略商店的，什么货都有！

秦孝公嫌王道太慢，他的强国之道快不快呢？我们比较一下，从周太王到周武王，一共四代人得天下，保有天下八百年。从秦孝公到秦始皇呢，一共七代，一百多年得天下，保有天下十四年，就断子绝孙了。

<u>王道一点也不慢，没有什么比滴水穿石更快、更持久，但是人们不懂！</u>

子曰："谁能出不由户，何莫由斯道也？"难道大家都不是从大门出来的吗？门前就是大道，为什么大道上没人走呢？

2 秦王派甘茂为大将伐蜀，诛杀之前叛乱杀死蜀侯的蜀相陈庄。

3 秦王、魏王在临晋会晤。

4 赵武灵王纳吴广之女孟姚，称吴娃，非常宠爱她，是为惠后，生了一个儿子，叫赵何。

【胡三省曰】

为之后立赵何而太子赵章争位埋下伏笔。

赧王六年（壬子，公元前309年）

1 秦国设立丞相官职，以樗（chū）里疾为右丞相。

赧王七年（癸丑，公元前308年）

1 秦、魏两国在应城会晤。

2 秦王派甘茂为大将，向寿为副将，与魏国结盟，一起讨伐韩国。甘茂派向寿回来报告，说："魏王已经同意出兵，但是我请求罢兵，不要打。"秦王觉得不可理解，亲自到息壤去见甘茂，问他搞什么名堂。甘茂说："宜阳是一个大县，实际上相当于一个郡。如今我率大军越过函谷关及崤山之险，攻坚于千里之外，不是一天两天能拿得下来的。其间音信断绝，就难免有人向您进我谗言哪！当初鲁国有一个和曾参同名的，杀了人。有人跑去跟曾参的妈妈说，你儿子杀人了！曾母泰然自若，绝不相信，继续织布。但是，等到第三个人跑去跟她说她儿子杀了人，她也信了，慌了，扔下织布梭子翻墙逃跑。如今我的贤德不如曾参，您对我的信任也不如曾参之母对儿子的信任，而朝中怀疑我的，可远远不止三个人。我担心您到时候也要扔梭子了。当初魏文侯派乐羊为将攻伐中山，围了三年才拿下来。乐羊得胜还朝，居功自得。魏文侯就给他看了一箩筐毁谤他的奏章。乐羊再拜叩头说：'不是我的功劳，是国君您的功劳啊！'如今我呢，一个外邦人，在秦国掌握兵权，还带兵长期在外，如果樗里子、公孙奭拿韩国的事儿说我，说我养寇自重啊，跟韩国有勾结啊什么的，您一定会听他们的，把我召回来，不打了。那等于我欺骗了魏王，得罪了韩相公仲侈，又白干一场，秦国什么利益也没得到。"

秦王说："我听懂了，绝对信任你！"于是君臣二人在息壤盟誓。当年秋天，甘茂和庶长封率师伐宜阳。

赧王八年（甲寅，公元前307年）

1 甘茂围攻宜阳已经五个月了，还没拿下来，朝中谤议蜂起，樗里子、公孙奭二人果然争着向秦王说甘茂坏话。秦王心里不踏实了，派人去召回甘茂，准备罢兵。甘茂只回了一句话："息壤的话还在吧！"秦王说："还在！"于是再发大军增援甘茂，斩首六万，攻下了宜阳。韩相公仲侈亲自来朝，乞求和平。

2 秦武王喜欢跟人角力，喜爱武士，大力士任鄙、乌获、孟说都当了大官。八月，秦王与孟说比试举鼎，血管爆裂而死。孟说获罪，被灭族。武王没有儿子，异母弟嬴稷在燕国做人质，于是迎接嬴稷回国继位，这就是昭襄王。昭襄王的母亲芈八子，楚国公主，就是后来的宣太后。

3 赵武灵王向北经略中山的土地，经过房子、代，再北上到无穷，西到黄河，登黄华山。与肥义商量胡服骑射之计，就是让全国人民都穿胡人的服装，练习骑马射箭，说："愚者笑话的事，正是贤者的洞察！就算全国人民都笑话我，也要推行！胡人的土地，还有中山，我一定要拿下！"于是自己先穿上胡人的服装。

贵族们果然反对，公子成干脆称病不上朝。赵王派人请他，说："在家听父母的话，在国听国君的话，如今寡人要大家换胡服，但叔父您不听，我怕大家都说我啊！治理国家的原则，就是以有利于人民为本，从事政治工作的原则呢，就是令行禁止。施行恩德先从地位低贱的人开始，推行法令呢先从亲贵的人开始。所以希望叔父您深明大义，成就我胡服骑射之功！"

公子成对使者再拜叩头说："我听说，什么是中国呢，就是圣贤之所教化，礼乐之所施行，远方之所仰慕，蛮夷之所仿效。如今大王呢，反其道而行之，让我们穿上远方蛮夷之服，违背自古相传的礼仪，激起广大百姓的反感，希望大王深思熟虑啊！"

使者回报赵王。赵王亲自登门做思想工作，说："我国东有齐国、中山，北有燕国、东胡，西有楼烦、秦国、韩国边境，如果没有骑兵部队，如何能保家卫国？当初中山仗着齐国在后面支持，屡次侵略我们的土地，凌虐我们的人民，决河水以灌我鄗城，如果不是祖宗神灵保佑，鄗城几乎失守！先君深以为耻！所以寡人要变胡服，习骑射，训练骑兵部队，以备四境之难，报中山之仇。而叔父您惦记着中国的风俗，而讨厌胡服的名声，忘记了鄗城的耻辱，这实在不是我所期望的啊！"

公子成被赵王说服。赵王赐他胡服。公子成第二天就穿着上朝了。于是正式发布胡服令，要人民练习骑马射箭。

赧王九年（乙卯，公元前306年）

1 秦国既从韩国手里夺得宜阳，派向寿去重建社会秩序，划定疆界，登记产权，整理户籍赋税，安定人民；然后又派樗里子、甘茂伐魏。甘茂向秦王进言，请把之前攻打宜阳时一并夺取的武遂城还给韩国。向寿、公孙奭都反对，但是秦王接受了甘茂讲的道理，还是把武遂城还给韩国了。向寿、公孙奭由此非常痛恨甘茂，成天讲他坏话。这回甘茂害怕了。本来他和樗里子一起率师伐魏，大军走到蒲阪，他扔下军队跑了。樗里子一看这仗也没法打了，和魏国讲和罢兵。甘茂逃到齐国。

2 赵武灵王进攻中山，打到宁葭；向西进攻胡地，打到榆中。林胡王献上骏马求和。赵王归国后，展开外交攻势，派出楼缓出使秦国，仇液出使韩国，王贲出使楚国，赵爵出使齐国。又让代相赵固负责胡地，征召胡人士兵。

3 楚王与齐、韩缔结合纵联盟。

赧王十年（丙辰，公元前305年）

1 出现彗星。

2 赵王伐中山，占领丹丘、爽阳、鸿之塞，又攻取鄗、石邑、封龙、东垣。中山献上四座城以请和。

3 秦国宣太后的异父弟弟叫穰侯魏冉，同父弟弟叫华阳君芈戎；秦王的同母弟叫高陵君、泾阳君。其中以魏冉最为贤能，从惠王、武王时代，就任职用事。武王死的时候，诸弟争立，唯有魏冉力主立了昭王。昭王继位后，以魏冉为将军，戍卫首都咸阳。这一年，庶长壮和大臣、诸公子阴谋作乱，魏冉诛杀谋叛者，事情牵连到惠文后，都不得善终，悼武王后也流亡魏国。其他秦王的兄弟们，有不老实本分的，全部被魏冉诛杀。当时昭王年少，宣太后便亲自处理政事，任用魏冉，威震秦国。

赧王十一年（丁巳，公元前304年）

1 秦王、楚王在黄棘会盟，秦国将几年前占领的楚国城邑上庸归还楚国。

赧王十二年（戊午，公元前303年）

1 出现彗星。

2 秦国攻取蒲阪、晋阳、封陵；又重新占领韩国的武遂。

3 齐、韩、魏因为楚国背叛合纵盟约，联军伐楚。楚王派太子芈横到秦国做人质求救。秦国派名叫通的客卿将兵救楚。三国退兵。

赧王十三年（己未，公元前302年）

1 秦王、魏王与韩国太子韩婴在临晋会晤。韩婴之后又访问了咸阳。秦国归还之前占领的魏国城邑蒲阪。

2 秦国一位大夫和在秦国为人质的楚国太子因为私事斗殴，楚太子杀了秦国大夫，因此逃回楚国。

赧王十四年（庚申，公元前301年）

1 发生了日全食。

2 秦国军队占领韩国穰城。

3 蜀郡守嬴煇叛变，秦王派司马错去，将他诛杀。

4 秦国庶长奂与韩、魏、齐联军伐楚，在重丘打败楚军，杀死楚将唐眛，占领重丘。

5 赵王再攻伐中山。中山国君逃往齐国。

赧王十五年（辛酉，公元前300年）

1 秦国泾阳君到齐国做人质。

2 秦国华阳君伐楚，大破楚师，斩首三万，杀楚将景缺，占领楚国襄城。楚王恐惧，派太子到齐国为人质求救。

【胡三省曰】
之前太子在秦国杀人，逃回楚国，现在又到齐国做人质。为之后楚怀王被骗而死在秦国，齐国归还太子埋下伏笔。

3 秦国丞相樗里疾去世，任命赵国人楼缓为丞相。

4 赵武灵王疼爱小儿子赵何，希望在自己有生之年看到他继位。

赧王十六年（壬戌，公元前299年）

1 五月戊申（原文有误，五月没有戊申日），百官朝贺东宫，赵王正式传国于太子赵何。新王拜祭祖庙后，召开第一次宫廷会议，大夫们都向新王称臣，肥义为相国。赵武灵王自号为"主父"。主父的想法，是让新君负责治国理政，他自己呢，专心只管军事，身穿胡服，率领士大夫往西北经略胡地，然后从云中、九原调头向南，直取秦国首都咸阳。为了亲自侦察秦国山川地形和政治虚实，还想亲自看到秦王是什么样的人，主父假装是赵国使臣，出使秦国。秦王被蒙在鼓里，跟他相见，但之后总觉得有点奇怪，这位使臣气势宏伟，不像是人臣应有的风度。于是派人去追。主父已脱身出秦关了。秦王仔细审问，才知道来的真是主父。秦国人都大吃一惊。

2 齐王、魏王在韩国会晤。

3 秦国伐楚，占领了八座城池。秦王写信给楚王说："当初寡人与您约为兄弟，盟誓于黄棘，太子到我国为人质，那时候，咱们的关系是多么亲密欢好啊！后来呢，太子杀了我的重臣，没有任何交代，自己就跑回去了。我非常愤怒，所以发兵攻打楚国。今天我听说您又派太子去齐国求救。想想咱们两国土壤相接，婚姻相亲，秦楚两国如果不能友好，就无法号令天下诸侯。我希望和您在武关当面会晤，再结盟约，这是我的心愿啊！"

楚王犹豫，去吧怕上当，不去呢怕秦王更加愤怒。昭雎说："当然不能去！发兵自守而已。秦是虎狼之国，有吞并诸侯的野心，不可信！"怀王的儿子芈兰却劝他的父亲去。怀王听了芈兰的，于是到秦国去。秦王派一个武将假扮成自己，在武关埋下伏兵。楚王一到，就关闭关门，把他劫持到咸阳，到章台朝见秦王，如同藩臣觐见的礼节，要挟他割让巫及黔中郡的土地。楚王妥协，要求先缔结盟约，回去再割地。秦王则要先割地，才缔结盟约。楚王大怒，说："秦国欺诈我，又强要我土地。"坚决不答应。秦国就把他扣留了。

楚国大臣们很忧虑，商量说："咱们国王被秦国扣留，太子又在齐国做人质，如果秦、齐合谋，咱们就要亡国了。"于是商议要赶紧另立新君，想在国内在家的王子中选一个做楚王。昭雎说："大王与太子都被困于他国，如今咱们又违背大王的命令，改立庶子，这不行！"于是派使臣到齐国，不说楚王被秦国扣留，只假称说楚王薨逝，要接太子回国继位。齐湣王召集群臣开会商议，有人说："不如扣留太子，要求他把淮北之地给我们。"齐相说："不可！我们要挟他，他国内不答应，另立新君，那我们什么也得不到，空抱着个没用的人质，还惹得不义的恶名。"那人又说："谁说这人质没用？有用！楚国如果另立新君，我们就对那新君说，把淮北的土地割给我，我就帮你把太子杀了。不给，我就联合齐、韩、魏三军军队，护送太子回国继位，杀你！"

齐湣王还是听了相国的意见，无条件送回楚太子，太子回国，继位为王。

4 秦王听说孟尝君的贤德，派泾阳君到齐国做人质，请孟尝君入秦，并任命他为秦国丞相。

赧王十七年（癸亥，公元前298年）

1 有人对秦王说："孟尝君是齐国公子，他做秦国宰相，肯定是以齐国利益为先啊！秦国危险哪！"秦王信了，仍旧以楼缓为相，把孟尝君关进大牢，准备杀了他。孟尝君派人找秦王的宠姬求救。宠姬说："听说孟尝君有狐白裘，我想要一件。"那狐白裘，是用狐腋白毛部分制成的皮衣，贵重得不得了，价值千金，孟尝君确实有，但天下无双，只有一件，而且已经作为见面礼送给了秦王，宠姬再要，这个真没有了。幸亏孟尝君的食客中，有一位狗盗之徒，当世神偷，潜入秦国宫廷仓库，把那狐白裘又偷了出来，献给宠姬。宠姬向秦王说好话，秦王一时高兴，把孟尝君放了。孟尝君赶紧连夜逃亡。秦王果然后悔，又派人追。孟尝君半夜到了边境关隘，出去就安全了。但是晚上关门紧闭，按秦国法律，鸡叫才开关门，如果追兵赶上来怎么办！幸好，孟尝君食客中又有一个鸡鸣之徒，他的才艺是会学鸡叫。于是鸡鸣之徒开始学鸡叫，周围的家鸡野鸡听见了也都跟着叫，叫醒了守关士卒，将关门打开了。孟尝君得以逃脱。

2 楚国派使臣对秦王说："靠社稷神灵保佑，我国已经有新王了。"秦王恼羞成怒，发兵出武关击楚，斩首五万，占领了十六座城池。

3 赵王封他的弟弟赵胜为平原君。和孟尝君一样，平原君也好养士，养了好几千食客。其中有一位公孙龙，擅长坚白同异之辩，平原君尊他为客。孔子的后代孔穿从鲁国到赵国来，公孙龙跟他论辩奴婢有三只耳朵，公孙龙论辩十分精辟，孔穿也无法反驳。第二天，孔穿见到平原君。平原君说："公孙龙很有辩才吧？先生以为如何？"孔穿说："是很有辩才，奴婢真给他说出三只耳朵了。虽然如此，实际却不可能。我想问平原君您：如今要把人的耳朵论辩出三只来，很难很高超，但是是假的；要说人只有两只耳朵，很容易，而且是真的。您是要那又简单又真实的呢？还是要又难又假的呢？"平原君无以应对。

第二天平原君见了公孙龙说:"你不要跟孔先生辩论了。他理胜于辞,你辞胜于理,你终究会被他折服。"

齐国学者邹衍路过赵国,平原君又请他会一会公孙龙,和公孙龙论辩白马非马之说。邹衍拒绝说:"我不跟他辩!什么是辩呢?就是把事物分门别类,让它们类别分明,不相混淆;列出事物的不同序列,让它们不相紊乱;明白指出事物的意义和道理,让人们不要迷惑。辩论得胜的人,不会失去他所坚持的立场;辩论输了的人呢,也得到他所追求的真理。如果是这样,那辩论就是有意义的。如果反过来,如果彼此以虚文敷衍,以饰辞装扮,用巧妙的比喻来偷换概念,把对方引入歧途,这就是伤害真正的大道。纠缠纷乱,争论不休,以先词穷为输,后闭嘴为胜,如此是非混淆,实在有伤君子之道;这样的辩论,我不屑于参与。"

邹衍这一番话,在座众人都叫好!平原君也被他说服。公孙龙就失宠了。

卷第四　周纪四

（公元前297年—公元前273年，共25年）

主要历史事件

赵章叛乱　092
白起崛起　094
宋康王，从疯狂到灭亡　097
乐毅率五国联军伐齐　098
完璧归赵　103
负荆请罪　107
田单的火牛阵　112
黄歇上书退秦兵　119

主要学习点

数胜必亡　097
义立而王，信立而霸，权谋立而亡　099
只有理想主义的事业才能基业长青　101
政治家的三个层次　104
学会与问题共存，带着问题前进　109
杀敌靠愤怒，夺敌靠奖赏　111
君子交绝，不出恶声　113
耳朵根子不能软　115

赧王十八年（甲子，公元前297年）

1 楚怀王逃跑，被秦国人发现了，封锁了通往楚国的道路。楚怀王就抄小路逃亡赵国。赵国主父在代，其他人不敢拿主意接受楚怀王入境。楚怀王只得转道再往魏国去，被秦国追兵追上，又抓回咸阳。

2 鲁平公薨。儿子姬贾继位，是为鲁湣公。

赧王十九年（乙丑，公元前296年）

1 楚怀王病，死在秦国。秦国人将他的遗体归还楚国安葬。楚国人都怜悯他，像亲戚死了一样悲伤。秦国惹了众怒，诸侯各国都指责秦国的不是。

2 齐、韩、魏、赵、宋五国联军伐秦，打到盐氏城而回。秦国归还韩国武遂，归还魏国封陵以求和。

3 赵国主父巡幸新取得的中山土地，接着去代郡巡察，向西到西河，与楼烦王会见，并请他帮助招募战士。

4 魏襄王薨。儿子魏昭王继位。

5 韩襄王薨。儿子韩咎继位，是为韩釐王。

赧王二十年（丙寅，公元前295年）

1 秦国一位叫"错"的国尉率军攻打魏国襄城。

2 赵国主父与齐、燕联合，攻灭瓜分了中山，把中山王流放到肤施。主父回到邯郸，赏赐功臣，大赦天下，全国欢宴五天。

3 赵国主父封其长子赵章于代，号安阳君。

【华杉讲透】

赵章本是太子，主父因为爱母及子，由对吴娃的爱，到对小儿子赵何的爱，于是废长立幼，立了赵何为王。这本来已经犯了政治上的大忌。既然已经这么干了，就应该彻底绝了长子赵章的念想。但是他又觉得愧对长子，要给他仅次于赵王的封地和地位。有了本钱，赵章即使自己没野心，也架不住身边的野心家鼓动了。

人往往犯低级错误。主父一世英雄，也会犯最低级的政治错误，给自己和家族带来灾难。

安阳君的性格，一贯好大喜功，心里对他弟弟为王，本来就不服。如今封了代郡，主父又派田不礼做他的相国，大臣们都觉得祸根埋下，惴惴不安。李兑跟肥义私下商量说："公子章年轻力壮而志气骄傲，党羽众多而欲望很大，田不礼呢，残忍好斗，也是骄傲不可一世，这两人凑在一起，必有阴谋。小人有欲，总是轻虑浅谋，只见其利，不顾其害，大难就要临头了！先生您权势大，责任重，宫廷有变，发难一定从您这儿开始，祸事首当其冲。我建议先生您哪，自保要紧！不如称病不出，把权力移交给公子成，不要给他们做祸梯啊！"

肥义说："当初主父把赵王托付给我，叮嘱我说：'不要改变你的方针，不要改变你的意志，一心一意坚守，直到老死！'我再拜受命，而且把主父的话记在竹简上，鞭策自己。谚语说'死者复生，生者不愧'，托付我的人即便死而复生，我面对他也毫无愧色。我要成全我的承诺，就不能成全我的性命！您的话，对我是一片忠心好意。但是，我对主父已经承诺在前，不敢违背啊！"

李兑说："好！先生勉力为之！只是我看先生的性命，活不过今年了啊！"说完涕泣而出。

李兑又数次面见公子成，商量防备田不礼。

肥义对信期说："公子章与田不礼，表面上名声不错，实际都是恶人，在内得到主父关爱，对外就行横暴之事，如果有一天矫诏，假传主父命令，发动政变，这是不难做到的。我非常忧心，睡不着，吃不下，俗话说，有强盗出没，不能不防备。从今天开始，如果主父传令要见赵王，必须先告诉我，我先去，确认没有变故，才能让赵王去。"

信期说："好！"

主父让惠文王朝会群臣，自己在旁边偷看，看见公子章懒懒散散的样子，心里又开始怜悯公子章了。想着自己拿走了本该属于公子章的王位，怎么补偿他呢？就想把赵国一分为二，在代郡建一个新王国，封公子章为代王。这个计划当然很不成熟，想想又放下了，没有决定。

一日，主父和赵惠文王出游到沙丘，晚上分别住在两座行宫。公子章和田不礼抓住这个机会发动政变，矫传主父令，召见赵王。肥义先去，中伏被杀。高信即刻动员，双方血战。公子成和李兑从邯郸赶过来，火速征调周围的军队平叛，杀死公子章和田不礼，尽灭其党羽。肥义死了，公子成做宰相，号安平君。李兑为司寇。这时候惠文王年少，赵国政权就由公子成、李兑专政。

公子章战败时，投奔主父寝宫，主父开门收留保护他。公子成、李兑就包围了主父的寝宫。杀死公子章之后，公子成、李兑两人商量说："因为公子章，我们包围了主父，现在即使收兵，咱俩也是灭族大罪！"于是一不做，二不休，继续包围，传令说："后出宫的一律格杀勿论！"宫中的人都出来了。主父无法出宫，又没有食物，只能捕食初生的鸟雀。这样也坚持了三个月，主父饿死在沙丘宫。公子成、李兑一直等到确认主父死亡后，才向各国报丧。

　　主父开始时以公子章为太子，后来得了吴娃，爱得不得了，为了她，几年都不出门。吴娃生下儿子赵何，主父就废了太子章，立赵何为太子。吴娃死了之后，主父把爱情慢慢淡忘了，又开始怜悯公子章，想把两个儿子都封王。还在犹豫未决，乱事就起了。

　　4 秦国罢免了楼缓的丞相职务，魏冉为相。

赧王二十一年（丁卯，公元前294年）

　　1 秦军在解城打败魏国军队。

赧王二十二年（戊辰，公元前293年）

　　1 韩国派公孙喜为大将，和魏国联军伐秦。穰侯向秦王举荐左更白起，取代向寿为大将。白起大败韩、魏联军于伊阙，斩首二十四万级，生擒公孙喜，占领了五座城池。秦王封白起为国尉。

　　2 秦王给楚王写了一封信，说："楚国背叛秦国，秦国将率诸侯联军伐楚，希望您好好整顿军队，咱们痛痛快快大战一场！"楚王害怕了，于是重新和秦国和亲。

赧王二十三年（己巳，公元前292年）

　　1 楚襄王迎娶秦国公主。

【司马光曰】

秦国也太无道了！杀了人家的父亲，又胁迫他的儿子。楚国呢，又太不争气了！父亲被人害死，还和仇人联姻！呜呼！如果楚国君王有道，下有能臣，秦国再强，也欺负不了楚国吧！我现在相信荀子说的话："治国之道，如果能善加运用，就算是只有一百里土地的小国，也可以独立自主。不善于运用呢，就算是楚国那样六千里土地的大国，也被仇国奴役。"所以君王不力行正道，还老想扩大势力范围，正是国家所以危亡的原因了！

2 秦国丞相魏冉因身体健康原因辞职。客卿烛寿接任丞相。

赧王二十四年（庚午，公元前291年）

1 秦伐韩，占领宛城。

秦相烛寿免职，魏冉重新出山做丞相，封于穰与陶，称为穰侯。又封公子市于宛，封公子悝于邓。

赧王二十五年（辛未，公元前290年）

1 魏国割让河东地四百里给秦国，韩国割让武遂地两百里给秦国。

2 魏国的芒卯开始以诡诈而被重用。

赧王二十六年（壬申，公元前289年）

1 秦国大良造白起，客卿错率师伐魏，打到轵城，取得大小城池六十一座。

赧王二十七年（癸酉，公元前288年）

1 冬，十月，秦王称西帝。派遣使臣到齐国，立齐王为东帝，约齐国两面夹攻，进攻赵国。苏代从燕国到齐国。齐王问他："秦王派魏冉来，要我跟他一起称帝，你以为如何？"苏代说："我建议大王您接受秦王的赠封，但是不公开。等秦王自己称帝，如果天下人都觉得不错，您再称帝也不迟。如果天下人都讨厌，您没有称帝，就收复天下人心了，这是很大的政治资本。再说这伐赵的事，这伐赵的利益，不如伐桀宋。大王您不如不要帝号，以收天下之人望；然后呢，出兵攻打人人都说他暴虐的桀宋宋康王，只要攻下宋国，楚、赵、梁、卫都害怕齐国了。这样，用称帝之名去让天下人都憎恨秦国，正是以卑为尊之计。"

齐王同意苏代的道理，称帝两天，就把帝号又去除了。

十二月，吕礼从齐国到秦国。秦王也去除帝号，重新称王。

2 秦军攻打赵国，占领杜阳。

赧王二十八年（甲戌，公元前287年）

1 秦军攻打赵国，打下新垣、曲阳。

赧王二十九年（乙亥，公元前286年）

1 司马错率秦军攻打魏国河内地区，魏国割让安邑求和，秦国归还魏国战俘。

2 秦军在夏山击败韩国军队。

3 宋国都城城墙拐角一个麻雀窝里，发现孵出了一只雏鹰。太史占卜说："大吉大利！小鸟生大鸟，宋国必霸天下！"宋康王狂喜，马上行动，起兵先灭了小国滕国，又攻打薛国，向东打败齐国，占领了五座城市，向南攻打楚国，占领了三百里土地；向西打魏国，魏军也让他打败了。宋康王同时跟全世界作战，包括齐魏这样的大国，居然连战连胜，更加信心爆棚，对小鸟生大鸟的吉兆深信不疑。为了加速成就霸业，他"射天笞地"，人家是弯弓射大雕，他直接射天，表示天也没有他大；然后又用长鞭笞地，表示地也要臣服于他。然后，他把自己家宗庙社稷也拆毁，一把火烧了，表示威服鬼神。战天斗地，再扫除鬼神之后，他在宫中大摆筵席，做长夜之饮，他纵酒狂欢，让室内侍从高呼"万岁"，堂下的官员呼应"万岁"，门外的人再呼应"万岁"，然后全城百姓一起高呼"万岁"。

天下人送给宋康王一个绰号，叫"桀宋"，意思是他和夏朝的暴君桀一样昏暴。齐湣王起兵伐宋，宋国人一哄而散，没有一个替宋康王守城的。最后宋康王逃往魏国，死在温城。

宋国灭亡。

赧王三十年（丙子，公元前285年）

1 秦王与楚王在宛城会晤。秦王与赵王在中阳会晤。

2 秦国以蒙武为大将伐齐，打下九座城池。

3 齐湣王灭了宋国，他也骄傲了，觉得霸天下的应该是他，于是全面开战，南侵楚国，西侵韩、赵、魏，准备吞并东周、西周，登基做天子。狐咺谏止，被斩首于檀衢，陈举直言，又被杀于东间。

【华杉讲透】

桀宋的故事和齐湣王的骄狂，正应了之前李克对魏文侯说的著名对话——数胜必亡。

魏文侯问于李克："吴国为什么会亡国呢？"李克说："数战数胜。"文侯曰："数战数胜，国之福也，怎么会亡国呢？"李克说："数战则民疲，数胜则主骄。以骄主治疲民，此其所以亡也。"

当桀宋骄傲不可一世的时候，他的人民，已经没有一个人愿意跟着他作战了，甚至恨不得赶紧有别人来把他收了才好，他却毫不知情。现在齐湣王又走进了一样的套路，他还不知不觉。

这边齐湣王开始发昏，那边燕国却已经励精图治多年了。燕昭王日夜访求培养人才，不吝惜给他们高官厚禄，朝中人才济济，上下一心。当年和齐国的大仇，燕昭王可是一天也没忘，如今机会来了，于是和乐毅密谋伐齐。乐毅说："齐国是个大国，而且之前齐桓公曾经称霸诸侯，余威还在，地大人多，咱们单独进攻，恐怕力有不足。大王如果一定要伐齐，不如约赵国、楚国、魏国一起伐齐。"于是派乐毅出使赵国，别的使者出使楚国、魏国，并且托赵国再去联络秦国，承诺伐齐后的利益分配。诸侯各国早都已经对齐湣王的骄暴难以忍受了，于是一拍即合，争先恐后要和燕国一起伐齐。

赧王三十一年（丁丑，公元前284年）

1 燕王全国动员，以乐毅为上将军。秦国国尉斯离率师与韩、赵、魏三国军队会师。赵王将赵国相印授予乐毅。于是由乐毅统帅燕、秦、魏、韩、赵五国联军伐齐。

齐湣王也全国动员，战于济西，齐军大败。秦、韩两国隔得远，土地跟他们没关系，乐毅让秦国、韩国两国军队分了战利品后各自回国了，分派魏国军队去经略和魏国接壤的宋国土地，部署赵国军队去收取和韩国接壤的河间之地。然后独自率领燕国军队，长驱北上，要灭了齐国。剧辛劝谏说："齐大而燕小，如今咱们靠着诸侯联军，击破他的军队，应该及时攻取和我们接壤的边城，扩大地盘，这是长久的实利。现在放着这些能攻下的城池不攻，深入敌境，也不能把齐国怎么样，燕国得不到实利，还和齐国结怨太深，以后您一定会后悔呀！"

乐毅说："齐王自以为功高盖世，又觉得自己的本事比手下人都大，有事不跟臣下商量，贤良的人都被他废黜了，身边全是阿谀奉承之徒，政令暴虐，百姓怨恨。如今主力部队崩溃，如果我们乘势攻打首都临淄，他的人民一定会反叛，他内部乱了，齐国就可以拿下！如果现在不抓住机会，等他悔悟自己的过失，痛改前非，开始体恤下属，安抚人民，他们又团结起来了，那就难搞了。"

于是大军深入，直取临淄。齐国果然大乱，失去章法，齐湣王直接就跑了，乐毅进入临淄城，把齐国宫廷宗庙的宝物、祭器，全都运回燕国。燕王亲自到济上劳军，赏赐将士们，并封乐毅为昌国君，派乐毅继续攻取齐国剩下的城镇。

齐王逃亡到卫国，卫国国君把正宫让给他住，供给他所需之物，自己称臣侍候他。但是呢，齐王还非常不逊，把卫君呼来喝去，真把自己当主人了。卫国人气愤不过，言语就不好听了。他只好离开卫国，又先后投奔邹国、鲁国，但他放不下骄傲的架子，邹国、鲁国就闭关不让他进，于是到莒城去。

楚王派淖齿将兵救齐，齐王任命淖齿为齐国宰相。淖齿看了齐国这形势，产生了一个新想法，他想和燕国秘密结盟，瓜分齐国土地。于是逮捕齐王，数落他的罪状，问："千乘、博昌之间，方圆数百里，天降血雨，衣服都被污染了，你可知道？"齐王说："知道。""嬴邑、博邑之间，土地崩裂下陷，地底的泉水都露出来了，你可知道？""知道。""有人在宫门外大哭，到宫门口去看，找不到人，走开呢，又听到哭声，你可知道？""知道。"淖齿说："天雨血沾衣，是天警告你；地裂及泉，是地警告你；人哭宫门，是人警告你。天、地、人都警告你，你却不知警醒，是不是该杀？"

于是在鼓里将齐王弑杀。

荀子评论说：国家，是天下的利器和权势。得道者掌握国家，则大安乐、大尊荣，积众美之源，世间所有的好事、美事，全都归你！不得道的人掌握了国家呢，则是大危险，大负累，有还不如没有，到了极端情况，你就是想放弃王位，只做一个小老百姓，也得不到，一定要你死！齐湣王、宋康王，就是这个下场。

所以说，有国者，义立而王，信立而霸，权谋立而亡。

义立而王：率领全国人民追求礼义，自己率先垂范，绝不违背礼义，就像孟子说的："行一不义，杀一无罪，而得天下，仁者不为也。"诚意正心，一切以仁义为标准，内心就像巨石一样坚固坚定。所任用的人，都是义士，所颁行的法律，都是义法。国家的理想，率领群臣去追求的，都是义志。这样，在下位的百姓，都以道义仰望于上，这国家的根基就奠定稳固了。基定而国定，国定而天下定。所以说：以义立国，一日之间，就可显白于天下，商汤、周武王就是明证。

信立而霸：德没有达到尽善尽美，义也没有都到位。但是，天下之理，纲纪要领，也大概有个规模，奖赏刑罚的标准，已经取信于天下，各方面的要点，臣下百姓们也都基本了解。政令发布之后，虽然有失败错误或对自己不利的地方，也依法行政，不会随时按自己的利益需要修改规则，欺骗人民。和别国契约盟誓也是一样，一旦承诺，不会发现对自己不利，就反悔背约。能做到这样，则兵劲城固，敌国不敢来犯。这些基本标准达到了，盟国必然信赖他，就是处在偏僻的地方，也能威动天下，齐桓公、晋文公、宋襄公、秦穆公、楚庄王，这春秋五霸，就是明证。

权谋立而亡：率领人民追求功利，不主张正义，不维护信誉，唯利是求，对内欺压百姓，与民争利；对外呢，欺诈盟国，追求大利。"内不修正其所有，而常欲人之所有。"自己有的东西，不珍惜，不好好干，老惦记着别人的东西。这样一来，臣下百姓没有一个不以诈心来对付上面的。上诈其下，下诈其上，则上下分崩离析。敌国会轻视他，盟国会怀疑他，权谋日行，天天阴谋诡计，争权夺利，殚精竭虑，国家却走向危弱，甚至灭亡，齐湣王、薛公就是明证。

【胡三省曰】

薛公，指孟尝君。孟尝君死后，齐国与诸侯共灭薛。

齐湣王治理强大的齐国，不修礼义，不搞好政治教化的根本，不朝着统一天下的王道前进，而是连车接马，派人不断向各国奔驰游说。当他强势的时候，南足以破楚，西足以拒秦，北足以败燕，中足以灭宋。可是，等到燕、赵起而攻之，就像摧枯拉朽一样，让他身死国亡，为天下大戮，永为后世讲恶人的反面教材。这是什么原因呢，就是因为不由礼义而由权谋。

义、信、权谋这三者，是明主需要谨慎选择的，仁者必须搞明白的。懂得选择的人，可以制服别人；不懂得选择的人，就被别人制服。

【华杉讲透】

任何事业，都一定是理想主义的，不是实用主义的。只有理想主义的事业，才能基业长青。义就是理想，是全天下共同的理想，而信就是道路，君王有信，人民才能在大道上走。

我们习惯了种种"智取某某"，而所谓"智取"，都是巧取豪夺，或者自作聪明。信义无需智取，都靠身体力行。义者，宜也，是大是大非，该怎么办就怎么办，不需要权谋智力；信呢，是信誉，承诺的就照做，也不需要思虑衡量。所以王阳明说："我等用功，不求日增，但求日减，减一分人欲，则多一分天理，这是何等简易，何等洒脱！"权谋思虑，总是因为有非分之想，就像荀子说的"内不修正其所有，而常欲人之所有"，自己的东西不认真努力、踏踏实实搞好，老惦记想谋取别人的。你只需要把自己搞好，商汤以七十里土地起家，周文王以一百里，但是，他们以义立国，代表了全天下人民的终极梦想，所以完成了王天下的大业。商朝享国六百年，周朝八百年。曹操是权谋之王，他自己说的："任天下之智力。"但是，当他死后，他的后代智力就玩不过司马懿。你既然是任天下之智力，天下之智力也跟着智力最高的走，这就是轮回。

不可任其私智，但求天下公义。

这就是基本原理：诚意正心→修身齐家→治国平天下！

2 乐毅听说画邑人王烛很有贤德，下令军队不许进入画邑方圆三十里之内，派人去请王烛。王烛推辞不来。燕国人说："你不来，我们就屠灭画邑。"王烛说："忠臣不事二君，烈女不更二夫。国破君亡，我也不愿苟活，现在又用武力胁迫我。我与其不义而生，不如慕义而死！"于是把脖子挂在树枝上，奋力跃起而坠下，折断脖子而死。

燕军乘胜长驱直入，齐国城镇都望风而降。乐毅整顿军纪，禁止抢掠，访求齐国的隐逸贤士，彰显而给予优待，又减轻人民的赋税，废除齐王的暴虐政令，修明善政。齐国人民都很喜悦。于是分兵五路，左军渡过胶水到胶东、东莱；前军沿着泰山以东到大海，经略琅琊；右军顺着黄河、济水，屯兵阿、鄄，以连接魏军；后军依傍北海，安抚千乘；中军据守首都临淄以镇齐国。又在郊外祭祀齐桓公、管仲，表彰贤者所居的闾巷，隆重安葬王烛。齐国人在燕国被封为君并有采邑的有二十多人，在燕国首都蓟城有爵位的有一百多人。六个月之内，平定齐国七十余城，都设置为燕国郡县。

3 秦王、魏王、韩王在周国首都洛阳会晤。

赧王三十二年（戊寅，公元前283年）

1 秦、赵两国在穰城会晤。秦国攻陷魏国安城，一直进军到魏都大梁，才班师回国。

2 齐国淖齿之乱，齐湣王的儿子法章改名换姓，在莒国太史家做佣人。太史敫的女儿发觉他相貌不凡，认为他不是平常人，因而怜悯他，常常私下送他衣服饮食，进而和他私通。

王孙贾跟随齐王。齐王没了。他回到家里。他母亲说："你早出晚归，我就在家门口等你回来；晚出而不归，我就跑到里弄口去张望。如今你事奉齐王，齐王没了，你也不知道王在哪里？你还回家来干吗！"

王孙贾于是跑到市中心呼喊："淖齿乱齐国，杀了湣王。愿意跟我去诛杀淖齿的，请袒露右臂！"有四百人右袒，跟随他发动突袭，杀掉了淖齿。于是齐国亡臣们一起找寻齐湣王的儿子，要立他为王。法章开始时担心是圈套，害怕被杀，过了好久才确信是真的，鼓起勇气表明身份。于是立法章为王，就以莒城为基地以拒燕军。同时，在临淄城中张贴布告说："新王已经在莒城登基了！"

3 赵王得到了无价之宝——楚国的和氏璧。

【胡三省曰】

和氏璧的发现，在距赵王得到它四百多年前。楚国人卞和发现一块玉璞，把他献给楚厉王。楚厉王叫玉工来看，说是块石头，判了他欺君之罪，砍了他的左脚。楚厉王薨，楚武王继位，他又去献宝，玉工还是说是石头，再被判欺君,又砍了右脚。等到楚文王继位,他抱着玉璞在荆山下哭泣。文王听说了,派玉工去问他,凿开璞一看,果然是块绝世美玉,于是命名为和氏之璧,就是纪念它的发现者,被冤枉砍了双脚的卞和。

和氏璧重出天下,到了赵惠文王手里。秦昭王就惦记上了,派使者来商量,说愿意用十五座城池来交换。赵王当然不想给,但是秦国那么强大又蛮横,惹不起;给吧,秦王的话怎能相信,十五座城肯定是空话一句!赵王问蔺相如:"怎么办?"蔺相如说:"秦王用十五座城来换一块玉璧,咱们还不答应,那是咱们不给面子了。如果我们给了他玉璧,而他不给咱们城池,那就是他理亏。两相比较,不如答应他,让他理屈。我愿意带着玉璧去办这件事,如果秦国的城池不交割,我保证完璧归赵!"

于是赵王派蔺相如出使,到了秦国,秦王根本就没有给城池的意思。蔺相如于是用诈术将玉璧骗回来,交给随从,抄小路快速送回赵国,自己待在秦国待命。秦王倒也敬佩蔺相如的勇气和贤能,没有杀他,以礼相待,送回赵国。赵王以蔺相如为上大夫。

4 卫嗣君薨,儿子卫怀君继位。嗣君的为人,喜欢去调查别人的隐私,有一个县令,一次收拾被褥时,露出了下面的破席子。嗣君听说了,就送他一张新席子。县令大惊失色,认为嗣君简直是神!嗣君又派人经过关卡,故意给关卡的税收人员行贿。然后又把那关吏召来,说:"有客商过关给了你多少贿赂,你应该还给人家!"关吏吓得要死。

嗣君宠爱泄姬,信任大臣重耳,又怕他们因为受到宠幸而蒙蔽自己,于是提拔薄疑,和重耳对抗,尊宠魏妃,和泄姬平衡,还自鸣得意,说:"让他们互相制衡!"

荀子评论说:卫成侯、卫嗣君,都是榨取百姓财富和玩弄权术伎俩的君主,还没能做到"取民"。子产做到了取民,但是没做到为政。管仲做到了为政,但是还没做到修礼。所以说,<u>修礼者王,为政者强,取民者安,聚敛者亡</u>。

【华杉讲透】

荀子这一段评论,从卫成侯、卫嗣君,一下子说到子产、管仲,跨度有点大，又提出了政治家的取民、为政、修礼三个层次，需要我们仔细学习一下。

取民是什么呢，就是取得民心。大家都知道那句话："得民心者得天下。"但是在荀子的评论里，得民心属于档次最低的政治。因为百姓被愚弄惯了，得民心太容易。

子产是郑国执政，也是春秋时期有名的贤相，在他执政期间，郑国气象一新，国泰民安，深受百姓爱戴。子产是好的统治者，也相当得民心，子产去世的时候，郑国的青壮年痛哭失声，老人像孩童一样哭泣，说："子产离开我们死去了啊，老百姓将来依靠谁！"

那么，荀子为什么说子产还算不上为政呢？我想他是读了《孟子》：

> 子产听郑国之政，以其乘舆济人于溱、洧。孟子曰："惠而不知为政。岁十一月，徒杠成；十二月，舆梁成，民未病涉也。君子平其政，行辟人可也，焉得人人而济之？故为政者，每人而悦之，日亦不足矣。"

这是人们传颂的一件子产爱民的事迹，郑国境内有两河交汇，一条溱河，一条洧河。冬日的某一天，子产从两河交汇处经过，看见有老百姓涉水渡河。那冬天水寒，冻人彻骨啊，子产看了于心不忍，就招呼老百姓上自己的车，把他渡过去。这老百姓感动了，传颂啊，人民的好宰相！

那河上没有桥，是谁的责任啊？子产的责任是修桥，不是拿自己的车去渡人，如果河上有桥，就用不着他来做这件好事了。如果拿自己车去渡人，他能渡多少人啊？孟子就说："子产这是小恩小惠，不是政治家该做的。如果十一月修成能走人的桥，十二月修成能走车的桥，百姓就不会为过河发愁了。你把政治搞好了，出门鸣锣开道，让老百姓回避你都可以，用不着你搞这些亲民表演。如果搞政治的人，一个一个地去讨人欢心帮人渡河，恐怕你的时间也不够用吧？"

诸葛亮说："治世以大德，不以小惠。"张居正曰："为政不必人人问其疾苦，而需事事立有规模。"你把制度搞好，公平正大，不要拿你的车去载老百姓渡河。

比子产高一个层次的，是辅佐齐桓公称霸天下的管仲，荀子认为，管仲就算是能为政的了。管仲非常了不起，他是了不起的宰相，更是超前的经济学家。富国、足民、强兵，他都做到了。"仓廪实而知礼节，衣食足而知荣辱"，这话就是管子说的。管子之伟大，在于他爱人民，让大家都过好日子。他不像商鞅，把人民当畜生驱使，要国富民穷，要人民穷，以便于驱使。

管仲还懂得消费对经济的作用，懂得拉动内需，在《管子》中，专门有一篇《侈靡》，就是管子的奢侈理论。管子说，富人一定要奢侈，富人奢侈，穷人才能赚钱嘛！财富就重新分配了。所以他提出了著名的"雕柴画卵论"，说那富人家烧柴，最好雕上花再烧，富人家煮鸡蛋，最好画上彩绘再煮。这样穷人就可以来雕柴画卵挣钱嘛！鼓励消费，拉动经济，管子早就明白，而且用这办法干了好多大事。

总之管仲是绝世奇才，超级天才，管仲的文治武功，孔子也赞叹说："管仲相桓公，霸诸侯，一匡天下，民到于今受其赐。微管仲，吾其被发左衽矣。"人民到今天还受着管仲的恩德所赐。如果没有管仲，我们都成野蛮人也。被发左衽，是披头散发，衣襟向左，是蛮夷。

但是，荀子只给管仲能为政的评价，没给他能修礼的最高评价。这也是孔子的话。

子曰："管仲之器小哉！"管子的器局还是太小啊！

孔子是赞叹管子，也可以说非常羡慕管子，因为管子得到了他梦寐以求的执政治国平天下的机会，而且管子做出了大功业。但是——他的器局还是不够大啊！

跟谁比不够大呢？跟周公比，不够大。

那管子为什么器局不够大呢，因为他只有经济战略，没有大政治思想，所以他的事业止步于此，没有能"为万世开太平"，开创新的政治伦理和礼制。这是孔子想做的，也是他认为管子那么智慧，又有那么好的机会，打下那么好基础，却在器局上差了那么一点。可惜！可惜呀！

管仲死后，齐国就衰落了，甚至齐桓公也没有得到善终。

为政者强，但只能强到"人亡政息"为止。

修礼者王，为政者强，取民者安，聚敛者亡。致力修明礼义的，能够王天下；善于治国理政的，能够强国家；能争取民心的，可以保平安；而聚敛财富的，只会灭亡！

赧王三十三年（己卯，公元前282年）

1 秦国攻打赵国，夺下两座城池。

赧王三十四年（庚辰，公元前281年）

1 秦国又攻打赵国，夺取了石城。

2 秦国穰侯魏冉再度出任丞相。

3 楚国想联合齐国、韩国一起伐秦，同时图谋攻打周国。周赧王派东周武公对楚国令尹昭子说："周国是不能图谋的！"昭子说："我们根本就没有图谋周国的意思，不过，我倒想听听你的道理，为什么不可图呢？"武公说："西周的土地，截长补短，也不过百里，名义上是天下共主。你占了它的土地，不足以富国，得了它的人口，不足以强兵。但是，你攻打它，却有弑君的罪名。那你攻打它图什么呢？无非就是图那夏商周三代传下来的天子祭器。这老虎肉腥膻难吃，又有利爪钢牙，人们还要攻击它，就图它那一身虎皮。如果是沼泽中的麋鹿蒙上虎皮，那想要杀它的人恐怕万倍于虎。如果能瓜分楚国的土地，足以富国；如果取缔楚国僭越的天子王位，则足以尊王。今天您想要杀害天下之共主，霸占三代传下来的祭器，恐怕那祭器南运到楚国的时候，天下讨伐的大军也跟来了。"

于是楚国放弃了图谋周国的念想。

【华杉讲透】

这里为什么会同时有东周、西周，需要作一说明。大家知道，周朝分为西周、东周两段。周朝是由周武王灭商后所建立，定都于镐京。公元前771年，周幽王被犬戎杀死，次年，申侯和其他一些诸侯立周平王（宜臼）为国王，平王将京都从镐京迁至洛邑，历史上称东迁以后的周王朝为东周，东迁之前的周王朝称为西周。

但是，这里讲的西周不是朝代名，而是东周时期的国家名称，即西周国，是战国末年周王室分裂的产物。周王室内乱，京畿之内分出东周、西周二侯国。两国以伊洛河交汇处为界，西属西周都王城，东属东周都巩。周赧王在西周，那么天子祭器也在西周了。

赧王三十五年（辛巳，公元前280年）

1 秦国派大将白起率军大败赵军，斩首二万级，攻取代地的光狼城。又派司马错动员陇西军队，经由蜀地攻打楚国黔中，全部占领，楚国并献出汉北及上庸土地求和。

赧王三十六年（壬午，公元前279年）

1 秦国大将白起伐楚，占领鄢、邓、西陵。

2 秦王派使者邀请赵王，希望两国和睦，约在黄河以南的渑池会晤。这秦王邀请会晤，肯定不怀好意，甚至暗藏杀机，之前楚怀王的下场大家都知道。所以赵王不想去。但是，廉颇、蔺相如跟赵王商量说："大王不去，那是显得我赵国弱小和胆怯了。"赵王于是决定赴会，蔺相如跟随。廉颇送到赵国边境，与赵王告别时说："大王此去，计算来回路途及会议时间，不会超过三十天。如果三十天您还没回来，我请求您允许我们立太子为王，让秦国绝了挟持我王而勒索土地的念想！"赵王答应了。

到了渑池会晤，秦王和赵王一起酒宴。因为赵国人善于鼓瑟，秦王请赵王表演一下，赵王不好拒绝，依言鼓瑟。蔺相如马上请秦王击缶，那是秦国的特色乐器。秦王不肯。蔺相如说："五步之内，恐怕我脖子上的血就要溅在大王身上了！"秦王左右想冲上来杀了蔺相如。蔺相如瞪圆了眼睛厉声呵斥，秦王之前因和氏璧之事跟蔺相如打过交道，知道他是个狠角色。那些人怕他真乱来，也不敢上前。秦王很不爽，勉强敲了一下缶。

一直到酒宴结束，秦国人也没占到赵国什么便宜，赵国这边严加防备，秦国也不敢轻举妄动。赵王维护了国家尊严，安全地回到国内，以蔺相如为上卿，地位比廉颇还高。

廉颇不服了，说："我是赵国大将，有攻城野战之功。蔺相如出身低贱，就靠耍嘴皮子，居然地位就在我之上！等我遇到他时，一定好好羞辱他！"

蔺相如听说了，就处处躲着廉颇，朝会也称病不去，避免和廉颇争位次。出门望见廉颇的车，马上改道躲避。他的手下人，都引以为耻。蔺相如就对他们说："你们看廉将军比秦王如何？"左右说："当然不如秦王。"相如说："以秦王的威武，我都敢当众呵斥他，侮辱他的群臣，我虽然窝囊，独独害怕一个廉将军吗？我只是想，以秦国之强，之所以不敢加兵于我赵国，不过是因为有我们两位在罢了。如果两虎相斗，势不能全活。我之所以忍让，是以国家利益为重，而不能泄私愤，报私仇啊！"

廉颇听到了这话，悔悟羞愧，脱光了上衣，光膀子背着荆条到蔺相如府上请罪，二人遂结为刎颈之交。

3 当初，燕军攻打安平，临淄市掾管理市场的官员田单，正在安平。他指示他的族人用铁皮把车轴卷起来。等到安平陷落，人们都正门而逃，但是纷纷因为车轴断了，车散了架，被追兵擒了。只有田单的铁皮包轴没事，于是逃往即墨。

这时候齐国全境都被燕军占领了，只有莒城、即墨两城未下，乐毅于是合并右军、前军以围莒，左军、后军围即墨。即墨大夫出战身死，即墨人说："安平之战，就田单一族人以铁皮包轴，得以保全，可见田单足智多谋，能打仗！"于是拥立田单为将，抵御燕军。

乐毅包围两城，打了一年也没打下来。于是解围，离城九里筑营，准备采取怀柔政策，下令说："城里居民出城的，不要抓捕，困难的给予救济，让他们恢复旧业，以安抚新归附的人民。"这样过了三年，两座城还是没拿下来。

乐毅在最后两座孤城上耗了三年，既不围，也不打，燕国国内就犯了嘀咕了。有人对燕昭王进谗言说："乐毅智谋过人，伐齐，呼吸之间就拿下七十余城，现在攻不下来的，就两座城而已。这不是他真攻不下来，他是故意拖延，想要久仗兵威以服齐人，等齐国人服了，习惯了他的威严，他就会自立为齐王。现在齐国人已经服了，他之所以还没有发动，是因为妻子儿女在燕国罢了。但是这齐国美女甚多，再过一段时间，他恐怕也就把燕国的妻子忘了。大王您要想想办法呀！"

燕昭王听了，召集群臣，置酒大会，把那进谗言的叫来，当众数落他说："先王（燕王哙）举国以礼贤，让国给子之，本来就不是为了贪得土地以传给子孙，只是所托非人，子之德薄，不能堪命，国人不服，所以造成乱局。齐国无道，乘我国内乱，害死了我先王。寡人继位以来，痛之如骨，所以广延群臣，外招宾客，以求报仇！谁能替我报这大仇的，我愿意和他共享燕国！如今乐先生替我攻破齐国，夷平他的宗庙，让我大仇得报，齐国本来就应该是乐先生的，不是燕国的。乐先生如果能拥有齐国，与燕国并为列国，结欢同好，以抗诸侯之难，这正是燕国的福分，寡人的心愿啊！你怎么竟敢说乐先生坏话！"于是推出斩首。赐给乐毅妻子王后之服，赐给乐毅儿子公子之服，又配置诸侯国王规格的车马，护卫车队一百辆，派宰相专程护送乐毅家眷到齐国，立乐毅为齐王。

乐毅惶恐不受，上书以死自誓，于是齐国人佩服他的高义，诸侯畏惧他的威信，没人敢谋害他了。

【华杉讲透】

燕昭王这一手，跟后来刘邦封韩信为齐王非常相似，不过燕昭王做得更彻底。那位进"谗言"的先生，他的话实在不能就定性为"谗言"，应该说也是"合理怀疑"。这个内控问题，应该怎么解决？但是燕昭王就明白，这个问题无解。不是所有问题都能解决，因为你解决问题的举措，会制造出新的、更大的问题。我们要学会与问题共存，学会带着问题前进，努力做时间的朋友，把问题留给时间去消化。但是，既然有人把问题提出来了，挑明了，燕昭王就必须有态度。他的态度，就是把齐国这个皮球，一脚踢给乐毅。不是说你妻子儿女还在燕国吗？我也都给你送来。为了把这一脚球传得漂亮，传得有轰动效应，传得天下皆知，正好借那进谗言的人项上人头一用，斩了他，他的人头，就成了燕昭王传递信息的"超级媒体"。

乐毅功劳再大，他也只是"职业经理人"，哪能独占投资人的利益呢？裂土封侯是应该的，但是不能整个齐国都拿走。乐毅明白这个道理，发毒誓拒绝，君臣之间的信任危机就过去了。

燕昭王和乐毅，都是光明磊落、坦坦荡荡的人，等到了燕昭王的儿子燕惠王继位，他就要解决这个问题，于是，更大的问题就被他引爆了。

没过多久，燕昭王就死了，儿子燕惠王继位。惠王做太子的时候，和乐毅之间发生过不愉快。田单听说了，就使一个反间计，宣称说："齐王已经死了，乐毅没有攻下的城池就两座而已，乐毅与燕国新王有矛盾，怕被诛杀，不敢回国，所以以伐齐为名，实际上是拖延时间，想自己做齐王。现在齐国人还没有亲附他，所以他就放缓进攻即墨，等待时机成熟。齐国人现在最害怕的，就是燕国换别的将领来，那即墨就完了。"

燕惠王即刻中计，派骑劫为大将，换乐毅回国。乐毅知道新王来者不善，不敢回燕国，就投奔赵国去了。燕军将士为乐毅鸣不平，非常愤懑，于是上下不和。

田单下令城中百姓，每天吃饭的时候，都先在庭院中祭祀祖先。这一到饭点，家家院子里都摆着食物，那周围的鸟全都来了，城市上空盘旋着鸟儿，翔舞而下。燕军在城外看着奇怪，田单就宣称说："这是祥瑞，将有神师下凡来帮我！"旁边一个冒失的士卒听了，脱口而出说："我可以当神师不？"说完觉得不妥，转身就走。田单把他喊回来，东向而坐，以神师之礼待之。士卒惶恐说："我开玩笑的，我骗您的！"田单说："你不要讲话！"于是以师礼待他，每次出去巡察或做出决定，都说奉神师指示。

【胡三省曰】

田单担心人心还未亲附，自己的权威还不够，所以假借一个神师来命令其众。

然后田单又放出谣言："我最担心燕军把齐国俘虏鼻子割了，推到阵前，那即墨人就吓破了胆，战斗意志就崩溃了。"燕军听说了，马上照办。于是城中士兵百姓看见城外俘虏都被割了鼻子，非常愤怒，更加坚定坚守，决不能做俘虏。

田单又放出反间计，说："我们最怕燕国人把我们城外祖宗坟墓挖了，这样就会让我们心惊胆寒。"燕军马上去把即墨人的祖坟全部挖开，把棺材尸骨拖出来烧了。

齐国人从城上望见，痛哭流涕，群情激愤，愤怒十倍，都愿意出城作战报仇！

【华杉讲透】

燕军怎么这么容易中计，就是因为一没有价值观，二没有战略。乐毅的价值观，是仁政爱民的价值观；乐毅的战略，是给齐国人更好的统治者，用时间慢慢感化，让所有齐国人都觉得做燕国人更好！骑劫来了之后呢，他的想法只有一个——如何最快能拿下即墨，怎么快，就怎么来，什么办法都可以尝试。有价值观、有战略的人，志有定向，一心不二，止于至善。没有价值观、没有战略的人，就会为外物所移，为利欲所牵，被别人牵着鼻子走，就会上当、中计。

田单的战略呢？是标准的《孙子兵法》："故杀敌者，怒也。取敌之利者，货也。"

杀敌靠愤怒，夺敌靠奖赏。

军队开出去，必须给士兵一个杀敌的理由，让每个人都成为"激情杀人"的亡命徒。这就要利用人的感情。有两种感情可以让人忘记生命危险：一是愤怒，怒气上来，就什么也不顾；二是贪婪，人为财死，鸟为食亡。

杜牧说："万人非能同心皆怒，在我激之以势使然也。"千万人的军队，你要他们都恨同一个人、同一件事。所谓同仇敌忾，就是要想办法去激他。

激发仇恨主要是靠宣传。第一次世界大战之后，拉斯韦尔写了一本传播学的奠基之作——《世界大战中的宣传技巧》，将仇恨宣传列为最重要的宣传战略，制造"恶魔崇拜"，把敌人塑造成恶魔。

田单更厉害，他不用编排戏剧来搞宣传，他是"仇恨真人秀"，以城墙为看台，让燕军士兵在城外演给即墨人看，而且参加演出的受迫害者就是自己的父老兄弟、祖先坟墓，全是真实的！那燕军恶魔，是他们自己现场直播的。我想如果拉斯韦尔再写一部《世界大战中的宣传技巧》，他应该收录田单的宣传战略，超过后世两千多年各国任何将领。

田单知道差不多了，士卒可用，士气可用！于是田单身操打土墙用的木板和铁锹，和士卒一起劳动，修筑城防工事，他的妻妾都编在行伍之中参战，饮食全分给士兵们。让身披铠甲的士兵埋伏起来,让老弱女子登上城墙守卫,派使者去向燕军约降。燕军围了三年,即墨终于要投降了,燕军都高呼万岁!

田单还觉得把燕军骗得不够彻底,于是搜刮民间黄金,得两万四千两,叫一个富户出城献给燕将,说:"城中马上就要投降了,恳请将军进城之后,保护我家生命财产安全啊!"燕将大喜,承诺保护他家。于是燕军就更加松懈,等着摘胜利果实了。

田单在城中收集一千多头牛,为他们缝制火红色的丝绸衣服,上面画上五彩龙纹,角上绑着尖刀,尾巴绑上苇草,灌上油脂,然后在牛尾上点火。事先在城墙上挖了几十个洞穴,半夜把牛一起放出去,五千壮士跟在牛后面。那牛尾烧烫负痛,怒而冲向燕军,燕军大惊,看见牛身上都是龙纹,也不知道什么东西,是不是神师来了。被牛撞到的,非死即伤,城中百姓,杀声震天,全城老弱都狂敲铜器,声动天地。燕军大骇,败走。齐国人一战杀死了骑劫,乘胜追亡逐北,所过城邑都叛燕而复归于齐。田单的兵越来越多,乘胜追赶,燕军日渐败亡,一路退到黄河边。齐国七十余座城,全部光复。

于是到莒城迎还齐襄王,入临淄,封田单为安平君。

齐王以太史敫之女为后,生太子建。太史敫说:"女儿未经媒妁之言,自己出嫁,辱没了我的家门,不是我的女儿。"断绝父女关系,终生不见王后。王后呢,并不因父亲不见她而失去人子之礼。

乐毅逃到赵国,赵王封乐毅于观津,尊崇乐毅,以牵制燕、齐两国。

燕惠王派人来责备乐毅,跟乐毅评理,说:"将军您误信谣言,认为自己与寡人有矛盾,就抛弃燕国,投奔赵国。您这样做,为了自己嘛,也无可厚非。但是,你怎么对得起先王对你的知遇之恩呢?"

乐毅回信说:"当年伍子胥事奉吴王阖闾,阖闾对他言听计从,于是一路伐楚,占领楚国国都郢城。到了夫差继位呢,就不是这样了。伍子胥屡次进谏,夫差不仅不听,而且听信谗言,将伍子胥赐死,人死了,还不能安葬,再用一个革囊,装了他的尸体,沉到江底去喂鱼。吴王当时并不能认识到,他听了伍子胥的话就可以立功,而因为没有听,后来身死国灭,所以呢,他也不后悔杀伍子胥。伍子胥呢,他不能早看出来新君跟先君不一样,所以一直到临死,也不知道自己应该改变态度。我的态度呢,保障自己的人身安全,为国立功,彰显先王的圣名,这三条,是我的上计。而被离间、诽谤,给自己带来不测之祸，又毁掉了先王的圣名，这是我最大的恐惧。所以我只能走啊！如今到了赵国，还请大王您放心！背负不测之罪名，侥幸谋利，以赵国的资源去攻打燕国，这样有违道义的事，我是绝对不会做的！

"我听说：'古之君子，交绝不出恶声；忠臣去国，不洁其名。'臣虽然不才，愿遵奉先贤教导，做一个君子而已！请大王放心！"

于是燕王封乐毅的儿子乐闲为昌国君，乐毅也经常和燕国友好往来，最后死在赵国，得以善终，号曰"望诸君"。

【华杉讲透】

乐毅留下一句千古名句，我们今天每个人还都应该学习的："古之君子，交绝不出恶声；忠臣去国，不洁其名。"

君子交绝，不出恶声。好朋友翻脸了，不要说对方坏话。成功人士都是相互抬轿子，只有小人才相互拆台。共事的合作伙伴翻脸，是因为贡献和利益分配不平衡，要分手，总是分手对其中一方有利。绝交后出恶声，把对方说得十恶不赦的那个，往往是在分手中受损的，但是，如果你在分手中严重受损，恰恰证明你的利益严重依赖对方。那个在分手后得利的，他是靠自己本事。他通常出恶声会少些，因为是他要分手的嘛。

燕惠王和乐毅的情况，是两败俱伤。乐毅本来可以裂土封侯，结果只能找个地方养老。燕惠王本来已经兼并了齐国，又被打回原形。

如何避免这种情况，就是要随时调整利益分配，把利分出去，你就安全了。对别人，可给可不给的，都给；对自己，可要可不要的，都不要。不要反过来，老想以最小的代价换取别人的最大支持，把利都死死地抓在自己手里，那你就要准备迎接斗争了。

君子交绝，不出恶声，不管如何，不要说对方坏话。很多人相反，到处找人倾诉。倾诉又怎么样呢？你以为朋友们都跟你同仇敌忾，实际上呢，是你的朋友附和你，他的朋友附和他而已，别人没那么关心你们的是非曲直。更可笑的是，本来你们之间的关系，比你找上门去倾诉的朋友的关系要亲密得多！而最终人们如何评述这件事，还是得看后来的结果，所有人都会偏向于成功者。燕惠王和乐毅的公案，两千多年来，肯定没有人说燕惠王做得对。

第二句，"忠臣去国，不洁其名"。这一句没有前一句那么知名，因为要求更高，也更体现了乐毅的厚道。什么是忠臣呢，被列了罪名，炒鱿鱼了，他也不洗清自己的名誉，不说前老板的坏话，都是我的错！什么错？老板说我什么错，就是什么错！这个我们招聘的时候就经常碰到了，问他为什么离开之前的公司？那觉得之前的老板都对不起他的，人事经理肯定对他有看法了！

田单任齐国宰相时，有老人过淄水河，河水冰冷刺骨，老人腿被冻僵了，过了河就走不动道了。正好田单路过，解下自己身上的皮袄给老人披上保暖。齐襄王听说这事，非常不爽，自言自语说："田单这么收买民心，想要当齐王吗？不早点防备，恐怕会有事变！"说完四下看看有没有人听见，正看见屋檐下有个贯珠者——穿珠子的工匠，就问："刚才我的话你听见了吗？"贯珠者说："听见了。"齐王问："你以为如何呢？"贯珠者："大王不如把田单的善行，变成您的善行。大王您嘉奖田单，说：'寡人担忧有人挨饿，田单就收留赈济他们；寡人担忧有人受冻，田单就解下自己的皮袄给他穿；寡人担心人民劳苦，田单也担忧。田单真是理解我的心意啊！'田单有善行，而大王嘉奖他，那田单的善行，就是大王的善行了。"

齐王说："好！"于是派人给田单送去丰盛的酒宴作为赏赐。

过了几天，那贯珠者又见齐王说："大王应该在上朝的时候召见田单，当面作揖，当众嘉奖他，然后下令寻找全国挨饿受冻的人民，收容赈济。"齐王依计而行，然后派人到街巷中偷听人们的议论，听见大夫们彼此谈论说："田单这么爱护人民，原来都是大王教他的啊！"

田单向齐王保举貂勃。齐王有九个宠幸的近臣，想陷害田单，就一起对齐王说："当初燕国攻打齐国，楚王派了将军，带了一万人的军队来救齐国，如今国家社稷都已安定，应该派人去答谢楚王啊！"齐王说："对啊！派谁去呢？"他们回答说："貂勃合适！"于是派貂勃出使楚国。楚王很开心啊，招待貂勃，留他在楚国住了几个月都没回来。这九个人就跑去跟齐王说："楚王万乘之君，哪能给一个小小的貂勃那么大的面子，还不就是因为他是田单的人！如今田单和大王您，简直没有君臣上下的分别！他对内安抚百姓，对外勾结他国，又结交天下贤士，他这是志在有所图谋啊！希望大王明察！"

这一番谗言，齐王听进了心里，过了几天，突然发话："把田单召来！"

田单知道来者不善，脱了帽子光着头，还脱了衣服光着上身，脱了鞋光着脚，战战兢兢去见齐王，退出时还自请死罪。

齐王也没什么态度，过了五天，才传话说："你对我也没什么罪，只不过你尽人臣之礼，我尽君王之礼而已。"意思是咱俩各自把位置都摆正就行！

过些日子，貂勃从楚国回来了，齐王摆酒给他接风，也问问出使的情况。酒酣耳热之际，齐王说："召田单来！"貂勃一听这话，马上离席叩头说："大王自认为比周文王如何？"齐王说："我当然赶不上周文王。"貂勃说："臣也知道大王赶不上周文王，那么跟齐桓公比呢？"齐王说："那也赶不上。"貂勃说："是的！我知道大王也赶不上齐桓公！但是，周文王得到姜子牙，尊为太公。齐桓公得到管仲，尊为仲父。大王您得到安平君，就呼喝一声'田单'！这不是亡国之言吗！从开天辟地，有国家人民以来，为人臣之功，还有超过安平君的吗？当初大王自己不能守卫社稷，燕国兴师攻打齐国，大王逃往城阳山中。安平君以区区即墨，内城不过三里，外城不过五里，残兵疲将不过七千人，斩杀燕军统帅，收复齐国千里国土，这都是安平君的功劳！在那时候，如果安平君自立为齐王，天下也没谁能阻挡他！但是他计之于道，归之于义，以为不可！于是架栈道，修木阁，到城阳山中迎接大王和王后。大王您才得以回来，君临百姓。如今国已定，民已安，大王您就称他为'田单'，即使是最不懂事的婴儿，也不会这样做的！愿大王赶快杀掉这九个人，以表达对安平君的歉意，否则，国家必有危险！"于是齐王杀了那九个家伙，并流放了他们的家属，又把夜邑一万户人家加封给田单。

【华杉讲透】

齐襄王这种人，是一种典型的原型人物，他的特点用现在的话说，就是"耳朵根子软"，特别容易受人影响。谁跟他说啥，他都能听进去；但是，下一秒有人跟他说相反的意见，他又能听进去。所以，他的决策，往往取决于谁是最后一个给他意见的。他的决策往哪边走，取决于谁离他最近，跟他在一起的时间最多。而时间永远对小人有利，小人最大的优势，就是和君王在一起的时间多。如果今天这顿酒喝完之后，过几天那九个人再跟他谈一次，他的态度还会变。貂勃是个狠角色，他的建议直接就是催着齐王马上杀掉那九个人，齐襄王听了貂勃的话，那九个人死了，剧情就没法再反转了。田单当初举荐貂勃，收效也在这里了。

田单要攻打狄国，去见鲁仲连。鲁仲连说："将军这次去攻打狄国啊，恐怕打不下来！"田单很不高兴，说："我以即墨一个破城，几千残兵，也能击破万乘之燕国，恢复齐国。今天攻打一个小小的狄国，还打不下来？哼！"田单转身就走，上车都不行礼道别，拂袖而去。

打了三个月，奇了怪了，果然打不下来。齐国小孩编了童谣讽刺田单："戴个簸箕大帽子，长长宝剑撑面子，攻打狄国攻不下，白骨堆成大山子！"

田单害怕了，回去找鲁仲连："请教先生，当初您怎么知道我攻不下来狄国呢？"

鲁仲连说："当初将军您在即墨的时候，坐着就在编织草筐，站着就在挥舞铁锹，跟士卒们一起唱军歌：'无路可退了！国家灭亡了！今天不拼命！明天没地方去了！'当此之时，将军有必死之心，士卒无偷生之念，听到将军的话，没有一个不挥泪奋臂而欲战，这是您之所以破燕的原因啊！可是如今呢，将军您东有夜邑一万户人家的采邑，西有临淄城亭台楼阁之游乐，系着黄金腰带，驰骋于淄、渑二水之间。有生之乐，而无死之志，所以不胜也！"

田单说："我田单能再有必死之决心和志气，都是先生您的教导啊！"

第二天，田单亲自到最前线，绕着狄人的城墙指挥攻击，冒着箭雨抛石，撸起袖子敲战鼓，一举攻下狄人城池。

【华杉讲透】

这就是"艰苦奋斗"的含义，生于忧患，死于安乐。安乐，就是安乐死，要保持血性，才能奋进。

当初，齐湣王灭宋之后，想驱逐薛城的孟尝君。孟尝君逃亡到魏国，魏昭王以孟尝君为相，与诸侯一起伐破齐国。齐湣王死，齐襄王复国，而此时孟尝君独立为诸侯，既不属于魏国，也不属于齐国。齐襄王新立，畏惧孟尝君，就和他连合交好。孟尝君死后，诸子争立，这时齐、魏共灭薛国。诸公子被屠灭殆尽，孟尝君绝嗣。

赧王三十七年（癸未，公元前278年）

1 秦大良造白起伐楚，攻占楚国首都郢，烧了楚王的祖坟夷陵。楚襄王的兵被打散了，不能再战，于是往东北迁都于陈。秦国将郢都改为南郡，封白起为武安君。

赧王三十八年（甲申，公元前277年）

1 秦国武安君白起继续攻略楚地，平定巫、黔中，初置黔中郡。

2 魏昭王薨。子安釐王立。

赧王三十九年（乙酉，公元前276年）

1 秦武安君白起伐魏，占领两座城。

2 楚王东迁之后，在东部征兵，又得十几万兵，向西收复江南十五座城邑。

3 魏安釐王封其弟无忌为信陵君。

赧王四十年（丙戌，公元前275年）

1 秦相国穰侯魏冉伐魏，韩国派大将暴鸢救魏，魏冉大破韩军，暴鸢逃往开封。魏国割让八座城以求和。魏冉收了城池，再度伐魏，击败魏国大将芒卯，占领北宅。魏国又割让温邑以求和。

赧王四十一年（丁亥，公元前274年）

1 魏国被秦国打得受不了，改变连横政策，重新与齐国合纵结盟。秦国即刻惩罚魏国，魏冉再次率师伐魏，打下四座城池，斩首四万。

2 鲁湣公薨。子姬仇继位，是为鲁顷公。

赧王四十二年（戊子，公元前273年）

1 赵、魏联军攻打韩国华阳。韩国向秦国求救。秦王不救。韩国宰相对陈筮说："事态很紧急了！您虽然在生病，还是得请您跑一趟！"陈筮入秦，见了穰侯魏冉。魏冉说："事态很紧急了吗？你老人家都出马了？"陈筮说："不急，不急。"穰侯怒了："不急你找我？"陈筮说："如果真急，韩国就投降，跟赵、魏结盟了。因为还不急，可以打，所以又来找您。"穰侯说："好！我们马上出兵！"

于是派武安君白起和客卿胡阳率师救韩，大军八天就抵达华阳城下，大败魏军，魏将芒卯逃脱，俘虏三名魏将，斩首十三万。白起又与赵将贾偃战，把赵军两万人驱入黄河喂鱼了。

魏国段干子向魏王建议，割让南阳给秦国以求和。苏代对魏王说："段干子想得到秦国的相位，秦国想得到魏国的土地。现在大王您让想得到土地的秦国，控制了想得到秦国相印的魏臣，又让想得到秦国相印的魏臣，得以支配魏国的土地，这么下去，恐怕魏国的土地很快就割光了。以地事秦，就像抱薪救火，起火了，不用水救，还往里面扔柴，柴什么时候扔完，火什么时候才能灭啊！用土地请和，和平只有到您的土地全没了，才会到来。"

魏王说："您说的道理我也明白，但是，事情已经决定了，也没法改变了。"

苏代叹息说："这就像下六博棋，枭棋最大，可以吃散卒。但是，吃不吃看策略，有利就吃，不利就不吃。大王您怎么用智还不如下棋啊！"

魏王不听。割南阳以请和，集中力量在修武设防。

2 韩釐王薨。子桓惠王立。

3 韩、魏都已臣服于秦，秦王就派武安君白起，征调韩、魏两国军队，一起伐楚。

大军还未出动，正好楚国使者黄歇来了，得到这个情报，害怕秦国乘胜一举灭楚，于是上书秦王说："我听说物极必反，就像冬夏交替一样；极高必危，就像叠垒棋子，垒高了它就会垮。现在秦国土地之大，从最西到最北，两边都是秦国，这是从有国家人民以来，没有过的事。我楚国三代先王，一直不忘与秦国交好，利用楚国与齐国接壤的地理条件，断绝东方各国合纵抗秦的联系。如今大王您派盛桥做韩国宰相，盛桥就促使韩王割地给您，这样大王不用甲兵，不用威逼，就可轻松得到韩国百里土地，这是大王您的贤能啊！然后您就举兵攻魏，封锁大梁，占领河内，打下酸枣、虚、桃，进军入邢。魏国军队在周围周旋，就是不敢来救援，这是大王您的武功啊！大王休甲息众，歇了两年，又再发大兵，吞并蒲、衍、首、垣，进逼仁邑、平丘，包围黄邑和济阳，魏国就臣服了。大王又占领濮磨之北，连接齐、秦二国的腰部，断绝楚、赵二国的脊梁，天下诸侯五次缔结合纵盟约，六次高层会晤，也不敢合兵来救，大王您的威力，也是举世无双了！在这样的功绩下，大王您如果能保功守威，克制攻取之心，施行仁义之政，让已经得到的土地人民，没有后患，那您可以与三王并列为四王，与五霸并列为六霸，那都不是问题！但是，如果大王您仗着人多势众，兵强马壮，挟摧毁魏国之余威，而欲臣服全天下诸侯，我恐怕大王有后患啊！《诗经》说：'靡不有初，鲜克有终。'开始的时候都很好，但能善始善终的就很少很少了。《易经》说：'狐涉水，濡其尾。'狐狸珍惜它的尾巴，过河的时候，把尾巴高高翘起，不要打湿了，但是，它要过的河太宽了，举了一半就举不动了，尾巴耷拉下来，全打湿了。今天大王您要过的河，不知道有多宽呢！这两句话，都是说做什么事，开头容易，要圆满完成就难！以前吴王夫差相信越国，伐齐称霸，结果倒是在艾陵打败了齐国，但在班师的时候，就被越王勾践伏击于三江之畔，身死国灭。智氏也相信韩、魏，联合他们一起去攻赵，包围晋阳，眼看就要得手了。结果呢？韩、赵、魏三家联合把智氏灭了，杀智伯于凿台之下。如今大王您看见楚国没有灭亡，觉得不爽。但是您没有想到，如果楚国灭亡了，韩、魏就强大了，我觉得大王您的想法真是不周全啊！楚国，是随时可以向您伸出援手的朋友，韩、魏这样的邻国，才是您真正的敌人。今天大王您相信韩、魏会跟您好，就像当初吴王夫差相信越王勾践一样。我担心韩、魏对您卑躬屈膝地讨好，而实际上是为解除自己的祸患而欺骗您罢了。为什么呢？大王您对韩、魏，并没有一丝一毫的恩德，多的是世代的仇怨。韩、魏两国的父子兄弟，接踵而死于秦国之手，已经十代人了吧！这世上有十代血仇的友邦吗？所以说，韩、魏两国一天不亡，秦国的危险就一天不能解除。在这种形势下，大王您还要出资把他们武装起来，和他们联盟攻楚，不是大错特错吗？再说了，要攻打楚国，走哪条路啊？从哪儿出兵啊？您是不是得向韩、魏借道？向仇敌借道，我担心兵出之日，您的大军就回不来了！如果不向韩、魏借道，您走哪条道呢？那就只能进攻随水西岸，那一带，都是没有人的地方，只有大山、大水、山林、溪谷，那大王您有攻楚之名，却没有得地之实惠。再说，大王您攻楚之日，韩、魏、齐、楚四国必将全国动员。秦楚交战不休，魏国跟您一起打楚国，您在穷山恶水里打，魏国则攻打留、方舆、铚、湖陵、砀、萧、相，这些之前宋国的土地，就全被魏国吞并了。齐国也趁火打劫啊，它也南下攻楚，泗上之地就归它了，这些都是平原四达膏腴之地，如此，恶战的是您，得利的是魏国和齐国。战争结束，天下最强的就是魏国、齐国了。我替大王您考虑，不如和楚国亲善。秦、楚联盟以威慑韩国，韩国一定屈服称臣，大王再以崤山之险，黄河沿岸之利，威逼利诱，韩国就降格为秦国的关内侯，藩属国了。大王再出十万兵戍守韩国国都新郑，则魏国心惊胆寒，许邑、鄢陵都要闭城固守，上蔡、召陵交通断绝，如此，魏国也不能主权独立了，也成了秦国的关内侯。大王与楚国交好，就能在关内臣服两个万乘之主，再把手伸向齐国，齐国西部地区就可拱手而取。这样，大王的国土，东到东海，西到西海（青海湖），约束天下诸侯，燕赵和齐楚，都被秦国隔绝，然后危动燕赵，直摇齐楚，这四个国家，不必流血，就自动降服了。"

黄歇一番宏论，把秦王说动了，告诉武安君，谢绝韩、魏，伐楚计划取消，礼送黄歇回国，约亲于楚。

卷第五 周纪五

（公元前272年—公元前256年，共17年）

主要历史事件

阏与之战　124
范雎的"远交近攻"　127
长平之战　136
毛遂自荐　145
信陵君窃符救赵　148
白起自杀　150
吕不韦与嬴异人　151

主要学习点

先胜后战，不胜不战，胜可知而不可为　125
胜利不是目的　129
没有什么是理所应当，一切都是难能可贵　133
无缘无故送上门的利益，必是祸患　135
把自己代入古人的事　139
上下不同欲，君臣异利　140
不可有利必趋、有害必避　142
用之则行，舍之则藏　143
小人物不要自卑，大人物别把自己太当回事　147

赧王四十三年（己丑，公元前272年）

1 楚国以左徒黄歇随从太子芈完到秦国做人质。

【胡三省曰】

上一年，秦王欲与韩、魏联盟伐楚，黄歇上书制止了他，秦王改变政策和楚国交好。黄歇回国汇报，于是楚王派黄歇随从太子到秦国做人质。为之后楚王病重，黄歇协助太子逃回楚国埋下伏笔。

2 秦国置南阳郡。

3 秦、魏、楚共伐燕。

4 燕惠王薨。子武成王立。

赧王四十四年（庚寅，公元前271年）

1 赵国蔺相如率师伐齐，打到平邑。

2 赵国负责收田地租税的田部吏赵奢收租税。平原君家不肯出。赵奢依法治国，杀了平原君家用事者九人。平原君怒，要杀赵奢。赵奢说："您在赵国是贵公子，如果您纵容自己家不奉公守法，那法律的尊严就没有了。法律被削弱了，国家就被削弱了；国家弱了，其他诸侯国的军队就打过来了，那赵国就没了；赵国没了，您的富贵在哪儿呢？以您的尊贵地位，您奉公守法，则上下公平；上下公平，则国家强大，国家强大，则赵氏江山永固；赵氏江山永固，您是王室贵戚，您在天下的分量还能轻了吗？"

平原君被他说服，认为他很贤能，把这件事跟赵王说了。赵王就任命赵奢负责全国赋税，结果国赋太平，百姓富足，国库也充实。

【胡三省曰】

赵奢是赵国名将，但看来他的大才，可不只是治军，还能治国！

【华杉讲透】

可惜他的儿子更有名，就是纸上谈兵的赵括。

赧王四十五年（辛卯，公元前270年）

1 秦伐赵，包围了阏与。赵王召见廉颇、乐乘，问："能不能派兵去救？"两人都说："道路又远又窄又险，怕是救不了了！"问赵奢。赵奢说："道路又远又窄又险，就像两只老鼠在洞里斗，狭路相逢勇者胜！"赵王于是派赵奢带兵去救。

赵奢带兵出征，离开首都邯郸三十里，他就扎营不走了。又传下军令："有敢言军事者斩！"秦国军队驻扎在武安城西，声势浩大，在城外鼓噪操练，城里屋瓦都震动。赵军中有一个军吏，向赵奢进言急救武安。赵奢即刻把他推出斩首。赵奢坚壁高垒，驻扎了十八天，还是不动，而且天天继续加高加固防御工事。秦军派间谍来探赵军虚实。赵奢知道他是间谍，好吃好喝招待送走了，完全没有出兵的意思。间谍回报秦将。秦将大喜，说："这援军离开国都三十里就不走了，还修筑防御工事，阏与城不是赵国的了。"

秦军间谍前脚刚走，赵奢马上全军出动，卷甲而趋，一天一夜急行军，就到了阏与。但是，他没有到阏与城下，而是在离阏与还有五十里的地方停下来。秦军得到斥候报告，悉甲而往，直扑赵军阵地。这时候，又有一位军士叫许历的来向赵奢献计，说："秦军想不到咱们会到这儿，又惊又怒，其来气盛，我们布阵必须加强纵深，厚集其阵以待之，否则，一冲就冲散了，我军必败。"赵奢说："感谢你的指教！"许历请受刑。赵奢说："敢言军事者斩，那是在邯郸下的军令，现在不是在邯郸了，那军令已经过期作废。"许历又进谏说："先占领北山者胜，后至者败。"赵奢许诺，即刻发兵一万人占领北山阵地。秦军后至，争夺北山，上不去，赵奢纵兵出击，秦军大败，阏与之围就解除了。得胜还朝，赵王封赵奢为马服君，与廉颇、蔺相如同级别，又封许历为国尉。

【华杉讲透】

阏与之战，是教科书式的战例，可以对应好多条《孙子兵法》。我在《华杉讲透〈孙子兵法〉》一书中有详细解析这个战例。

廉颇和乐乘都认为救不了，是有道理的，秦军在武安、阏与，形成掎角之势，就等着以逸待劳，以实击虚，围点打援，赵军如果来救，半途设伏，就把他收拾了。而且，道路又远又窄又险，意味着你没法大部队同时到达，前后拖成一条长蛇阵行军，正好让人一口一口吃掉，所以连廉颇都觉得这仗没法打。兵法的原则，先胜后战，不胜不战，胜可知而不可为，明明知道救不了，就不如不救，放弃，止损，不要偷鸡不成又蚀一把米，后面还会有赵王偷鸡不成反而蚀了很多很多很多把米的故事。

赵奢呢，他嘴上说狭路相逢勇者胜，实际可不是靠勇敢去胜的，他设计了一个创新的赌局。先来一个"兵者，诡道也，故能而示之不能。用而示之不用。近而示之远，远而示之近"。离城三十里就扎营，相当于他根本没离开邯郸！感觉他根本不敢去救，就是摆摆样子。他不敢去救，是合理的，毕竟廉颇都认为救不了，秦将也会认为他不敢来。再加上他一通表演，秦将就放心了，也放松了。秦将一松懈，赵奢即刻卷甲而趋，一天一夜急行军去救，这样就避免了道路又远又窄又险，部队不能同时到达的问题，因为敌人不知道，我们就可以在战场上完成部队集结。

但是，轻装急进是非常危险的，远离后方，辎重没有，士卒疲惫，如果这么冲到阏与城下，和秦军直接遭遇，赵奢恐怕也被人擒了。妙就妙在他离城五十里就扎营，工事阵地都弄好了，再等秦军来。这就符合了《孙子兵法》说的："先处战地而待敌者佚，后处战地而趋敌者劳。"本来赵军是劳，劳累得不得了，但他不到城下，距离五十里停下来，留五十里给秦军跑跑马拉松，消耗消耗，把自己变成了以逸待劳。

赵军是卷甲而趋，盔甲都卷起来，轻装前进，秦军则是悉甲而往，全副武装而来，双方的装备是有差距的，所以许历说要厚集其阵，否则冲撞不过。然后是占据有利地形，先据北山者胜。李世民的大将李靖说兵法，千章万句不出那一句——"致人而不致于人。"调动别人，别被别人调动。秦军本来都给他安排好了，是要调动赵奢。而赵奢神兵天降，没逮到他。等他摆好战场后，变成秦军被他调动，他请客，秦军来吃饭了。这又是《孙子兵法》："故知战之地，知战之日，则可千里而会战。"赵奢把时间、地点都选好了。秦军不知道在什么时间打，不知道哪里是决战的战场，而赵奢全知道，都是他安排好的。

秦将也可以别急着冲过来。敌人到了，到了就到了嘛，让子弹先飞一会儿，但是他突然接到敌人已到的消息，慌了神，不知道赵奢还有什么把戏，就慌忙迎战，这就成了慌不择路，钻进了赵奢给他设的圈套。

<u>世上有事不宜迟的道理，也有事缓则圆的智慧</u>，什么时候该缓，什么时候该急，就是人生的考试。廉颇、赵奢、秦将，三个人的一台戏，你可以把自己代入进去，如果是你，你怎么办？

2 穰侯魏冉推荐客卿灶给秦王，秦王派他带兵伐齐，攻取刚、寿两座城邑，用来增加穰侯封地陶邑的地盘。

【胡三省曰】

为之后范雎离间穰侯埋下伏笔。

3 当初，魏国人范雎，跟随中大夫须贾出使齐国。齐襄王听范雎口才敏捷，十分欣赏，私下赐给他黄金及酒肉。须贾认为范雎一定泄露了魏国机密，否则齐王不会对他那么好。于是回国向魏国宰相魏齐报告。魏齐大怒，下令给范雎用刑，打断了肋骨，打碎了牙齿。范雎装死。魏齐让人把他用竹席卷起来，扔到厕所里，还让醉酒的客人往他身上撒尿，以警戒后人不要到外国乱说话。范雎对守卫的人说："您能帮助我逃脱，我一定重重酬谢！"守卫者于是申请让他把竹席里的死人扔掉。魏齐喝醉了，说："行。"酒醒后，魏齐后悔没确认清楚，马上派人去找回来。魏国人郑安平把范雎藏起来，改名张禄。

秦国礼宾官员，谒者王稽出使魏国，范雎夜见王稽。王稽偷偷把他藏在车里，带回秦国，推荐给秦王。秦王在离宫接见他。范雎已经进入离宫长巷，却假装不知道，随意溜达。秦王出来，打前站的宦官看见范雎一点规矩都没有，怒喝道："大王来了！"范雎说："秦国哪有大王，秦国只有太后、穰侯而已。"秦王在后面隐约听见范雎的话，于是屏退左右，长跪而请："先生何以教我？"范雎说："嗯嗯。"如此反复推辞三次。秦王说："先生您是不愿意教导我吗？"范雎说："不敢！只是我一个外邦人，和大王交情不深，而要向大王您汇报的，又都是匡正君王之事，处身于您的亲人骨肉之间，我虽然愿效愚忠，却不知道大王您的心意啊。所以大王三次问我，我也不敢回答。我知道，今日言之于前，明日伏诛于后。但是，我义不容辞，不敢回避。况且这死，是人人都免不了的，如果我的死，能稍微有利于秦国，那也是我的心愿了。唯独害怕我死之后，天下之士，都闭口不言，裹足不前，不敢来秦国效力了。"

秦王长跪起身，说："先生您这是什么话！今天寡人有幸见到先生，是上天让寡人来给您添麻烦，帮助我保存先王的宗庙啊！事无大小，上及太后，下到大臣，愿先生悉以教寡人，无疑寡人也！"

范雎拜谢，秦王也拜谢。范雎说："以秦国之大，士卒之勇，以治诸侯，就如猛犬逐跛兔，但是，闭关十五年，不敢用兵于崤山以东。为什么呢？是穰侯为国谋而不忠，大王您自己的战略，也有所失策！"

秦王又长跪而起，说："先生教教我！我哪里失策？"

这时候，左右窃听的人很多，范雎不敢说太后的事，先集中火力轰穰侯，看看秦王反应，于是说："穰侯越过韩、魏两国去攻打齐国的刚邑、寿邑，就是失策。当初齐湣王南攻楚，破军杀将，辟地千里，但是呢，齐国尺寸之地也没捞着。为什么呢？不是齐王不想得地，是那地形限制，他得不着。等到诸侯看见齐国国力破敝，起兵伐齐，大破之，齐国几乎亡国，那是因为齐国流血打仗伐楚，而得利的是韩国、魏国。今天大王您不如远交而近攻，那打下一寸土地，就是得一寸土地，打下一尺，就得一尺。韩、魏两国，是天下的心脏地带，中枢门户，大王如果要称霸天下，就必须占据天下的中枢门户，以威逼楚、赵。楚国强，就收附赵国，赵国强，就收附楚国，楚、赵皆附，那齐国就害怕了，齐国再收附了，那韩、魏两国就是大王的俘虏了。"

秦王说："很好！"于是以范雎为客卿，做军事战略的参谋。

【胡三省曰】

范雎谋军事，则三晋受兵祸，而穰侯兄弟皆为秦所驱逐矣。

【柏杨曰】

范雎一席话，为秦国制定了远交近攻的全方位外交政策，直到今天，还是所有侵略者奉行的经典。秦国自崛起以来，东征西讨，收获有限，在于全凭蛮力，与全世界为敌。远交近攻大战略确立之后，兵力所及，就摧枯拉朽，势不可当。

范雎是被魏国逼反的最后一个人才，商鞅、张仪，都是被魏国逼走，成就了秦国。魏国总有化友为敌的本事。

【华杉讲透】

所有的会战，都是为了最后的决战。所谓大战略，就是心中有决战，然后从现在出发，有一条清晰的走向最后决战的会战路线，每一次会战，为下一次会战创造条件，一步一步走向最后胜利。范雎就为秦王绘出了这条战略路线图。

人人都趋利，但是战略最大的忌讳，就是"有利必趋"，在范雎提出远交近攻大战略之前，秦国是有利必驱，其他各国也是有利必驱，敌友随时转换，只看眼前利益。今天甲、乙、丙联合伐丁，明天甲、丁联合伐丙，后天丙、丁联合伐甲，随时任意组合，个个乐此不疲，忙得不得了，都以为自己在干事业。

当你有利必趋，你的前进方向就为利欲所牵引，为利欲所牵引，就没有方向，没有方向，就没有未来。这就是各国的情况。

如今范雎的远交近攻大战略，第一次为秦国清晰地界定了谁是我们的朋友，谁是我们的敌人。这实际上是在军事之上，界定了政治，在战略之上，制定了政策。政策指导战略。

到了战略层面，每一个战略，都有一个战略重心，首先要找到战略重心。什么叫战略重心呢？秦国的目标，是吞并六国；要吞并六国，你不能分兵六路去打，这六国之中，就有一个重心，要集中全部资源力量去打击这个重心，重心一拿下，其他的自然就降服了。范雎就找到了这个战略重心——韩、魏。当秦国以倾国之力，就对着韩、魏打的时候，成功就有了胜算，战果能成为资产，这叫"胜敌而益强"。

这就谈到下一个基本原理——胜利不是目的！

要"胜敌而益强"，让自己越来越强，敌人越来越弱，才是目的。各国之前都没搞清楚这个基本原理，只看到胜利，本身就是一种盲目和短视，搞成了"数胜必亡"，胜利越大，自己被削弱得就越多，齐伐燕，燕伐齐之间的轮回，就是这样，都曾经几乎完全吞并对方，最后却搞到自己几乎亡国，这在兵法上叫"费留"，就是仗打赢了，却把自己折进去了。因为战前没想好战后怎么安排。

战争是政治的延续，先有政治安排，方针政策，然后有大战略，战略路线图，找到战略重心，就是毛主席说的主要矛盾。在具体推进中，每一个阶段，要找到这个阶段的小重心，就是决胜点，再确立关键动作，制定时间节点。

这就像现在说的，路线→方针→政策→计划。

赧王四十六年（壬辰，公元前269年）

1 秦中更（秦官第八级）胡伤攻打赵国阏与，没能拿下。

赧王四十七年（癸巳，公元前268年）

1 秦王用范雎之谋，派五大夫（秦官第十二级）绾伐魏，打下怀邑。

赧王四十八年（甲午，公元前267年）

1 秦国太子在魏国做人质，本年去世。

赧王四十九年（乙未，公元前266年）

1 秦国攻拔魏国邢丘，范雎和秦王越来越亲近，掌握实权，于是乘间对秦王说："我在崤山以东时，听说齐国有孟尝君，没人提齐王；听说秦国有太后、穰侯，没人提秦王。什么叫王呢？专擅国家叫王，生杀予夺叫王。如今太后擅行政事，根本不问大王您的意见；穰侯出使他国，回来也不跟您报告；还有华阳君、泾阳君，横行专断，无所顾忌；高陵君，进退都不请示；一个国家有四大权贵，还不危亡的，那是没有的事。身处这四大权势威压之下，谁还管谁是国王？穰侯派出他的使者，操着国王的威权，决断专制于诸侯，剖符连兵于天下，征敌伐国，莫敢不听。战胜攻取，则利益收归于他的封地陶邑；战败则结怨于百姓而祸归于社稷。我听说，果实太多，就会伤及枝干；裂伤枝干，就会损害树心。都城太大，就会危害国家；大臣尊贵，就会削弱君王。淖齿相齐，箭射齐湣王大腿，抽了齐湣王的筋，吊在梁上，哀嚎一夜才死。李兑掌控了赵国，把主父包围在沙丘，一百天活活饿死。现在我看咱们这四大权贵的做派，也是淖齿、李兑之类。夏、商、周三代之所以亡国，都是君王授政于臣，纵酒打猎。而得到授权的权臣呢，又嫉贤妒能，御上蔽下，一切服务于自己的私利，而不为主君效忠。主君呢，自己由于没有觉悟，以至于失去国家。现在，从最低级的官员到中央各机关首长，以及大王您的左右近臣侍卫，都是穰侯的人。大王您孤立于朝，我为大王您感到恐惧，恐怕万世之后，拥有秦国的，就不是您的子孙了！"

秦王深以为然，于是废太后，把穰侯、高陵君、华阳君、泾阳君，都驱逐到关外，以范雎为丞相，封为应侯。

魏王派须贾出使秦国。范雎穿上破衣烂衫，徒步去见他。须贾惊讶地问："范叔你还好吗？"留他吃饭，又送他一件丝绵袍子。范雎替须贾驾车，送他到相府，说："我先进去给您通报丞相。"须贾等了半天，也没见人回来，问门卫："刚才范叔进去怎么还不出来呀？"门卫说："我们这里没有什么范叔，刚才进去的是我们丞相张先生啊！"须贾这才知道，范雎改名张禄，做了秦国丞相！吓得马上跪下，膝行进府，向范雎谢罪。应侯坐着，痛骂他一番，然后说："你今天之所以不死，就是刚才那件丝绵袍，还有故人之情！"于是大摆筵席，请诸侯宾客。让须贾坐在堂下，给他上一盘喂马的碎草料拌豆子，让他吃。要他回去向魏王报告："速斩魏齐头来，不然，屠大梁城！"须贾回国，先告诉魏齐。魏齐即刻逃亡赵国，藏在平原君家。

2 赵惠文王薨，子赵丹继位，是为赵孝成王。任命平原君为相。

赧王五十年（丙申，公元前265年）

1 秦宣太后薨。九月，穰侯被解除所有职务，回到他的封地陶邑。

【司马光曰】

穰侯援立昭王，除其灾害，推荐白起为将，南取鄢、郢，东拓国土，接壤于齐国，使天下诸侯，低头服事秦国。秦国的强大，是穰侯的功劳。虽然他的骄奢贪婪足以招祸，但也远远没到范雎说的那么大罪状。范雎自己，也不是忠心为秦国而谋，他是要自己取穰侯而代之罢了，所以扼紧他的咽喉，强夺了他的权位。太后是秦王生母，穰侯是秦王的舅舅，范雎离间秦王家族，让秦王绝母子之义，失舅甥之恩。总之，范雎也是个倾危之士，危险人物！

2 秦王以子安国君为太子。

【胡三省曰】
为安国君立儿子异人为继承人埋下伏笔。

【华杉讲透】
异人就是秦始皇的父亲了。

3 秦伐赵，攻取三座城池。赵王新立，太后掌权，求救于齐。齐国开出条件说："必须派赵王的弟弟长安君来做人质。"太后舍不得这亲儿子去外国做人质，齐军就不出救兵。大臣们强烈地进谏，太后说："再有谁跟我说把长安君送去做人质的，老娘往他脸上吐口水！"左师触龙进见，太后防备着他进谏，盛气凌人，严阵以待。触龙慢吞吞地走进去坐下来，说："我老了，脚又有毛病，好久没见太后，有时候自己给自己找理由，是太后身体不好，不要打扰了太后。但是呢，总还是盼望能见到您。"太后说："我的行动也不太方便，到哪儿都坐车。"触龙问："饭量减少了没有？"太后说："主要是喝粥吧。"一通家常话唠下来，太后脸色和缓了，人也放松了。

触龙说："我最小的儿子舒祺不争气，而我又衰老了，特别溺爱他，希望能给他谋个差事，到王宫做侍卫，今天冒死恳求，请太后恩准！"

太后说："没问题。多大了？"

触龙说："十五岁了。年纪还小，但是我希望在自己死之前给他安排好啊！"

太后说："男人也疼爱小儿子吗？"

触龙："比女人还爱得厉害呢！"

太后笑了："女人可不一样！"

触龙说："我觉得，太后您对嫁到燕国做皇后的女儿的爱，超过对小儿子长安君的爱。"

太后说："你错了，我对燕后的爱，不如对长安君。"

触龙说："没看出来呀！父母如果爱子女，就会替他深谋远虑。太后当初送女儿到燕国做王后，您抱着她的脚哭泣，那是想着她嫁得那么远，见不到了呀！她走了之后，你对她非常思念，但是，每次祭祀祷告的时候，都说：'千万不要回来！'那是你替她深谋远虑，希望她夫妻和睦，她的子孙能够世世代代做燕王啊！"

太后说："那倒是。"

触龙说："从现在往前数三代，三代以前赵王的子孙封侯的，子孙有今天还在位的没有？"

太后说："没有。"

触龙说："这就是近一点的，自己招祸，远一点的，祸及子孙，都没有好下场！作为国王的子孙，世代封侯不好吗？那是因为他们地位尊贵，对国家却没有功勋，俸禄封侯，却没有什么劳动贡献，但他们却拥有国家的名器和财富。今天您给予长安君如此尊贵的地位，封给他膏腴的土地，给他许多的宝器，却不让他为国家立一点功劳，做一点贡献，一旦您仙去，长安君凭什么在赵国立足呢？"

太后说："懂了！我全听先生您安排！"于是为长安君备齐一百辆车的盛大车队随从，送他到齐国做人质。齐国如约出兵。秦军闻风而退。不战而定。

【华杉讲透】

人要有自觉，要随时知道自己是干啥的。人家对你好，你就要多问自己几遍："凭什么？"如果你得到了利益，马上要问自己："我配不配？"一定要让自己的付出覆盖掉自己的收获。随时都要考虑："我是不是拿多了？"可拿可不拿的，不要拿。可付出可不付出的，一定付出！不要唱那个歌："世间自有公道，付出总有回报！"这是不情愿付出的人才唱的歌，这歌的理念，就是付出一定要有回报，回报一定要超过付出。要懂得付出不求回报，付出是你的责任，是你存在的意义，这才是原理。还有，不要认为什么东西是你应得的，记住两句话，第一句是"没有什么是理所应当，一切都是难能可贵"，就算是应得的，这个应得，也需要不断获取，需要有新的付出，不能躺在过去的功劳簿上。第二句是"没有什么是一劳永逸，一切都需要不断获取"，长安君是赵王的亲弟弟，太后的亲儿子，今天他的一切都是应得的，但是明天呢？凭什么呢？下一代呢？下一代有新王，有新太后，有新的赵王的亲弟弟，太后的亲儿子，赵国最好的封地凭什么让长安君家占着呢？这就是触龙跟太后讲的道理。

4 齐安平君田单，率领赵国军队伐燕，攻取中阳。又伐韩，攻取注人。

5 齐襄王薨，子田建继位。田建年少，国事皆决于太后。

赧王五十一年（丁酉，公元前264年）

1 秦国武安君白起伐韩，拔取九座城池，斩首五万。

2 田单出任赵国丞相。

赧王五十二年（戊戌，公元前263年）

1 秦武安君白起伐韩，攻取南阳。攻占太行山道，并封锁道路。

2 楚顷襄王疾病。黄歇对应侯（范雎）说："如今楚王疾病，恐怕不起，秦国不如让楚太子回国。太子得以继位，一定事奉秦国，也感激丞相您的恩德，等于得到一个万乘之国的盟友。如果不放他回去，他不过咸阳城里一个布衣百姓而已，楚国另立新君，一定不会跟秦国交好，这样就失掉了一个盟友，断送了一个大国的友谊，不符合秦国的国家利益啊！"应侯向秦王报告。秦王说："先派太子傅回国探病，等他回来之后我们再研究吧！"

黄歇与楚太子商议说："秦王羁留太子，当然是为了谋取利益。而您事实上没有力量做什么对秦国有利的事。如果您不能回国，而阳文君的两个儿子在国内，一旦大王不幸薨逝，太子不在，阳文君的儿子一定会被立为王，那太子您就没有机会了。为今之计，不如逃亡，和使者一起逃回去。我留在这里应付他们，大不了他们杀了我！"

于是太子化装成楚使者的车夫，得以出关。黄歇在太子官舍守着，每日说太子生病，不能出门。等到太子走远了，才去向秦王谢罪，说："楚太子已经回国了。臣请死！"秦王怒，要杀他。应侯说："黄歇为人臣，愿为他的君王牺牲生命。太子继位，一定重用黄歇。不如放他回国，和楚国交好。"秦王同意了。黄歇回到楚国三个月后，顷襄王薨逝。太子继位，是为楚考烈王。以黄歇为相，封以淮北地，号曰春申君。

【华杉讲透】

今天上海又称申城，就是因为当年是春申君的封地。

赧王五十三年（己亥，公元前262年）

1 楚国主动割让州邑给秦国，以表达两国交好的诚意。

2 武安君白起伐韩，攻占野王，切断了上党与韩国本土的联系道路，上党成了一座孤城。上党郡守冯亭与市民谋划说："通往首都新郑的道路已经被秦军阻绝，秦军越来越逼近，而韩国已经无法救援我们了。不如把上党献给赵国。赵王接收我们，秦国一定会攻打他。赵国和秦国交战，一定和韩国交好，韩、赵一体，就可以抗秦了。"于是派使者对赵王说："韩国不能守上党，韩王要我把上党割让给秦国，但上党人民都不愿意做秦国人，愿意做赵国人！上党有城邑十七座，臣愿再拜献给大王！"

赵王向平阳君赵豹征求意见，平阳君说："圣人甚祸无故之利。"（无功无劳，无缘无故，突然有人给你送上巨大利益，圣人认为是祸，不能接受。）赵王说："人家仰慕我的仁德，怎么能说是无缘无故呢？"平阳君说："秦国对韩国土地，持的是蚕食政策，一口一口地吃，攻占野王，断绝上党与韩国联系，使之成为一座孤城，就是为了坐等韩王献上上党求和。韩国之所以不愿意把上党给秦国，就是要嫁祸于赵。秦国付出劳动，赵国摘取果实，就算赵国比秦国强大，这也拿不走！别说赵国比秦国弱小了！这不是得之无缘无故吗？"

赵王把平阳君的话告诉平原君。平原君的意见却是可以接受。赵王派平原君去接收上党，封给冯亭三座一万户的城邑，封他为华阳君。每个县的县令，封给三座千户的城邑，封为侯。其他吏民都加爵三级。冯亭垂涕不见使者，说："我不忍出卖君王的土地，作为自己的采邑。"

赧王五十五年（辛丑，公元前260年）

1 秦左庶长王龁攻陷上党。上党人民向赵国逃亡。赵国廉颇驻军于长平，以安置上党难民。王龁于是移师伐赵。赵军数战不胜，损失了一员副将，四员都尉。赵王与楼昌、虞卿商议。楼昌建议派有分量的大臣前去讲和。虞卿说："如今决定和战的权力在秦。秦国对打败赵军是志在必得，就算我们去讲和，他们也不会接受。不如派使者给楚、魏两国送上重宝，如果楚、魏两国接受了，秦国担心又要形成天下合纵抗秦的形势，才有条件讲和。"

赵王不听，派郑朱去秦国讲和。秦国表示接受和议。赵王对虞卿说："你看，秦国接受郑朱讲和了！"虞卿说："大王一定得不到和议，相反，赵军要被攻破了！为什么这样说呢，如今，天下各国向秦贺胜的使者，都在秦国。郑朱是贵人，秦王和应侯为了向全世界摆出和平的姿态，一定会隆重地欢迎他。天下诸侯看见您派出重臣和秦国讲和，就一定不会来援救赵国了。秦国知道各国都不会派援军，就绝对不可能跟我们议和。"

结果果如虞卿所言，秦国盛情接待郑朱，但就是不谈和平条约。

秦军数次打败赵军，廉颇就高挂免战牌，坚壁不出。赵王觉得廉颇屡战屡败，伤亡过多，更加胆怯而不敢出战，非常愤怒，屡次责备他。应侯又派间谍带着千两黄金到赵国活动，散布流言，说："秦国真正害怕的，是马服君赵奢之子赵括。廉颇好对付，他很快就会投降了。"赵王中计，于是以赵括替换廉颇为将。蔺相如进谏说："大王因为赵括的虚名而任用他，就好像用胶粘住了调弦的柱子来鼓瑟，只能弹一个音，没法变化。赵括只知道读他爸传下来的兵书，不知道随机应变啊！"赵王不听。

当初，赵括自幼学习兵法，自以为天下无敌，曾经和他的父亲赵奢一起讨论军事问题，赵奢也说不过他，但是，从来不称赞他。赵括的母亲问赵奢什么原因。赵奢说："用兵是生死存亡之事，但是赵括却总是说得很轻松。赵国不用赵括为将也就罢了，如果用他，让赵军全军覆没的就是他了。"等到赵括将要上前线，他的母亲给赵王上书，说赵括不可用。赵王问为什么。赵母说："当初我侍奉他的父亲时，他身为大将，我亲自事奉一起用餐的同僚，就有十多位；

而他所结交为朋友的，有一百多位。大王及王室宗亲所赏赐的财物，全部分给军吏士大夫。从受命之日起，就不问家事，全副身心在军事上。而如今赵括一为将，就高坐堂上，向东而坐，手下军吏，头都不敢抬。您赏赐给他的金帛，他全部拿回自己家，到处看哪里有合适的房子田地，看中的马上就买。大王以为他跟他父亲一样，其实父子二人心志完全不同！所以恳请大王不要任用他！"

赵王说："老太太不必多言，我主意已定。"

赵母说："既然如此，如果赵括兵败，希望罪只在他一人，不要连坐我和家人。"

赵王答应了这个最后的请求。

秦王听说赵括为将，马上悄悄用武安君白起为大将，王龁改任副将，传令军中："有敢泄露武安君为大将者斩！"赵括到了军中，取消廉颇的军令，撤换廉颇的军吏，出兵进攻秦军。白起佯败逃走，引诱赵括追击，又在后面左右两翼展开两支奇兵悄悄地包围赵军。赵括乘胜追到秦军防御工事前，工事坚固，屡次不能攻入。这时候，秦军后面两支奇兵两万五千人阻绝了赵括的退路。又五千骑兵切断了赵军与营垒之间的交通线。赵军被切成两段，粮道断绝。白起出轻兵进攻，赵军作战不利，于是就地构筑工事，坚守待援。秦王接到战报，知道赵军粮道断绝，觉得这是一举摧毁赵国军事力量的天赐良机，于是亲自到接近前线的河内地区，迅速动员十五岁以上男丁全部开到长平前线，断绝赵军救兵及粮食。齐、楚两国愿意救赵。赵国缺乏粮食，请求齐国援助粮食。齐王不给。周子说："赵国对于齐、楚来说，是屏障，就像牙齿之有嘴唇，唇亡则齿寒；今天赵国如果亡了，明天祸患就到齐、楚了。救赵之急，就像捧着漏水的瓦罐，去救烧焦的铁锅，就这么紧急！况且救赵是高义，击退秦军是显名。义救亡国，威却强秦，这样的事不做，还爱惜一点粮食吗？为国谋计，这也太过分了吧！"

齐王还是舍不得粮食，不听。九月，赵军绝粮四十六天，军中士卒私下互相残杀以为食，赵括不能再固守待援了，急切地想进攻突围，把士卒分为四队，轮番攻击秦军阵地，攻了四五次，还是不能突围。赵括亲自率锐卒出战，被秦军射杀。赵括一死，赵军崩溃，四十万士卒全部投降。

白起说："秦国已经打下上党，上党百姓不乐意做秦国人，要归附赵国。这些赵军士兵，都是反复之人，不把他们都杀光，留下恐怕还会作乱。"于是使用欺骗手段，将四十万人全部坑杀，留下二百四十个年纪小的放回去。这样加上前面战斗中斩杀的，前后斩首四十万人，赵人大震。

【胡三省曰】

白起放二百四十个少年回去，不是他心慈手软不杀小孩，而是他的诡计。他要这二百四十人回去传秦军之兵威，破赵人之胆，乘胜攻取邯郸，吞并整个赵国。但他的计策，后来又被范雎阻止。他和范雎因此事结下的矛盾，又让他后来为秦王所杀。

【华杉讲透】

读书一定要代入自己，否则只是看热闹，什么也学不到。长平之战，留下赵括纸上谈兵的千古笑名。那假如你是赵括，你该怎么办呢？

应该说，任何人都没有办法，都只能像廉颇一样，坚守不出，熬着。

事情发展到这一步，已经无解了。当赵王接受上党这个烫手山芋的时候，结局就已经注定。上党郡，是秦军将士浴血奋战打下来的战利品，怎么能给赵王端走呢？上党郡是韩王要割让给秦国的。韩王有权力割地，冯亭一个郡守，他哪有权力把上党送给赵王呢？这上党的产权是韩王的，冯亭是职业经理人，他根本无权处置资产啊！冯亭自己都明白这个道理，所以赵王给他封地，他才哭着说自己没脸见人，出卖祖国的土地做自己的封地。

赵王居然接受了，这叫利令智昏，要虎口夺食。

代入一下自己，如果你是赵王，你应该怎么办？

首先，当然不应该去接这烫手山芋。

把决策树再往前推，在秦国打韩国的时候，应该怎么办呢？

应该出手援助韩国，因为唇亡齿寒，或者说为了保持战略均势，应该帮着韩国抵抗秦国，上党郡保住了，还是韩国的。

现在，韩国已经把上党割让给秦国，秦国和韩国的战争结束了。赵王无端接收了上党，那当然就要爆发赵国和秦国的战争了。

秦国攻下上党，廉颇在长平设防，和秦军对峙。

那么这时候赵王什么也没捞着，平白引来一场战争，他的恼恨是可想而知了。

比较这场战争谁占理，赵不如秦。天时地利呢，长平是赵国境内，廉颇选择的防御阵地，天时地利是赵军占优的。廉颇坚守不战，是因为他知道"攻则不足，守则有余"。守住是没问题的，但是要冲出去打败秦军，那也做不到。唯一的战略就是等待，就是熬，等着对手犯错误。看谁先憋不住，看谁先犯错误，那时候才能改变战局。这也是兵法的战略原则。

但是赵王不能等，他本来想捡个便宜，发一笔横财，结果偷鸡不成反而蚀把米，而且蚀的不是一把米，几十万大军在前线对峙一年多，得吃掉多少米！而且这些人本来应该在农田劳动种粮的啊！

赵王就命令廉颇出战。廉颇知道出战必败，将在外君命有所不受。这时候秦国的反间计就发挥作用了。秦国间谍在赵国散布流言，说廉颇好对付，秦军最怕的是赵括。赵王本来就嫌廉颇胆小，要大胆起用年轻人。赵括就登场了。

赵括换下廉颇之后，秦王马上也秘密换将，白起为主将，王龁为副将。白起对赵括，在双方将领的能力上，赵军又输了一大截。

对峙就是比耐心和耐力，比谁能熬，结果赵王焦虑，他先熬不住，他先犯错误，他的错误就是秦军的胜机，秦王抓住了这个胜机。

左宗棠语："读书时，须细看古人处一事，接一物，是如何思量？如何气象？及自己处事接物时，又细心将古人比拟。设若古人当此，其措置之法，当是如何？我自己任性为之，又当如何？然后自己过错始见，古人道理始出。断不可以古人之书，与自己处事接物为两事。"

读书一定要代入自己。一是把自己代入古人的事，二是把古人的思想代入自己的事。说滴水穿石，就真的滴水穿石；说专注坚持，就真的专注坚持。这样做下来，自己有体会，知行合一，得到收获，更是深信"两耳不闻窗外事，一心只读圣贤书"。

学习长平之战，我们不用去学赵括是不是纸上谈兵，要学的是把自己代入赵王，学习赵王的教训，学习三个字"不贪心"；学习平阳君进谏赵王的那句话"圣人甚祸无故之利"，无缘无故给你利益，那是祸患；学习到不能有利必趋，当你趋利，你就会被利欲蒙上眼睛牵着走，就会掉坑里都不知道；学习到必须有大战略，有原则，有路线方针政策，应该一开始就抗秦援韩，而不是哪儿有利益就往哪儿走，投机之路，都是死路。

赧王五十六年(壬寅,公元前259年)

1 十月,白起兵分三路,派王龁攻占了武安、皮牢。司马梗北定太原,占领上党全境。韩、魏两国派苏代出使秦国,给应侯送上厚礼,说:"武安君要包围邯郸吗?"应侯说:"是啊,白起自己这一路军,就是准备往邯郸去的。"苏代说:"赵国如果灭亡,秦王就是全天下之王了,白起一定位列三公,在先生您的地位之上了。您能屈居于白起之下吗?就算您能,恐怕他也容不下您吧!秦国之前攻打韩国,包围邢丘,兵困上党。上党之民反而归附赵国。可见天下之人,都不愿意做秦国人啊!如果今天秦军打下邯郸,那北边的赵人归附燕国,东边的赵人归附齐国,南边的赵人归附韩、魏,恐怕秦国能得到的土地人民,也所剩不多吧!不如让赵国割地请和,不要成就了武安君的功劳啊!"

应侯对秦王说:"秦军士卒也疲惫了,请允许韩、赵割地求和吧!"秦王同意,于是割韩国垣雍,赵国六座城池,正月,都罢兵。白起的功名被应侯破坏了,于是和应侯有了矛盾。

【胡三省曰】

这里写"正月",看来是跟着秦国的记录写的,秦国历法,以十月为岁首。

【华杉讲透】

上下不同欲,君臣异利。韩非子《孤愤》篇说:"主利在有能而任官,臣利在无能而得事;主利在有劳而爵禄,臣利在无功而富贵;主利在豪杰使能,臣利在朋党用私。"前面司马光说范雎也不是好人,他诋毁穰侯,把穰侯挤走了,取而代之。举荐白起是当初穰侯的大功劳,如今他又破坏了白起的功勋。他把自己的私利,置于秦国国家利益之上。这样的故事,在历史上比比皆是。那国君,又何尝是为了国家利益呢?他也是自己的权位第一。

所以孟子要提出义利之辨,如果国君一切皆从大义出发,就是为了天下百姓,如果别国百姓自己过得好,我也不会想去吞并他,我只照顾好自己的百姓,如果他的国君暴虐无道,我就伐其国而救其民,如此则举国皆义而王天下,为万世开太平。如果国君一心谋利,则臣下也谋国君之利,上下交相争利。这就是战国的情况。

赵王要派赵郝出使秦国,缔结和平条约,交割六座城池。虞卿对赵王说:"秦国攻打赵国,是它自己疲惫才撤退了呢,还是它本来还有余力进攻,因为爱您才撤退了呢?"赵王说:"秦国从来是不遗余力,它撤退,一定是力量不够了。"虞卿说:"秦国是因为力量不足以攻取而撤退的,大王又主动给它送上门去,这不是帮助敌人攻击自己吗?明年,它修整好了,再来进攻,大王就没救了。"

赵王犹豫不决,这时候,正好楼缓来到赵国,赵王找他商量。楼缓说:"虞卿只知其一,不知其二。秦、赵相争则天下皆悦,为什么呢,因为他们都可以趁火打劫,跟着秦国一起来瓜分赵国。今天大王您不如赶快割地与秦讲和,稳住秦王的心,其他诸侯看见赵与秦交好,就不敢来攻赵了。不然,再惹恼了秦国,天下各国将利用秦王的愤怒,乘着赵国的疲敝,一起来瓜分赵国了。赵国亡了,还谈什么割地不割地?"

虞卿听说了,再找赵王进谏:"楼缓之计太危险了!赵国向秦割地求和,使天下诸侯更加怀疑赵国的立场,更加没有人来帮赵国抗秦了!而且割地怎么能稳住秦王的心呢!只能让他变本加厉想要更多!再来打一回!这不仅是向秦示弱,而且是向全天下示弱。而且我说不要割地给他,不是简单的不割地而已。秦王向您索要六座城,您不如送六座城给齐王。齐、秦本身是有深仇大恨之国,您话还没说完,齐王就会听您的。这样大王给齐国的地,还可以从秦国打回来,也让天下诸侯看到,咱们还能有所作为!大王以此发声,我敢肯定,齐军还未到赵境,秦国使者已经带着重礼到邯郸,反而向赵国请和了。这时候大王再与秦媾和,韩国、魏国听说了,也会敬重大王。这样一举而结齐、韩、魏三国之亲,又不被秦国控制啊!"

赵王这回终于听了虞卿的,派虞卿出使齐国,与齐王合谋对付秦国。虞卿还没回国,秦国的使者已经到邯郸了。楼缓听到消息,悄悄地溜了。赵王赏给虞卿一座城池做采邑。

【华杉讲透】

人能自助，然后别人才能帮助你。如果你自己都放弃了自己，所有人都会放弃你。赵王的性格，典型的趋利避害，一是有利必趋，见利而亡命，看不到危险，刀山火海都敢跳下去，所以冯亭送他上党的时候，他毫不犹豫就收下了。二呢，是有害必避，看到有危险呢，他吓破了胆，马上躲避，你要他什么他都给，看不到后面的转机和利益，就剩一个态度——自暴自弃，爱咋咋的。所以秦王要他割地，他马上投降，跟之前吞并上党时的气势态度判若两人。幸亏这一回赵王听了虞卿的。

趋利避害是人之常情，但不可有利必趋、有害必避。

当初秦伐赵，魏王与大夫们讨论局势，大夫们都认为秦伐赵对魏国有利。子顺问："为什么呢？"回答说："秦国如果战胜，我们就臣服于它。如果秦国战败，我们就乘其敝攻击它。"子顺说："不对！秦国从秦孝公以来，打仗还没败过，如今又派出名将白起，有什么秦国之敝可乘呢？"大夫说："就算他打败了赵国，对我们又有什么损害呢？邻国之羞辱，正是我国之福分。"子顺说："秦是贪暴之国，战胜了赵国，一定又有新的欲求，我恐怕到时候魏国就要承受秦国的兵祸了。古人说：燕雀在屋檐下筑巢，子母相哺，叽叽喳喳很快乐，自以为非常安全。想不到灶头烟囱那里，突然起火，整栋房屋都要被焚毁，燕雀颜色不变，不知道大祸临头。如今您不知道赵国败亡之后，大祸就要降临到魏国，不就跟那屋檐下的燕雀一样吗？"

这位子顺，是孔子的六世孙，名叫孔斌。当初魏王听说子顺贤德，派使者送上黄金绸缎，聘以为相。子顺说："如果魏王能相信我，用我的道，就算吃青菜喝凉水，我也心甘情愿。如果只是图我的虚名招牌，委以重禄，那我也只是一个匹夫而已，魏王还缺一个匹夫吗？"使者诚恳地反复邀请，子顺于是到魏国。魏王亲自出城迎接，委任子顺为宰相。

子顺先将靠关系恩宠而当官的人罢黜，以任用贤才；将没有具体工作的闲职官员俸禄收回，以赏赐有功。那些失去官位俸禄的人都不高兴，于是制造谤言。文咨告诉子顺。子顺说："老百姓是无知的，不能和他们商量大事，自古就有这个经验了。古之为善政者，开始的时候都不能没有谤言。子产相郑，三年后谤言才停止。我的先祖孔子相鲁，三个月后谤言才停止。如今我每天都有新政，虽然比不上先贤，怎么能在乎谤言呢？"

文咨说:"不知道当初说孔子的谤言是什么呢?"

子顺说:"先君相鲁,老百姓编歌谣说他:'那个穿鹿皮长袍的家伙,赶走他!赶走他就没错!那个穿鹿皮长袍的家伙,赶走他!就看谁有办法!'过了三个月,教化既成,老百姓又唱:'穿裘袍,戴礼帽,百姓要啥他知道!戴礼帽,穿裘袍,心底无私对我好!'"

文咨高兴地说:"如今才知道先生就像古代的圣贤一样啊!"

子顺相魏九个月,所提出的大政方针政策,都不被魏王采用,于是喟然叹曰:"言不听,计不从,那是我说得不恰当吧!主君不接受我的意见,我还当着主君的官,拿着主君的俸禄,这是尸位素餐,我的罪过大了!"于是称病辞职了。

有人问子顺:"魏王不用您,您下一步去哪里呢?"

子顺说:"我哪有地方去啊?崤山以东各国,都将要被秦国吞并了。那么只有秦国可以去。而秦为不义之国,义所不能入!"于是宅在家里。

有一位朋友新垣固,劝子顺说:"贤者所在,一定兴教化,理政治,如今您在魏国为相,没听说有什么政治革新,就自己退出了,是不得志吗?为什么这么快就放弃了呢?"

子顺说:"因为不能有所改革,所以自己退出了。况且死病无良医,如今这天下也没治了!秦国有吞食天下之心,以道义事奉秦国,固然得不到安定,救亡还来不及,哪里顾得上教化!当初伊尹在夏,事奉桀王;吕望在商,事奉纣王,而这两个国家都亡了。是伊尹、吕望不想励精图治吗?是势不可为也。如今崤山以东,各国都敝而不振,韩、赵、魏只知道割地事秦以苟安,东周、西周也折节事奉秦国,燕、齐、楚也屈服了。以此观之,不出二十年,天下尽归于秦了!"

【胡三省曰】

从孔斌发此预言,到秦始皇统一天下,共三十八年。

【华杉讲透】

孔斌的态度,是标准的儒家价值观——用之则行,舍之则藏——你用我,我就行道于天下;不用我,我一身本事卷而藏之,带进棺材也不遗憾。

我不是来拿你的爵位俸禄的,是来行道的;你要的,也是我的道,不是我这人,两条腿的人有的是,你也不缺我这一个,你找我干什么呢?只有行我的道,才是你找我的唯一理由,也是我来的唯一理由。这就是他来之前跟使者说的话。

来了之后,就直道事人,绝不枉道事人,不为爵位俸禄而委曲求全,因为委曲求全,全的是自己的爵位俸禄,不是安邦治国的大道。

要给君王国家所需要的,不是给君王他自己想要的。因为匡正君王,本身是为相者的责任。他想得不对,才需要我嘛!

你如果要行我的道呢,还必须照单全收,不能修改。

孟子见齐宣王曰:"为巨室,则必使工师求大木。工师得大木。则王喜,以为能胜其任也。匠人斫而小之,则王怒,以为不胜其任矣。夫人幼而学之,壮而欲行之。王曰:'姑舍女所学而从我。'则何如?"

孟子对齐宣王说:"假如您要建造高大的宫室,那一定会请总建筑师去寻求可为梁柱的巨木。总建筑师把巨木找来了,您一定会很高兴!说可以做梁做柱,能胜这巨室之任了。这时候,有一个工匠拿起斧子上去,把这巨木砍短削小了,大王必定勃然大怒,因为那木头没法支撑这巨室了。这贤才呢也是一样,他就是国家的栋梁,从小刻苦学习,学的都是圣贤的道理,帝王之事功,就等到长大成年了,能遇到明主,一一施展开来,这才不负平生所学,也不负国家和君主的期待。这时候呢,您老人家对他说:'喂!姑且把你的学问本事先放下,听我的话吧!'这怎么行呢?"

对贤才,你是要大用,还是要小用?要大用,你就听他的话。要小用,你就让他听你的话,那就是把人家的大材砍小了用。庸主都是这样,别人给他100分的方案,他一定要拎把斧子上去,把那方案砍削一番,把巨木砍削成一根牙签,到59分,不及格了,他才觉得是自己想要的了,得劲了,爽了。

孔斌最后的态度,天下没救了,我回家吧!这又是什么样的价值观呢?还是孟子说的,叫"圣之时者",圣之时者,可以速则速,可以久则久,可以处则处,可以仕则仕,一切顺应时势,无可无不可。在孔斌的时代,如果他是一国之君,还可以有所作为,甚至可以明知不可为而为之,但是,他只是一介平民,而天下无明主,那就告老还乡吧!这世界不归我们控制,我们能控制的只有很小很小的一部分，当我无能为力时，天下兴亡，也就不是我的事，一切悦纳顺受，夭寿不贰，自得其乐，回家读书吧！把这天下兴亡，也当一本书看！

2 秦王决心替应侯报仇，一定要杀掉魏齐。听说魏齐躲在平原君家，就设计好言邀请平原君访秦，然后把平原君扣押起来，派使者对赵王说："得不到魏齐的人头，您弟弟就别想出函谷关。"魏齐穷途末路，去投奔虞卿。虞卿抛弃赵国相印，与魏齐一起逃亡，逃到魏国，打算找信陵君帮忙，逃往楚国。信陵君推辞不见他。魏齐愤而自杀。赵王于是砍下他的人头，送到秦国。秦王这才把平原君释放了。

九月，秦国五大夫王陵再次将兵伐赵。武安君白起生病，不能出征。

赧王五十七年（癸卯，公元前258年）

1 正月，王陵攻打邯郸，失利，秦国增兵支援王陵，王陵损失了五个校，一个校八百人，差不多四千人没了。这时候，白起病愈。秦王想让白起替下王陵。白起说："邯郸实在是不易攻取，况且诸侯的救兵就要到了。那诸侯各国，对秦国的怨恨已经很长时间了，秦国虽然取得长平之战的胜利，但是士卒也死者过半，国内空虚，如今远绝河山去争人国都，赵国在内，诸侯在外，内外夹击，秦军一定会失败。"秦王亲自去请，白起坚决推辞。又让应侯去请，白起还是称疾不出，不肯去。秦王没办法，用王龁替下王陵。

赵王派平原君出使楚国搬救兵。平原君在门客中选拔文武兼备者二十人随同出访，只选得十九人。毛遂自荐于平原君。平原君说："贤士处世，就像锥子在口袋里，那尖一下子就戳出来了。而先生您在我门下三年了，左右没人称颂过您什么事迹，以至于我都不知道您的名字，这说明先生您没有什么才干啊，您留下吧。"毛遂说："我就是请您今天把我放口袋里呀！如果我早能被放进口袋里，早就脱颖而出，连锥柄都露出来了，岂止是露出个尖！"平原君就同意带他一起走。另外十九人都嘲笑他。

到了楚国，平原君和楚王谈合纵抗秦的利害关系，日出时就开始谈，到中午还谈不出个结果。毛遂按剑走上台阶，对平原君说："合纵利害，两句话就说完了，如今从日出谈到中午，还没决断，为啥？"楚王怒，呵斥说："还不下去！我正和你主君谈话，哪有你说话的份？"毛遂按剑再上前一步，说："大王呵斥我，是仗着楚国百万雄兵吧？不过眼下我在大王十步之内，您那百万雄兵也派不上用场，大王的命就在我手里。大王当着我主君的面呵斥我，又是什么意思？况且，毛遂听说，商汤以七十里国土起家而王天下，文王以百里小国起步而臣诸侯，是仗着他们士卒多吗？靠的是他们能顺应局势，奋起威武。如今楚国地方五千里，持戟的士卒百万人，这是霸王之资也。以楚国之强，天下莫能挡。白起，一个小小竖子，带了几万兵马，攻打楚国，一战而攻陷鄢城和您的国都郢都，再战而烧了您的祖先坟墓夷陵，三战而烧了您的祖先陵庙，辱没您的先人。这样的百世深仇，赵国也深以为羞耻，大王您却并不在意吗？合纵是为了楚国，不是为了赵国！如今当着我主君的面，您还呵斥我，您什么意思？"

楚王惭愧，说："嗯嗯……这个，这个，谢谢先生您这一番话，愿奉社稷以从。"

毛遂说："合纵的事，定了吗？"

楚王说："定了！"

毛遂对楚王的左右说："取鸡、狗、马的血来！"

血送上来了，毛遂举着铜盘，跪着进奉给楚王说："请大王先歃血，定下合纵盟约，然后是我主君，然后是我！"于是当场歃血为盟。毛遂左手持盘，右手招呼另外十九人说："你们也在堂下歃血吧！你们不过都是碌碌无为之辈，也有份参与了这次盛事，这就是所谓因人成事吧！"平原君定了合纵盟约，回到赵国，说："从今往后，再不敢说我已经看透了某人了！"于是尊毛遂为上宾。

【胡三省曰】

盟誓用血，贵贱不同，天子用牛血、马血，诸侯用狗血、猪血，大夫以下用鸡血。这次歃血为盟，毛遂决心参加一份，所以取三种血，分别给楚王、平原君和他自己用。

【华杉讲透】

毛遂的做派，就是孟子说的："说大人则藐之。"向大人物进言，你要藐视他，别被他的威势吓着。因为他的威势，人人都害怕，你若害怕，也没什么效果，只不过弄得自己该说的话说不出来。大人物缺什么呢？就缺批评，缺敲打。因为没人敢批评他，敲打他。你抡圆了敲他就行。人们为什么怕大人物呢，不是大人物要吃人，而是自己的私心，想得到利益，或者怕失去利益，患得患失，就不敢说话。无私者无畏，就像毛遂说的，我是来帮楚国的，你以为我求你救赵国？你看看自己那熊样吧！

反过来，如果你是大人物，高高在上，与人交往，就要随时记住两个字："忘势。"要忘掉自己的权势，你才能交到朋友，得到真情、真意、真话。即便有天大的权势，你也需要别人帮助和教导，而权势就是蒙蔽你自己的精神迷雾，权势就是阻挡他人进言的铜墙铁壁。楚王开始时不能忘势，呵斥毛遂。被猛烈敲打之后，国恨家仇，齐上心头，羞愧难当，就知道自己的所谓权势，不过是屈辱而已。

小人物不要自卑，大人物别把自己太当回事儿。

于是楚王派春申君派兵救赵，魏王也派将军晋鄙带兵十万救赵。秦王派使者恐吓魏王说："我攻打赵国，随时就能拿下。谁敢救赵，我攻陷邯郸之后，马上移师先打他！"魏王害怕了，派人叫晋鄙按兵不动，在邺城扎营，名为救赵，实际上是两边观望。魏王又派将军新垣衍抄小道去邯郸，通过平原君向赵王建议，不如魏、赵一起，尊秦王为西帝，哄他退兵。齐国人鲁仲连在邯郸听说了这件事，去见新垣衍说："秦国，是抛弃礼义，崇尚斩首为功的国家，如果秦国统一了天下，我就是跳东海而死，也不愿意做秦国人！况且魏国没有看到尊秦王为帝的害处吧！如果秦王称帝，我能让秦王把魏王烹煮，剁成肉酱！"

新垣衍不高兴地说："先生凭什么能让秦王把魏王烹煮，剁成肉酱？"

鲁仲连说："当然能！你听我说，当初九侯、鄂侯、文王，是纣王的三公，九侯有一个女儿长得很美，就把她献给纣王。纣王却认为她长得不美，把九侯剁成了肉酱。鄂侯力争不可，反复替九侯伸冤，纣王就把鄂侯晒成肉干。文王听说了，叹了一口气，纣王又把文王逮捕了起来，关在牖里的仓库一百天，企图置之于死地。如今秦国是万乘之国，魏国也是万乘之国，双方都有一万辆兵车的实力，都称王，就因为看对方打了一场胜仗，就吓破了胆，要尊他为帝，把自己置于任人宰割，随时成为肉干肉酱之地！问题是，秦王会因为你尊他为帝就停止吗？你尊他为帝，他就要行使天子的权力，号令天下，撤换诸侯各国的大臣，他不满意的都干掉，符合他心思的得到任用，再把秦国女子嫁到各国王室。那时候，魏王朝堂上是秦王的臣子，后宫是秦国的嫔妃，魏王还能安稳吗？将军您还能得宠于魏王吗？"

新垣衍起身，再拜说："我今天才知道先生您是天下之士！我即刻回去，不敢再提这事了。"

【华杉讲透】

子曰："知者不惑，仁者不忧，勇者不惧。"战国这些君王，既不是智者，也不是仁者，更不是勇者，总是看到利益就亡命追逐，看到危险又吓破胆，对人民呢，都是横征暴敛。他们的灭亡，也不怪秦国太强，是他们自己太浑蛋。

2 燕武成王薨，子孝王立。

3 当初，魏公子无忌仁而下士，有食客三千人。魏国有一个隐士叫侯嬴，年七十，家贫，为魏首都大梁城北门的守门官。公子置酒大宴宾客，大家都坐定了，他带着随从，驾着车马，把左边上位空着，亲自去迎接侯生。侯生破衣破帽，直接上车坐在上座，也不谦让。公子无忌手持缰绳，愈加恭敬。侯生又对公子说："我有个朋友在市场上做屠夫，想绕道去探望他一下。"公子驾着车进入市场，侯生下车见他的朋友朱亥，故意说个没完，一边斜眼观察公子的态度，看公子脸上更加谦和，于是谢客上车，到公子家。公子引侯生坐在上座，把他介绍给每一位宾客，举座皆惊。

这时，秦兵围困赵国的首都邯郸。赵国平原君的夫人，是公子无忌的姐姐。平原君的使者一个接一个到魏国来催救兵，责备无忌说："我之所以通过婚姻攀附您，是因为仰慕公子您的高义，能扶危救困。如今邯郸旦暮将降于秦，而魏国的救兵还没影。就算公子您不把我赵胜当回事，您的姐姐您也不管吗？"无忌很着急，数次请魏王下令晋鄙出战，手下宾客辩士游说万端，魏王就是不听。无忌于是带着自己宾客车骑一百余乘，准备自己上赵国前线，以死明志。经过北门，见了侯生。侯生说："公子勉力而为吧！我不能跟着您去了。"

无忌出了城门，走了几里，心中不是滋味，折回来见侯生。侯生笑道："我就知道公子您会回来的。如今公子您无端端奔赴秦军，就像把一块肉投给饿虎,能建立什么功绩呢?"无忌再拜,请问他有什么办法。侯生避开耳目说:"我听说晋鄙的兵符在魏王卧室,而如姬最受魏王宠幸,一定能把它偷出来。我听说公子您曾经替如姬报了杀父之仇,如姬愿意以死报效公子,所以只要公子您开口,如姬一定愿意帮您偷到虎符。您拿着虎符,夺了晋鄙的兵权,北救赵国,西退秦兵,这是春秋五霸一样的功勋啊!"

无忌依计而行,果然偷得兵符。公子将出发,侯生说:"将在外,君令有所不受。如果晋鄙见了兵符,还是不交兵权,要找魏王确认,那事情就危险了。我的朋友朱亥,是个大力士,就是先前在市场那位,他可以跟您一起去。晋鄙如果听从,那最好,如果不听,就让朱亥杀了他!"

于是无忌请朱亥随从。到了邺城,晋鄙合上兵符,还是心存疑忌,举头不相信地看着无忌说:"我十万大军驻扎在边境,您轻车简从,就来取代我,这也太随便了吧?"朱亥袖子里藏着四十斤铁锥,即刻出手,锥杀晋鄙。无忌于是重新部署部队,下令军中:"父子都在军中的,父亲回家;兄弟都在军中的,兄长回家;独子没有兄弟的,回家奉养双亲。"于是得选兵八万人,向前线进军。

王龁久围邯郸不下,而诸侯各国救赵的援兵都到了,几次作战,秦军都失利。白起听说了,对人说:"大王不听我的,如今怎么样?"秦王听到白起的挖苦,非常愤怒,强迫白起出征,白起坚决称病不出。

【华杉讲透】

性格即命运。白起心胸狭隘,任性胡来,因为自己受了委屈,就乐见国家遭祸,主君受挫,这样的态度,不是国家之士,也非人臣之礼。主君的误解和同僚的倾轧,本身就是生活的一部分。你若忠心不二,主君还能幡然醒悟;你若幸灾乐祸,就会让主君放大他对你的恶,最终招来杀身之祸,对不起国家,对不起君王,对不起家人,对不起自己。秦王已经醒悟,白起还不依不饶,这是逼着秦王杀他了。这是秦王之恶,也是他自己成就了秦王之恶。

赧王五十八年(甲辰,公元前257年)

1 秦王免除武安君白起一切职务,降为士卒,放逐到阴密。

十二月，秦国再增兵到汾城。白起生病，不能出行，未能前往。诸侯联军攻打王龁，王龁且战且退，不断派使者回国搬救兵。秦王于是派人遣送白起，不许在咸阳城停留。白起出咸阳西门十里，来到杜邮。秦王与应侯及群臣商量说："白起被逐，怨言很多。"秦王于是派人赐他一把宝剑，白起自杀。秦国人都同情他的遭遇，村村镇镇都给他设坛祭祀。

魏公子无忌大破秦军于邯郸城下，王龁解邯郸之围而走。大将郑安平为赵军包围，率两万人降赵，应侯于是也有罪了。

【胡三省曰】

当初是郑安平把范雎藏在车里带回秦国，见了王稽，并通过王稽进见秦王，得以为秦相。所以范雎又保举郑安平，根据秦国法律，保举人保举某人，而被保举者不称职的，保举人与之同罪。如今郑安平降敌，应侯范雎就有罪了。

公子无忌救了赵国，也不敢回魏国，与宾客都留在赵国居住，派军中将领率魏军回国。赵王与平原君商量，封给无忌五座城池。赵王扫除干净，亲自迎接无忌，执主人之礼，带领无忌就西阶而上。无忌侧着身子，坚决辞让，仍从东阶上堂，口中说着："罪过！罪过！我是魏国罪人，也无功于赵啊！"

【胡三省曰】

根据主客之礼，主人就东阶，客人就西阶。客人如果比主人降一等，就走主人的东阶。

赵王和公子无忌饮酒，喝到天黑了，也不舍得说出封给他五座城的事，只称赞无忌谦虚退让，最后只给了一座城，以鄗城为无忌的汤沐邑。魏国又再以信陵封给无忌。

【华杉讲透】

赵王这副嘴脸，也是一种"原型人物"，历代都有。说起来的时候，都该给人家，到了真要给的时候，比割他肉还痛！打死也给不出去！项羽也是这种人，以后会讲。

公子无忌听说赵国有一位处士毛公，大隐隐于赌场，又有一位处士薛公，大隐隐于酒肆，就想去求见，但是两人都拒绝见他。无忌就不带车骑，徒步走去和他们同游。平原君听说了，就批评他怎么跟这些人混在一起。无忌说："我听说平原君贤德，所以不惜背叛魏王，舍命救赵。如今看平原君的交友之道，不过是大人物的豪迈之情，不是为国家访求贤才！我跟这两位隐士交游，还担心他们不接纳我，平原君难道以和他们交往为耻吗！"于是收拾行李，准备离开赵国。平原君赶紧道歉。

平原君想给鲁仲连封赏，因为他阻止了新垣衍劝进秦王称帝的事。但是使者去了三次，鲁仲连都不接受。平原君又送上千金，给鲁仲连贺寿。鲁仲连说："对于以天下为己任的士来说，为人排除祸患，解决困难，理清纷乱，而不求回报（因为天下太平，就是他的回报，这是他的价值观），如果要求回报，那就是商贾之事了。"

2 秦国太子妃华阳夫人，没有儿子。夏姬生了一个儿子，名叫异人，在赵国做人质。秦国总是攻打赵国，所以赵国也不待见他。异人以庶孙的身份，在诸侯国做人质，地位低微，国内送来的车马费用也不多，过得穷困不得志。

阳翟有一位叫吕不韦的大商人，在邯郸见到异人，说："这是奇货可居啊！"于是前去见异人，说："我能光大您的门庭！"异人笑道："还是光大你自己的门庭吧！"吕不韦说："先生有所不知，我的门庭，要靠您的门庭才能光大。"异人知道他的意思，于是请到屋里，坐下深谈。

吕不韦说："秦王老了，太子爱华阳夫人，但是华阳夫人没有儿子。您的兄弟二十多人，子傒（可能是太子的长子，也是庶出）已经参与政事，士仓又辅佐他。您在兄弟中排行居中，论长幼轮不到您，又长期在诸侯国做人质，不在国内，等到太子继位，您就没机会争继承人的位置了。"异人说："我知道啊，但是又能怎么办呢？"吕不韦说："能决定谁是继承人的，就是华阳夫人而已。我虽然贫穷，愿意拿出一千金，到秦国活动，为您谋嗣子之位！"异人说："如果能像您说的那样，我愿意与先生共享秦国！"

于是吕不韦拿出五百金给异人，让他结交宾客，制造名誉。又用五百金买珍奇玩好，自己带到秦国，通过华阳夫人的姐姐，把东西送给华阳夫人，夸赞异人的贤德，宾客遍天下，常常日夜思念太子和华阳夫人，说："夫人就是异人我心中的天啊！"华阳夫人大喜。吕不韦又通过夫人的姐姐跟她说："以色事人者，色衰而爱弛。夫人您是靠美貌事奉太子的，等您老了，美貌不再了，太子对您的爱就减少了。如今夫人您得宠于太子，却没有儿子。如果不在自己权势巅峰的时候，在太子的儿子中结交有贤德、有孝心的，举荐他做嫡子，等到色衰爱弛，想说一句话，还有用吗？如今异人贤孝，又自知不是长子，没有机会做继承人，夫人这时候提拔他，则异人本来没机会继承秦国，而有了秦国；夫人本来没有儿子，而有了比亲儿子还亲的儿子，那夫人就终身有宠于秦了。"

华阳夫人觉得这话说得太对了，于是找机会跟太子说："在您的儿子中，异人绝世贤德，来往的宾客都称誉他！"又哭着说："我不幸没有生子，愿意收异人做我的儿子，以托付终身！"太子同意了，为夫人雕刻玉符，约定以异人为嗣子，于是赏赐给异人很多财物，请吕不韦做他的师父。异人的名誉，盛于诸侯。

吕不韦娶了一位邯郸的绝世美女为妾，知道她有了身孕，便找异人一起喝酒。异人见到美人，神魂颠倒，请吕不韦把这美人送给他。吕不韦先假装生气，然后又同意把美人献给异人。美人怀孕足足十二个月，生下儿子嬴政，于是异人将她立为正妻。

【华杉讲透】

嬴政就是后来的秦始皇了。嬴政是不是吕不韦的儿子，后世说不清，大家都厌恶秦国，就编故事恶心它吧。按《资治通鉴》的说法，怀孕十二个月才生，这是硬把他往吕不韦身上说了。

邯郸之围，赵国想杀掉异人。异人与吕不韦给看守者行贿六百金，逃脱到秦军军营，于是得以回国。异人特意穿着楚国的服装去见华阳夫人。华阳夫人感动说："我就是楚国人啊！你就是我的儿子！"于是把嬴异人改名为嬴楚。

赧王五十九年（乙巳，公元前256年）

1 秦将军摎伐韩，攻取阳城、负黍，斩首四万。又伐赵，攻取二十余县，斩杀及俘虏九万。周赧王恐惧，于是背弃秦国，与诸侯合纵抗秦，率领诸侯大军，出伊阙攻打秦国，切断秦国与阳城的联系。秦王派将军摎直接攻打西周，周赧王跑到秦国，磕头谢罪，将他的三十六座城邑、三万人口，全部献给秦国。秦国接受了他的献礼，放他回周。当年，周赧王也驾崩了。

【胡三省曰】

周朝至此灭亡。一共三十七任国王，八百六十七年。

【华杉讲透】

周赧王多少年不问世事，只剩区区三十六座城邑，三万人口，也没有资格问了。这时，却突然发愤，要率天下诸侯抗秦，又昙花一现，到秦王膝下磕头谢罪，献出全国土地人口。他怎么想的呢？这一年，他差不多八十岁了，他大概想，自己反正要死了，无所谓了吧，就侥幸搏一把。一搏没搏成，再替子孙讨一条活命。半截入土的老人，风险偏好会加大，年轻人就要跟他殉葬。

卷第六 秦纪一

（公元前255年—公元前228年，共28年）

主要历史事件

荀况论道　158
吕不韦任相国　168
东周灭亡　168
嬴政即位　171
李牧大破匈奴　173
嬴政诛杀嫪毐　178
春申君之死　179
李斯《谏逐客书》　180
吕不韦之死　182
韩非之死　183

主要学习点

民心可用，军队才可用　158
知道自己的能力边界，不追求最好的结果　162
兵法的关键不在于胜，而在于不败　164
君子的三个不变　167
学会与小人共存　172
等待，本身就是一种积极行动　174
人们总是低估做成一件事情需要的时间　176
志在必得者死　184

昭襄王五十二年（丙午，公元前255年）

1 河东郡守王稽，因为跟诸侯勾结，斩首弃市。应侯日夜不安。

【胡三省曰】

王稽是范雎推荐的，如今被处死。之前他举荐的郑安平，又在战场上投降了赵国。所以他身上已经背了两条罪。

秦王在朝堂上叹气。应侯问原因。秦王说："武安君白起死了，郑安平、王稽又都叛变。内无良将而外多敌国，我非常忧虑！"应侯听了，心中恐惧，又拿不出办法来。

燕国人蔡泽得到消息，于是西行来到秦国。先派人向应侯宣称："蔡泽是天下雄辩之士，他见了秦王，一定对你不利，要夺你的相位。"应侯怒，派人去把蔡泽召来。蔡泽见了应侯，态度非常倨傲。应侯不快，说："听说你宣称要代我为相，让我听听你的说法吧！"蔡泽说："啊！你醒悟得太晚了！春夏秋冬，四时更替，各成其功而相更替，成功者就要急流勇退。您没看见秦国的商君、楚国的吴起、越国的文种，他们的结局是您希望有的吗？"应侯说："有何不可！这三位，都是尽忠尽义的表率，君子杀身以成名，死而无憾！"蔡泽说：

"人要立功,难道不也期待保全自身吗?身名俱全为上,成名而身死者为次,身全而名裂者为下。商君、吴起、文种,为人臣而能尽忠,能成功,那是了了心愿。那闳夭、周公,不是更加成功还成圣吗?您是想做商君、吴起、文种呢?还是做闳夭、周公呢?"应侯说:"好!"蔡泽又说:"您觉得您的君上,他的宽厚念旧,与秦孝公、楚王、越王相比如何?"应侯说:"不知道。"蔡泽问:"您的功勋跟商君、吴起、文种相比又如何呢?"应侯说:"不如。"蔡泽说:"那你还不急流勇退,恐怕你的灾祸比这三人还大吧!俗话说:'日中则移,月满则亏。'进退早晚,与时变化,圣人之道也。如今您的大仇已报,恩德圆满,还想再进一步,又无计可施,我觉得您现在就已经处于险境啊!"

应侯被说服,把蔡泽举荐给秦王。秦王和蔡泽谈话,大为喜悦,拜为客卿。应侯则称病退休。秦王开始时喜欢蔡泽的策划,任命他为相国。过了几个月,又把他免职了。

2 楚国春申君以荀卿为兰陵县令。

荀卿,名荀况(就是著名的荀子),是赵国人,曾经和临武君一起,在赵孝成王跟前一起论兵。赵王问:"请问军事的关键?"临武君说:"上得天时,下得地利,后发先至,这就是用兵之要术。"荀卿说:"不对!我听说古人之道,用兵攻战的根本,在于'一民'(团结人民,上下一心)。弓和箭没有调和,那就是后羿也射不中,六匹马如果相互不配合,就是造父也跑不远,如果士民没有亲附主君,那就是商汤、周武王也不能战胜。所以,善附民者——善于得到人民拥护的,就是善于用兵的,所以用兵之要,在于附民而已。"

【华杉讲透】

荀况所论,是标准的《孙子兵法》。《孙子兵法》第一篇,就是论能不能战,比较了道、天、地、将、法五个方面。临武君讲的是后面几点,先讲了天时地利,说后发先至就是将领的本事了得。而荀况讲的是第一条——道。《孙子兵法》对道的定义,是"道者,令民与上同意也"。就是上下一心。上下一心,才能战,其他的,是后一步的事,所以用兵之要,先讲能不能用,再讲怎么用。要一民、附民,民心可用,军队才可用。

临武君说："不对！兵之所贵，势利也，在于制造形势，逼着人趋利避害，所行的都是变诈之事。所以，善于用兵之人，恍惚神秘，敌不可测，不知道他会从什么地方冲出来。孙子、吴起就是用这套办法，无敌于天下，哪里还需要等待人民亲附了才能作战呢？"

【华杉讲透】

临武君说的，也是《孙子兵法》的内容，《孙子兵法》有《势篇》，说："故善战者，求之于势，不责于人。"人都是趋利避害，你只要制造出那形势，有那机制，啥人都能战。比如置之死地而后生，你把他们撵到那绝境里去，必死的形势和求生的欲望，会让一个平时懦弱的人，也变成亡命徒去战斗。

所以，荀况和临武君讲的，是不同维度、不同层面的兵法，并没有矛盾。荀况讲的是发动战争之前的事，临武君讲的是战争中的事。如果用克劳塞维茨的话说："战争是政治的延续。"那么荀况讲的是政治，临武君讲的是战争。

荀况说："不对！我所说的，是仁人之兵，王者之志。您所称道的，是权谋势利。仁人之兵，是不可以使诈的。那些能被你的诈术对付的，都是他自己粗心怠慢，防备不周，或者君臣上下之间离心离德的。所以说，如果双方都是桀纣之君，以桀诈桀，那还可以侥幸。如果桀去诈尧，那就是以卵击石，就是把手指伸进滚水里，就是身赴水火，进去就被烧焦淹没了。所以说仁人之兵，上下一心，三军同力，臣之于君，下之于上，就像子之事父，弟之事兄，就像手臂要保护头部和眼睛，要保护胸腹。你用诡诈去袭击他，就像先警告他然后再攻击一样，有什么用？况且这仁人治十里之国，就有百里的眼界耳目；治百里之国，就有千里之眼界耳目；治千里之国，就有全天下的眼界耳目，聪明警戒，团结一致，谁诈得了他呢？所以这仁人之兵，集结起来，就是勇猛的团队；分散开来，就成整齐的行列；延伸时，就像莫邪的长剑，碰上它就要被斩断；短兵相接时，就像莫邪的利锋，遇到立即死亡；平时筑营扎守，坚如磐石，谁胆敢上去冲撞，也是撞坏自己而退。反过来，那些暴虐之国的国君，谁肯为他作战呢？他能带领的，也只能是他的人民吧！而他的人民，对我欢喜如父母之亲爱，喜好如椒兰之芬芳，对他自己的国君，反而像将要被处以黥刑的人看见烙铁，像一个被迫害的人看见压制他的仇人。人之常情，就算他是暴君夏桀、大盗柳下跖那样的人，又岂肯为他痛恨的人作战，而伤害他所喜欢的人呢？这就像你要孩子去攻打他的父母一样，他一定会来向我国报告他们的阴谋，那他还能对我们使什么诈术呢？所以仁者执政，国家日渐光明，其他诸侯各国，先归顺的能安定，后归顺的有危险，和他对抗的会削弱自己，反叛他的会灭亡。《诗经》上说：'武王高举旗帜，手持斧钺，如火烈烈，谁敢阻遏。'就是这个意思。"

赵王、临武君说："先生说得有道理，请问王者之兵，应该用什么样的机制，又如何运用呢？"

荀况说："国君贤能，国家就治理得好；国君无能，国家就会乱；尊崇礼义，国家就治理得好；不讲礼义，国家就会乱。治理得好的国家就强，内乱的国家就弱，这是强弱的根本。在上位的人有威信，就可以驱使百姓；在上位的人没威信，民心就不可用。百姓可用的就强，不可用的就弱，这是强弱的常理。

"如今各国的赏罚机制，齐国注重个人技击，凡斩得一颗人头，政府出钱购买，给赏金。而不论这一仗是打胜还是打败，都按人头给钱，仗打赢了，斩首少的，奖金就少。仗打败了，那斩人头多的士卒，照样领赏。这样的军队，碰上敌人弱的，都冲上去斩人头跟抢钱一样；遇到强敌，看看没钱赚，就一哄而散了。就像飞鸟一样，只会各自逞能，这是亡国之兵，不过是在街上招募的一群打手而已，没有比这更弱的军队了。

"魏国呢，注重选拔武卒，通过考试，选那身体条件好的武勇之士，穿上上身、大腿、小腿三重盔甲，还能拉开十二石的强弓劲弩。身背五十支羽箭，扛着长枪，头戴铁盔，腰悬宝剑，自己背着三天的干粮，一天还能行军一百里。一旦通过考试，政府就免除他家的赋税徭役，配给好的耕地和住宅。但是，几年之后，他的体力开始衰退，已经免除的赋税，不能再征收；已经给出去的田宅，不能再收回，重新选拔，也不能改变这个政策。所以魏国土地虽大，征兵越多，税收越少，这是危国之兵，军队越多，国家越危险。

"再看秦国，秦国地势险恶，政府对人民非常残酷，让他们隐蔽于险恶的地势，胁迫驱使他们作战，战胜则赏功，战败则刑罚，人民要想改善自己的生活环境，只有战斗杀敌一条路。功劳和赏赐成正比，只要砍下敌人五个人头，就可以成为五甲之首，管辖五家人家。这是最为长久强盛的机制。所以秦国自从采取这个政策以来，经历四代君主，而有今日之强。这不是运气，而是必然的。

"所以，齐国的技击，敌不过魏国的武卒，魏国的武卒呢，又敌不过秦国的锐卒。但是，秦国的锐卒，敌不过齐桓公、晋文公的节制之师。齐桓、晋文的节制之师呢，又不能阻挡商汤、武王的仁义之师，碰上就是以卵击石。因为各国培养的都是追求名利的将领和战士，打仗就像当雇工或做买卖，没有谁敬爱他的君王而愿意效死，安于制度而自不逾越，节于礼义而心中没有杂念。诸侯各国中，如果有一国能微妙地理解这种仁义的原理和精髓，并加以运用，那其他国家就危险了。所以招募也好，选拔也好，奖惩激励也好，都是功利至上，把势诈功利渐渐习染成俗。而利义教化，是齐民之道，让人民团结一心。以诡诈对付诡诈，还有巧有拙，能比试比试；以诈遇齐，就是以诡诈对付团结，那就是拿一把锥刀去戳泰山了。所以商汤诛桀，武王诛纣，从容进军，暴君的人民都愿意协助，诛杀桀、纣，就是诛他一个孤家寡人，独夫民贼罢了。《泰誓》说'独夫纣'，就是这个意思。所以，士兵能大齐，团结一心，就能王天下，小齐，程度低一点呢，也能制服邻国。那些招募选拔、激励奖惩、崇尚功利的军队，则胜败无常，有时扩张，有时收缩，有时救亡，有时覆灭，互争雌雄，起落不定，这叫'盗兵'，跟强盗一样，君子不走这条路。"

【华杉讲透】

荀子所论，用现在的话说，是团队和团伙的区别，团队有愿景，有价值观，有理想，有文化，有爱。团伙就只有岗位职责和激励机制。战国各国，都是武装团伙。

赵孝成王、临武君说："很好！请问将领又怎么选拔呢？"

荀况说："知莫大于弃疑，行莫大于无过，事莫大于无悔，事至无悔而止矣，不可必也。"

【华杉讲透】

荀子这段话，非常精彩，非常本质，特意留下原文，仔细讲解一下。

知莫大于弃疑——最大的智慧，就是不用疑谋，不用什么奇谋巧计。很多人对兵法的误解，就是奇谋巧计，但是，你用奇谋巧计，别人也用奇谋巧计，大家互争短长，互有胜败而已。遇上一个不用奇谋巧计、坚如磐石的，你弄啥也没用，像荀子说的，那是用锥刀去戳泰山。普鲁士军事家克劳塞维茨在他的名著《战争论》中也说：打仗不靠复杂的巧计，靠简单直接的动作。因为准备复杂的巧计需要时间，而在你的准备过程中，如果对方先简单地来那么一下子，优势就转到他那一边了。所以，与其靠复杂的巧计胜过对方，不如在简单直接上始终走在敌人前面。克劳塞维茨甚至不赞成佯动和迂回，他说佯动的兵力如果少吧，不痛不痒没什么用，如果大呢，大兵力没法佯动，是真动。战略迂回呢，他说拿破仑从来没有搞过战略迂回，都是直来直去，猛打猛冲。

<u>行莫大于无过</u>——最了不起的行动，不是一举成功，而是从不犯错。<u>事莫大于无悔</u>——做事的原则，是一经决定，就不会后悔。不后悔，说明没有侥幸心理，事至无悔而止，决策的时候，决策到只能这样，不管什么结果我都不后悔就行了，因为你不可以期待必胜。

无过和无悔，就是没有反复。最高的效率，不是你动作快，而是从不返工；最快的进步，不是你学得快，而是从不退步。谁能做到每一步都是前进呢，往往走着走着又倒退了，前功尽弃。

无悔，还有一个原理，就是《孙子兵法》说的，胜可知而不可为，你可以知道有没有胜算，有多大胜算，但是没有胜算的事，不可强求，你不能说你一定会胜利。所以，"善战者，能为己之不可胜，不可使敌之可胜，不可胜在己，可胜在敌"。我们能做的，只是自己修道保法，立于不败之地，我们管不了别人，不能说一定能战胜他。我自己立于不败之地，那是我可以说了算，可以安排好的。敌人什么时候可以被打败，那得看他的情况。他如果也搞得好好的，那咱们相安无事，他如果自己作死，那咱们就赶紧冲上去帮忙，这叫"不失敌之所败"——他露出败相的时候，我不要错过机会。

荀子说的无悔，不是豁出去了，败了也不后悔，而是把事情安排在可接受的范围内，不出这个范围，所以叫"事至无悔而止矣"。

不出这个范围，就是不要有侥幸心理，就是"无悔而止，不可必也"。不可必，是儒家的价值观，不可"期必"，你不能期待结果一定会怎样。一期必，你就容易贪巧求速，就要拔苗助长，就要侥幸冒险，就出疑谋奇计，就会犯错，就会后悔。

这里有一种"消极的智慧"，在很多情况下，我们都是消极的，不是积极的。<u>消极是知道自己的极限和能力边界，是一种谦卑和敬畏</u>。积极呢，就什么都想搞定，就会贪巧求速，就会上当受骗。"无悔而止，不可必也"，就是不追求最好的结果，确保那最不坏的。止于至善，就是止于最不坏。你想象中那个最好的，客观上不存在。

荀卿接着说："为将者要做到六条：第一，制定号令，要严厉并且有威信；第二，赏功罚罪，要确实而有信用；第三，阵地营垒，粮秣财物，要周密严固，让敌人不能陵夺；第四，调动行军，无论挺进还是撤退，都保持秩序，安稳而迅速；第五，派出斥候侦察敌人，一定要深入到敌人内部，甚至和敌军队伍相参，直接探听到他们的消息；第六，和敌人遭遇决战，一定打有把握的仗，不要在情况不明时作出决策。这六条，叫六术。

"另有五条：第一，不要我喜爱他就任用他当将领，不喜欢的人就不用；第二，不要打了胜仗就疏忽怠慢，忘了随时可能再被敌人反击打败；第三，不要对内威严，对外轻忽；第四，不要只见其利，不顾其害；第五，凡考虑问题，一定要成熟，凡使用财物，一定要宽裕。这五条，叫五权。

"又有三条，将在外君命有所不受，有三种情况：第一，宁愿被处死，也不可听上级命令而把部队带到不安全的险境；第二，宁愿被处死，也不可听上级命令出战去打不可能打胜的仗，导致全军覆没；第三，宁愿被处死，也不可听上级命令而伤害平民百姓。这三条，叫三至。

"受命于君王，上任为主将，率领上、中、下三军，三军既定，各级将校尉官各就其位，粮秣军械财物各得其正，则君王的赏赐不能让他喜悦，敌人的挑衅不能让他愤怒，心中有主见，外物不能动摇，这就叫至臣。

"任何事情，都实现谋虑周全，保持敬畏，慎终如始，始终如一，这就叫大吉，没有覆败之祸。凡事能成功，总是因为他一直保持敬畏谨慎，失败呢，总是因为轻忽懈怠。所以，敬畏心始终压倒懈怠心的，就是吉兆；懈怠心压倒敬畏心的，就是凶兆；保持敬畏，谋划周详，克制自己求胜的欲望，不存任何侥幸心理。计胜欲则从，欲胜计则凶，谋划定计超过欲望的，就可从心所愿；欲望超出了谋划定计的范围，就是凶兆。战时如防守，行军如作战，战胜了也不骄慢，只当那是运气。要敬谋、敬事、敬吏、敬众、敬敌，保持敬畏，小心谋划，不可懈怠；敬慎行事，任何大事小事都不懈怠；敬自己的部下官吏，不可对他们怠慢；敬自己的士兵，不能自己高高在上；敬敌人，一分一秒也不懈怠。这五个敬，叫'五无旷'——五个不懈怠。

"谨慎地遵循以上我说的六术、五权、三至，再处之以恭敬、无旷，这就是天下之将，与神明相通了。"

【华杉讲透】

荀子讲的将道，核心在一个"敬"字，保持敬畏心，小心谨慎，谋划周详，在基本面上保持不败。兵法的关键不在于胜，而在于不败。败的一方，总是因为自己先犯错，被对方抓住了他的错误，他就败了。军事上不能试错，因为试错成本太高，试不起。所以，计胜欲则从，欲胜计则凶，绝对不可侥幸。侥幸是人性的大弱点，人们愿意相信一些事情，其实不过是因为自己希望那是真的。要杜绝侥幸心理，相信成功是偶然的，失败是必然的，这样才能带兵打仗。

临武君说："好！那么，再请问王者之师的军制呢？"

荀卿说："将死鼓，御死辔，百吏死职，大夫死行列。为将者，建棋摇鼓以令三军，不可弃鼓而奔，死也要死在那鼓旁；驾战车的，不可抛弃缰绳而逃，死也要抓住缰绳；各级军吏呢，就死在你的职位上；士大夫就死在行列之中，绝不弃职而逃。听到鼓声就前进，鸣金收兵就撤退，一切行动听指挥。服从命令最重要，夺取战功则次之。没有命令你前进你就前进，与没有命令你撤退你就撤退同罪。不杀老弱；不毁坏庄稼；不战而退的，不去追杀他；负隅顽抗的，格杀勿论；奔走来投降的，不要囚禁他。凡诛杀，不是诛杀百姓，而是诛杀那些乱百姓的乱贼；而百姓中如果有为虎作伥的，那也是民贼了。顺我者生，逆我者亡，奔走逃命的给予赦免安置。所以，当初武王伐纣，微子曾经是向纣王进谏的忠臣，武王就将他封为宋国的国君。而曹触龙是谄谀纣王的奸臣，武王就把他斩首于军中。对于商朝归服的百姓，一律给予国民待遇，和周国百姓一样。所以近处的人民，欢欣喜悦，讴歌而乐之；远方的百姓，跌跌撞撞来投奔，无论多么落后偏僻的国家，都安心快乐地做周朝的属民，乐于听周朝的命令，四海一家，凡能通达之处，人民莫不服从，这就叫'人师'。《诗经》上说：'自西自东，自南自北，无思不服。'就是说这情况。王者之师，只有诛杀，没有战斗，无需发动攻城，也不用对阵血战，我大军抵达，敌军上下欢喜庆祝，不屠城，不偷袭敌营，不劳师过久，动员军队，不超过农闲时期，就顺利结束战争。为什么呢,因为敌国百姓都痛恨他们的国君和政治,盼着我们的军队来解放他们。"

临武君说:"说得好!"

陈嚣问荀卿说:"先生论兵,总是以仁义为本,仁者爱人,义者循理,那为什么还要谈兵呢?凡事兴师动众,都是为了争夺利益嘛!"

荀卿说:"这真不是你能理解的了。仁者爱人,爱人,就痛恨那害人的坏蛋;义者循理,循理,就痛恨那乱理的奸人。军队,是用来除暴安良的,不是用来争夺利益的。"

【华杉讲透】

陈嚣一句提问,荀子鸿篇大论,全都对牛弹琴了。这是理念和价值观的差距,战国君臣心中,只有利益争夺,没有王道理想,结局就注定了。

3 燕孝王薨,子姬喜继位。

4 周国人民不愿意做秦国人,向东逃亡。秦国人把周朝国宝重器搬走,又把西周公迁到惮狐聚(古代村落地名)。

5 楚王把鲁国迁到莒,占领鲁地。鲁国灭亡。

昭襄王五十三年(丁未,公元前254年)

1 秦将摎伐魏,攻取吴城。韩王入秦朝见。魏国则举国归附秦国,接受秦王命令。

昭襄王五十四年(戊申,公元前253年)

1 秦王在雍行天子祭天之礼,祭祀上帝。

2 楚国又迁都，迁到钜阳。

昭襄王五十五年（己酉，公元前252年）

1 卫怀君到魏国朝见，魏国人把他抓起来杀了，立他的弟弟为卫元君。卫元君是魏国女婿。

昭襄王五十六年（庚戌，公元前251年）

1 秋，秦王薨。秦孝文王继位，尊唐八子为唐太后，以子楚为太子。赵国将子楚的妻子儿子送回。韩王穿着丧服入祠堂祭奠。

2 燕王姬喜派粟腹去赵国结交友好关系，还送了五百金给赵王做酒钱。粟腹回来报告说："赵国青壮年都在长平之战死光了，剩下的小孩都还没有成年，可以攻打赵国。"燕王一听来了精神，召昌国君乐闲来商量。乐闲说："赵国是四战之国，人民习于争战，不可伐。"燕王说："我用五倍兵力打他。"乐闲说："还是不行。"燕王发怒。而群臣都认为有机会，可伐。于是兴兵两千乘，大概一万五千人军队，兵分两路，由粟腹攻打鄗城，卿秦攻打代城。将渠进谏说："本来派使臣去跟人交好的，还送人五百金酒钱，使臣回来报告说人家虚弱，突然又要攻打人家。这是不祥之事，肯定是无功而返啊！"燕王不听，还要亲自出征，自己再带一支军队跟着准备扩大战果。将渠拉着燕王佩挂印信的绶带，不让他走。燕王拿脚踢他。将渠哭着说："我不是为了自己，是为了大王您啊！"燕军到了宋子县，赵国以廉颇为将，逆击燕军，败粟腹于鄗城，败卿秦、乐乘于代城。燕军败逃，廉颇一路追击五百里，包围了燕国首都蓟城。燕国请和。赵国说："必须将渠来谈。"于是燕王任命将渠为相国，主持和议，赵军才撤军。

3 赵平原君卒。

【华杉讲透】

燕王姬喜，就是一个战国国君的典型标本，贪婪、愚蠢、不义、无耻、短视、盲目、侥幸。

孝文王元年（辛亥，公元前250年）

1 冬天，十月，孝文王继位，三天就去世了。子楚继位，是为秦庄襄王，尊华阳夫人为华阳太后，尊生母夏姬为夏太后。

2 燕国一位将领（姓名不详）攻打齐国聊城，成功占领。有人向燕王进谗言说，这位将领将自拥聊城。燕将害怕，不敢回燕国，只好在聊城固守。齐国田单攻打他，一年多也攻不下来。鲁仲连就写了一封信，用箭射进城去，陈述利害说："我为您打算，不是归燕，就是归齐，如今您固守孤城，齐国不断增兵，而燕国救兵不至，您准备怎么办呢？"燕将读了信，痛哭三天，不能决断，回燕国吧，已经有了嫌隙；投降齐国呢，之前杀戮太多，血债难还，怕投降之后受辱。最后悲叹说："与其被人杀，不如自杀！"于是自杀了。主将一死，城中混乱，田单乘势攻克聊城。回国后，田单向齐王推荐鲁仲连，要封他爵位。鲁仲连避而不受，逃到海岛上，说："与其身享富贵，而屈人之下，我宁愿贫贱而轻视世事，自在自我。"

魏安釐王问子顺天下还有什么高士。子顺说："现在没有这一类人了，如果退一步说，鲁仲连算一个吧！"魏王说："鲁仲连也是勉强装出来的，不是天性自然。"子顺说："人都是做出来的，如果他始终坚持这样做，从来没有变过，那就是君子。始终坚持，从不改变，就习惯成自然，就是天性自然了。"

【华杉讲透】

君子的表现，有三个不变：一是他的观点、立场始终不变，二是他始终坚守做事的原则，三是他做的事情一直坚持在做。这三条，鲁仲连都符合。魏安釐王要找高士，找出一个，他又不服，说人家"装"，这也是一种原型人物的典型话语——把对别人要求的标准无限拔高，好像那是他自己做人的标准似的，其实他自己什么都不准备做。他若能知行合一，切己体察，对照自己想一下，别人做的这些，自己能不能做到，他就不会这么轻佻地说话了，以至于还被写进史书里，示众三千年，让大家引以为戒。

还有一条，就是俗话说的："不服高人有罪。"不服就是罪，因为你不学习。

庄襄王元年（壬子，公元前249年）

1 吕不韦为相国。

2 东周君与诸侯共谋伐秦。秦王派相国吕不韦率师讨灭之，把东周君流放到阳人聚。周朝的祖先祭祀至此就断绝了。东周亡的时候，还剩有七个城邑：河南、洛阳、榖城、平阴、偃师、巩、缑氏。

3 以河南洛阳十万户，封相国吕不韦为文信侯。

4 蒙骜伐韩，占领成皋、荥阳，设置三川郡。

5 楚灭鲁，迁鲁顷公于卞，贬为平民。

庄襄王二年（癸丑，公元前248年）

1 发生了日食。

2 蒙骜伐赵，占领榆次、狼孟等三十七座城池。

3 春申君对楚王说："淮北之地与齐国接壤，军情紧急时难以应对，请在江东设置郡县，作为我的封地，也作为战略腹地。"楚王同意了。于是春申君在吴国旧都姑苏的废墟上建设新城，宫室极为壮盛。

【胡三省曰】

宫室，四面穹隆为宫，储藏财物曰室，室就是实，殷实。春申君为楚相，楚弱而秦强，不能为国谋，而是营建自己的都邑而盛其宫室，何足道也！

庄襄王三年（甲寅，公元前247年）

1 王龁攻上党诸城，全部占领，设置太原郡。

2 蒙骜率师伐魏，占领高都、汲。魏国军队屡战屡败，魏王忧虑，派人去赵国请信陵君回国。信陵君还担心之前窃符救赵、斩杀晋鄙的事被问罪，不敢回去，对门客们说："有敢与魏国使臣来往的死罪！"宾客都不敢进谏。毛公、薛公见信陵君说："公子您之所以为诸侯各国所看重，是因为有魏国啊！如今魏国有难而公子见死不救。一旦大梁被秦军攻克，先王之宗庙被夷平，公子还有什么面目立于天下呢？"话没说完，信陵君脸色大变，火速回国。魏王拉着信陵君的手，泣不成声，拜为上将军。信陵君派人求援于诸侯。诸侯各国听说信陵君重新出任魏国大将，都派兵救魏。信陵君率领五国联军，在黄河以南打败蒙骜，蒙骜逃走。信陵君一直追到函谷关，然后才还师。

安陵人缩高之子在秦国做官，秦国派他把守管城。信陵君攻管城，久攻不下，派人对安陵君说："你把缩高给我送来，我任命他为五大夫，担任执符节的军尉。"安陵君说："安陵，是一个小国，我说话缩高也不一定听，请您的使者自己去请吧。"于是派官吏带信陵君的使者到缩高家。缩高说："信陵君这么看得起我，是要派我去攻打管城吧！儿子把守，父亲去攻打，这是为人所耻笑了；而如果我的儿子看见是我攻打就投降呢，那又是他背叛主君，父亲教儿子背叛，也不是信陵君所愿意见到的事吧！希望您帮我推辞！"使者回去向信陵君汇报。信陵君大怒，派使臣到安陵君处说："安陵本来也是魏国国土，魏襄王封给弟弟的。如今我攻管城而不下，那么秦军就会攻打我，魏国社稷就危险了。希望您把缩高给我捆来。如果不来，我十万大军将到安陵城下！"

安陵君说："我的先主成侯，受诏于襄王，以守此城，当时襄王亲手授予魏国宪章，宪章上篇说：'臣弑君，子弑父，常法不赦。就算国家有大赦，那举城投降和逃亡之子，也不在其中。'如今缩高辞掉官位，以保存父子之义，而您说：'一定要把他抓起来。'这是要我负先王之诏而违背魏国宪章，我就算死，也不敢听从。"缩高听说后，说："信陵君的为人，凶悍勇猛，刚愎自用，我已经保全了自己的父子之义，又怎么能违背君臣之义呢？我不能让我的主君被魏国攻打啊！"于是自己到使臣馆舍，刎颈而死。

信陵君听说后，深受震动，身穿缟素，不住正堂，派使者向安陵君谢罪说："无忌是个小人，困于自己的焦虑，向您乱说话，请再拜辞罪！"

【华杉讲透】

这是一个道德困境，也是一个价值观问题。缩高到底应该怎么做，缩高之子又应该怎么做呢？我们可以用《孟子》的一段话来做一个讨论：

> 桃应问曰："舜为天子，皋陶为士，瞽瞍杀人，则如之何？"孟子曰："执之而已矣。""然则舜不禁与？"曰："夫舜恶得而禁之？夫有所受之也。""然则舜如之何？"曰："舜视弃天下犹弃敝蹝也。窃负而逃，遵海滨而处，终身䜣然，乐而忘天下。"

弟子桃应问："舜为天子，皋陶是法官，假设舜的父亲瞽瞍杀了人，皋陶应该怎么办？"

孟子说："那当然是把他抓起来。"

桃应问："那舜不能阻止他吗？"

"舜怎么能阻止呢？皋陶是按职责办事，皋陶所执之法，是有所传授的先王法典，不是可以私意废除的，舜虽然贵为天子，也不能以天子之命，废天下之公义。"

"那舜应该怎么办呢？"

"舜应该抛弃天子之位，就像抛弃一只破鞋一样，然后偷偷背负父亲逃走，跑到天涯海角住下来，一辈子欣然自乐，把曾经做过天子的事忘掉。"

这是儒家价值观，家庭优先，家国不能两全时，顾家。你不能叛国，但是你可以不参与。所以缩高不参与，而缩高之子，不应该害死他的父亲，他也应该带着父亲，都逃隐了吧。

秦王派人带了万金去大梁，离间信陵君，找到当初被杀的晋鄙的宾客，让他对魏王说："信陵君流亡在外十年了，如今回国为将，诸侯都听他号令，天下人都只知道有信陵君，不知道有魏王啊！"秦王又屡次派人去向信陵君道贺："先生当上魏王没有？"魏王每天都听到各种诋毁谗言，不能不信，于是派人收取了信陵君的将印。信陵君知道自己又中了离间计，于是称病不朝，日夜以酒色自娱自戕，只求速死，过了四年就死了。韩王准备亲自来吊祭，信陵君的儿子觉得很荣耀，告诉子顺。子顺说："你应该根据礼节加以辞谢！邻国君主来吊祭，这应该是国君做主的事，不是你自己可以接受的。现在国君并没有命令你接受韩王吊祭，你就不能接受。"信陵君之子于是辞谢韩王。

【华杉讲透】

行有不得，反求诸己。干活的人被诋毁，有家破人亡之祸；而你不干活，每日花天酒地，反而能得到君王的欢心。信陵君应该认识到，这是合理的，游戏规则就是这样。你若想干活，就得有本事对付这些事。之前我们看到，齐国的田单，他就做到了，田单的功高震主，远甚于信陵君，齐王的昏庸，恐怕也不亚于魏王。但是田单一方面有对付小人的人事安排，有预案；另一方面也有袒身请罪，让齐王安心的表现。信陵君之败，还是在于他的出身太高贵，不能不把自己当回事，又如缩高说的，为人悍猛而自用，那么，他这样的人，太容易被离间计解决了。而且悍猛之人，没有韧劲，容易自暴自弃。

当然，责任主要在魏王。但是，怪魏王有用吗？

3 五月二十六日，秦王薨。太子嬴政继位，当年十三岁，国事都由文信侯吕不韦决定，号称"仲父"。

4 之前秦国攻下的晋阳，发生了反叛。

始皇帝元年（乙卯，公元前246年）

1 蒙骜平定晋阳叛乱。

2 韩国想到一条计策，让秦国民疲财尽，无力东伐，就派水利工程师郑国到秦国做间谍，向秦国献计，在仲山开凿水渠，引泾水沿着北山注入洛水。工程进行到一半的时候，阴谋被发觉。秦国人要杀掉郑国。郑国说："我的所作所为，可以为韩国延长数年寿命，但功成之后，也是秦国万世之利啊！"于是让他继续主持工程，用淤泥浊水灌溉盐卤地，得肥田四万多顷，一亩田可收获六斛四升，关中更加富饶。

始皇帝二年（丙辰，公元前245年）

1 秦国麃公率军攻打魏国卷城，斩首三万。

2 赵王以廉颇为假相国，有相国之名而无相国实权，率师伐魏，攻取繁阳。

赵孝成王薨，子悼襄王继位，派武襄君乐乘去代替廉颇，廉颇大怒，直接出兵攻打武襄君。武襄君走避。廉颇也在赵国待不下去了，投降魏国。在魏国待了很长时间，魏王并不信任他。赵国这边呢，总是被秦国打败，赵王又想念廉颇了。廉颇也想回赵国。于是赵王派使者去看廉颇还能用不。廉颇的仇人郭开，重金买通使者，让他诋毁廉颇。廉颇见了使者，一顿饭吃了一斗米，十斤肉，披甲上马，以示可用。使者回报赵王说："廉将军虽老，饭量还很大。只是和我坐在一起，一会儿就上了三次厕所。"赵王于是认为廉颇老了，不再召他回来。

楚国听说了，秘密派人去把廉颇接到楚国。廉颇做了楚将，无法建立功勋，说："我思念能用赵国士卒！"最后，在寿春逝世。

【华杉讲透】

廉颇还是受不了委屈，之前不服蔺相如，如今又不服乐乘，不服到了直接发动内战的地步，太骄横了。著史读史者，都称颂忠臣，贬斥小人，告诫君王要亲贤臣，远小人。但是，小人是永恒存在的，不是你能解决掉的，出了问题骂小人，没有用。必须要求自己，学会与小人共存。如果认为自己有功、有理，就可以任性，又怎能说是忠臣？

始皇帝三年（丁巳，公元前244年）

1 发生了大饥荒。

2 蒙骜伐韩，攻取十二座城池。

3 赵王派李牧为大将，伐燕，攻取武遂、方城。

李牧是赵国北部边境的良将，曾经驻守代、雁门，防备匈奴，有权自己任命官吏，赋税收入不用上交中央政府，直接给边防将军幕府做军费。李牧每天都宰几头牛给士兵吃，操练骑马射箭，设置烽火台，大量派出间谍，但是，就是不出战。规定说："匈奴如果入侵，即刻收拾畜产财物，进入堡垒固守，有敢出战者斩！"

如此，匈奴每次来，都早早地看见烽火，全部进堡垒不战，也不损失畜产财物，这样过了好几年。匈奴都认为这任边将胆怯，连赵国边防军也觉得我们李将军有点胆怯。赵王生气责备他，李牧一如既往，还是不战。赵王怒，派人把他给撤换了。

新将上任一年多，屡次出战，边境战报络绎不绝，都是失利，人畜财物损失很多，边境不得安宁，种田放牧都没法搞了。

赵王只得再去请李牧出山。李牧称病不出。赵王强迫他重任旧职。李牧说："一定要用我，那我还是过去的老办法，您同意听我的，我就干！"赵王同意了。

李牧回到边关，一切照旧，匈奴又是好几年没仗打，也没东西抢，都认为赵牧胆怯。赵军这边呢，边关将士，成天领赏，却没有什么战功，都憋足了劲想要一战。于是李牧精选战车一千三百辆，战马一万三千匹，能擒敌杀将的骁勇之士五万人，弓箭手十万人，训练精良，准备出战。先大纵牧人和牛羊，漫山遍野都是，匈奴先来了小队人马试探，李牧假装战败，让他们俘虏了几十个人。单于听说了，倾巢出动来抢掠。李牧多设奇阵，大张左右两翼攻击，大破匈奴军队，斩杀匈奴十余万骑兵，乘胜追击，攻灭襜褴，击破东胡，林胡投降，单于远遁，十几年都不敢接近赵国边境。

【华杉讲透】

李牧之计，在于一战而定。战斗的目的，不在于战胜，而在于平定，在于取得和平。战而不定，则战斗无意义，徒自损兵折将，耗费钱粮。要一战而定，就要创造一战而定的条件，条件不成熟，就不战。所以说，兵法首先不是战法，而是不战之法；不是战胜之法，而是不败之法；不是以少胜多之法，而是以多胜少之法。李牧数年不战，那也是数年不败，毫毛无损，这有什么问题呢？但是赵王就认为这是问题，这是"不作为"。很多人不理解，等待不是不作为，等待本身就是一个重要的积极行动。不能等，是一种焦虑，一焦虑，就乱动作。吃了亏，才想起不如不动。

开始的时候，天下冠带文明之国有七个，其中秦、赵、燕三个国家与戎狄野蛮部落接壤。秦自陇以西有绵诸、绲戎、翟、獂，在岐山、梁山、泾水、漆水之北有义渠、大荔、乌氏、朐衍；而赵北有林胡、楼烦；燕北有东胡、山戎。

这些野蛮部落，各自分散居住在溪谷中，各有君长，往往一百多个部落聚集在一起，却没有一个共同的领袖。其后，义渠开始修筑城池，而秦国开始逐渐蚕食义渠。到秦惠王的时候，攻占义渠二十五座城。秦昭王的时候，宣太后引诱义渠王到甘泉，将他杀死，接着发兵攻打义渠。义渠灭亡。于是秦国开始在陇西、北地、上郡修筑长城以抵御胡人。

赵武灵王北破林胡、楼烦，从代郡经阴山南麓，直到高阙，修筑长城，设置要塞。又设置云中郡、雁门郡、代郡。

其后燕将秦开在东胡做人质，东胡很信任他。秦开回国后，率军攻击东胡，东胡大败，向北撤退一千余里。燕国也修筑长城，从造阳一直到襄平。也设置郡县，设置上谷郡、渔阳郡、右北平郡、辽东郡，以抵御胡人南侵。

到了战国末年，匈奴才开始强大起来。

始皇帝四年（戊午，公元前243年）

1 春，蒙骜伐魏，攻取畼、有诡。三月，才开始撤退。

2 秦国在赵国做人质的王子返回秦国。赵国太子在秦国做人质,也返回赵国。

3 七月,秦国发生蝗灾,又发生瘟疫。下令百姓缴纳一千石粮食的,拜爵一级。

4 魏安釐王薨,子景湣王继位。

始皇帝五年(己未,公元前242年)

1 蒙骜伐魏,攻取酸枣、燕、虚、长平、雍丘、山阳等三十城,设置东郡。

2 当初,剧辛在赵国,和庞煖是好朋友。剧辛后来到燕国做官。燕王后来见赵国总是被秦国攻打,廉颇走了,庞煖为大将,就想乘人之危,攻打赵国。问剧辛怎么样,剧辛说:"庞煖不行!好对付!"燕王于是以剧辛为将,攻打赵国。庞煖迎战,杀剧辛,俘虏燕军两万人。

3 诸侯各国都担心秦国攻伐不止。

【胡三省曰】
为明年合纵伐秦埋下伏笔。

【华杉讲透】
两条总结:
第一是重复前面讲的,兵法不是战法,是不战之法;不是战胜之法,是不败之法。燕王应该考虑的,是一个长期的战略,自己修道保法,立于不败之地,而不是看到有点战胜攻取的机会,就去打别人,只见其利,不见其害。两次要乘人之危攻打赵国,都搞得自己丢盔弃甲,还是不醒悟。
第二,若要合纵抗秦,合纵不是关键,关键还在于自己有一以贯之的战略,而不是指望"大家团结一心",只有你自己始终不变,最后大家才都团结在你周围。打仗永远不能指望"友军",要靠自己。

始皇帝六年(庚申,公元前241年)

1 楚、赵、魏、韩、卫五国合纵以抗秦,以楚王为盟主,春申君担任总指挥,攻取寿陵,直抵函谷关下。秦军开关迎战,五国军队全部败走。楚王归咎于春申君,从此疏远他了。观津人朱英对春申君说:"人人都认为楚本来是强国,在您领导下却变弱了,我却不这么看。先君在时,秦国与楚国交好,二十年没有攻打楚国,为什么呢?因为秦国如果取道黾阨塞攻楚,交通线十分不便;如果借道于东、西两周,越过韩、魏两国而攻楚,怕韩、魏抄他后路,更加不可。如今形势变了,魏国随时会灭亡,顾不上他的许邑、鄢陵,随时可能割让给秦国。到那时候,秦军距离陈丘就只有一百六十里。在我看来,秦国与楚国,很快就要短兵相接,交战不休了。"

楚国于是再次迁都,搬到寿春,命名为郢。春申君封到吴地,继续行使宰相职权。

【华杉讲透】

人们总是低估了做成一件事情需要的时间,总是一厢情愿,贪巧求速,拔苗助长,动作越快,失败就越快,自暴自弃就越快。合纵抗秦这件事,需要花多少时间呢?一百年积攒下来的问题,需要再花一百年吧。但是诸侯各国,不处理的时候,成天浑浑噩噩混日子;一发奋想起来要处理的时候,又想打一仗就灭了秦国。

再重复前面讲的道理:兵法不是战法,而是不战之法;不是战胜之法,而是不败之法。当诸侯各国终于醒悟,担心秦国吞并全天下之心——这本来是路人皆知的,他们一直装睡看不见罢了——然后终于决定不能坐以待毙的时候,首先应该是搞好自己国内政治,上下一心,保家卫国,然后训练军队,建立盟国互救机制。兵法云:"攻则不足,守则有余。"先守住,再图长远之计。而不是要合纵抗秦,就马上拼凑联军去打秦国,然后一触即溃,又放弃了。如果打一仗就能解决，这仗早就打了。而匆忙一战，结果只能是输掉所有人的信心。信心没了，一切都完了。

2 秦国攻占魏国朝歌，并攻陷卫国首都濮阳。卫元君率领他的部属迁居野王，凭借险要山势地形，保有魏国黄河北岸。

始皇帝七年（辛酉，公元前240年）

1 秦伐魏，攻陷汲。

2 夏太后薨。

3 蒙骜卒。

始皇帝八年（壬戌，公元前239年）

1 魏国把邺城割让给赵国。

2 韩恒惠王薨，子韩安继位。

始皇帝九年（癸亥，公元前238年）

1 秦伐魏，占领垣、蒲。

2 夏季，四月，秦国遭遇寒流来袭，百姓有冻死者。

3 秦王嬴政到故都雍县离宫暂住。

4 四月十七日,秦王二十岁,行加冠礼,开始携带宝剑。

5 秦国大将杨端和伐魏,攻取衍氏。

6 当初,秦王嬴政继位时年少,太后时常与文信侯吕不韦私通。随着秦王一天天成年,吕不韦担心私情败露,大祸将引向自己,于是把自己的随从嫪毐假装成宦官,进献给太后。太后宠幸嫪毐,还生了两个儿子,封嫪毐为长信侯,以太原为嫪毐的封地,政事都交由嫪毐决定。投奔嫪毐为宾客随从的人非常多。秦王左右有与嫪毐有冲突的,告诉秦王,嫪毐不是宦者。秦王大怒,下令把嫪毐交给有司治罪。嫪毐恐惧,矫诏用秦王御玺发动兵变,准备攻打秦王所居的雍县蕲年宫。秦王派相国昌平君、昌文君发兵攻打嫪毐,战于咸阳,斩首数百,嫪毐败走,被抓获。秋,九月,夷灭嫪毐三族,党羽皆以车裂之刑处死,并灭族。随从舍人罪轻者,流放到蜀的有四千多家。把太后迁居软禁到雍县萯阳宫,杀掉太后与嫪毐所生的两个儿子。下令说:"有胆敢来以太后之事进谏的,一律捅死,斩断四肢,堆到宫门外!"死者二十七人。齐国来的客卿茅焦上谒请谏。秦王派人对他说:"宫门外堆积的尸体你没看见吗?"茅焦说:"看见了,我听说天上有二十八个星宿,现在才二十七具尸体,我想来凑个整数!"使者回报秦王。茅焦的同乡青年,都赶紧收拾包裹逃亡,怕被连累。秦王大怒,咆哮说:"这人是故意来冒犯我的,哪能让他堆在宫门外,给我架起锅把他煮了!"

秦王按剑而坐,气得口吐白沫,派人召茅焦进殿。茅焦慢慢走进来,再拜谒起,说:"我听说有生命的人不忌讳讨论死亡,有国家的人不忌讳讨论国亡。忌讳讨论死,并不能让人得生,忌讳讨论亡国,也不能让国家得存。这生死存亡的道理,是圣主最急切想听到的,不知道陛下您想不想听呢?"

秦王说:"你说啥?"

茅焦说:"如今大王您有狂悖之行,自己不知道吗?车裂假父,又把两个弟弟装在布囊中摔死,就算是桀纣的暴行,也不至于此!天下人听说了,人心立即瓦解,没人再向往秦国了。我很为陛下担心!我的话说完了。"于是解下衣服,爬到刑台上,准备受刑。

秦王急忙走下殿来,亲手将他扶起,说:"先生请穿衣!我愿意听您的!"

于是封茅焦为上卿。秦王自己驾车，空着左边座位，去雍城离宫迎接太后回咸阳，母子感情和好如初。

【柏杨曰】

嬴政诛杀嫪毐，并不过分，嫪毐也算不上"假父"。茅焦的言论并没有说服力量，而只有激怒力量，竟然发生说服效果，让我们怀疑经过的真实性。

7 楚考烈王没有儿子，春申君很忧虑，找了很多看起来能生育的妇女献上去，还是没有儿子。赵国人李园想把他的妹妹献给楚王，听说楚王没有生育能力，担心时间长了会失宠，于是应聘去做春申君的随从舍人，然后一次请假回赵国探亲，故意晚了几天才回来。春申君问他。他说："齐王派人要娶我妹妹，与使臣饮酒，所以耽误了几天。"春申君问："下聘了吗？"李园说："还没有。"春申君于是把李园妹妹娶进自己府里去了。很快有了身孕。

李园教他妹妹对春申君说："楚王对您的宠幸，就算是亲兄弟也赶不上。如今您在楚国为相已经二十余年，而楚王没有子嗣。楚王百岁之后，就只能是他的兄弟们继位了。新君有他自己的亲信，您怎么还能继续掌权呢？不仅如此，您掌权这么久，身份尊贵，对楚王的兄弟们也多有失礼得罪之处。等他的兄弟继位了，您的祸事就来了。如今我刚刚怀孕，还没人知道。您把我献给楚王，他一定会临幸我。假如上天保佑，生了男孩，那就是您的儿子继位为楚王了。楚国就是您的了，和身临不测之祸相比，哪个好呢？"

春申君深以为然，马上把李园妹妹送回家，单独给她安排馆舍居住，隆重推荐给楚王。楚王召而临幸她，于是真的生了一个男孩，立为太子。

李园妹妹做了王后。李园也身份贵重起来，怕春申君泄露了他的阴谋，秘密结交亡命之徒，准备谋杀春申君灭口。这李园妹妹在春申君家一进一出的事，楚国人也有不少知道的。楚王病重。朱英对春申君说："世上有不期而至之福，也有不望而至之祸。如今您身处生死无常之世，事奉喜怒无常之主，怎么能没有应对这祸福无常之事的朋友呢？"

春申君问："什么是不期之福？"

朱英说："您在楚国为相二十余年，虽然名为相国，实际上您就是王。楚王如今生病，旦暮将死。一旦楚王薨逝，您辅佐幼主，继续执政。新王成年之后，您再还政于他。如果不想交权，干脆自己南面称孤。这不是不期之福吗？"

"那什么又是无望之祸呢？"

"李园贵为国舅，却不能掌权，那就是您的仇人了。他不负责军事，却长久以来秘密豢养勇士，那都是为您准备的。一旦楚王薨逝，他作为国舅，一定是第一个被召进宫中的。他预先布置，您再进去的时候，矫诏将您杀害灭口，这就是您的无望之祸。"

"那应对这祸福无常之事的朋友又是谁呢？"

"就是我啊！您安排我做掌宫廷门户的郎中。大王薨逝，李园进宫，我就先下手为强，把他杀掉！我就是您应对这无常祸福的朋友了。"

春申君不以为然，说："你把事情看得太严重了。这事不用你管。李园不过是个软弱无能的人，我又对他那么好，何至于此！"朱英知道春申君不听他的，害怕惹祸，逃走了。

过了十七天，楚王薨逝。李园果然先进宫，在寿春城棘门内埋伏死士，春申君毫无防备进门，伏兵一拥而上，杀死春申君，将头抛出城门外，然后派官兵将春申君全家搜捕诛杀。太子继位，是为楚幽王。

扬雄《法言》写道：有人问："信陵君、平原君、孟尝君、春申君是不是有益于国家的人呢？"我说："君王失政，奸臣窃国，有什么益！"

8 秦王因为吕不韦事奉先王有大功，不忍心诛杀他。

始皇帝十年（甲子，公元前237年）

1 冬天，吕不韦相位被免，遣返到他的封国。

秦国宗室大臣会议说："各国来秦国做官的客卿，都是为他本国服务，离间我秦国君臣，请大王把所有客卿全部驱逐出境！"秦王同意。于是大举搜捕，驱逐客卿，楚国人李斯也在被驱逐之列，将离开前，向秦王上书说："以前秦穆公访求人才，从西边的戎部落请来由余，从东边的宛城请来百里奚，到宋国迎来蹇叔，到晋国请来丕豹、公孙支，于是兼并二十个国家，称霸西戎。到了秦孝公，用卫国人商鞅之法，诸侯归服，至今国家治强。秦惠王又用魏国人张仪之计，瓦解六国合纵联盟，让他们都事奉秦国。秦昭王呢，用魏国人范雎，强化王室权位，杜绝贵戚利益集团。这四位先王，都以客卿而成功。这样看来，客卿有什么辜负于秦国的地方呢？女色、音乐、珠宝、美玉，都不是秦国出产，而大王您所用的各国美女、音乐、珠宝、美玉都极多，对于人才，则不问他行不行，不论是非曲直，只要不是秦国本地人都不用，都驱逐吗？难道说，大王您重视的是女乐珠玉，轻视的是人才吗？我听说，泰山不拒绝土壤，所以能成其大；河海不拒绝溪流，所以能成其深；王者不拒绝人民，所以能明其德，这是五帝、三王之所以无敌于天下的原因。如今秦国把诸侯各国来的移民都撵回去，给各国增加人力，把诸侯各国来的客卿都撵回去，给各国成就事业，那不就是把士兵借给贼寇，把粮食借给强盗吗？"

秦王醒悟，召见李斯，恢复了他的官职，并且即刻废除了逐客令。李斯走到郦邑，接到秦王诏书，回到咸阳。秦王用李斯之谋，派出大量辩士间谍到各国活动游说。各国名士，可以用钱财买通的，就厚币结交，不肯就范的，就利剑刺杀。对内离间他们的君臣，对外再派良将攻打，数年之间，就兼并了天下。

【华杉讲透】

这就是历史上著名的李斯《谏逐客书》。

始皇帝十一年（乙丑，公元前236年）

1 赵国伐燕，占领狸阳。燕赵之间的战事还没结束，秦将王翦、桓齮、杨端和伐赵，进攻邺，攻取九座城。王翦攻打阏与、轑阳，桓齮攻取邺、安阳。

2 赵悼襄王薨，子赵迁继位，是为赵幽缪王。赵迁的母亲是倡优女子，受悼襄王宠爱，废掉嫡子赵嘉而立了他。赵迁在赵国，一向以品行恶劣而著名。

3 吕不韦回自己封国一年多，诸侯各国使节宾客来往不绝，声势依然显赫，秦王担心他生变，给他下一道诏书说："你对秦国有什么功劳呢？竟然封你在河南，让你享有十万户的采邑？你又和秦国有什么亲属关系呢？竟然号称我的仲父？现在，令你全家迁到蜀地去！"吕不韦知道秦王开始步步紧逼，最后一步就是诛杀自己。

始皇帝十二年（丙寅，公元前235年）

1 吕不韦饮毒酒自杀。家人悄悄把他埋葬。秦王将凡参加吊丧的随从宾客全部流放，并且下令说："从今往后，凡是操国事如嫪毐、吕不韦那样荒淫无道的，财产全部没收，家属收为官奴，以此为例！"

扬子《法言》曰：有人问："吕不韦算智慧吧？他把人作为货物来交易。"我说："谁说他智慧呢？他敢图谋得到一个国家，但却换来了宗族夷灭。吕不韦是一个窃国大盗，就像那穿墙行窃的盗贼一样，只是别的贼，只看到财物摆设，吕不韦却能看到洛阳那样的大封邑。"

2 从六月开始就天旱不雨，一直到八月。

3 征发关东四郡兵马，协助魏国伐楚。

始皇帝十三年（丁卯，公元前234年）

1 桓齮伐赵，在平阳击败赵将扈辄，斩首十万，杀死扈辄。赵王以李牧为大将军，再战于宜安、肥下，秦军战败，桓齮逃回秦国。赵王封李牧为武安君。

始皇帝十四年（戊辰，公元前233年）

1 桓齮伐赵，攻取宜安、平阳、武城。

2 韩王恐慌，割让土地，献出王玺，请求做秦国的藩臣，派韩非出使来秦国觐见。

韩非，是韩国宗室公子，法家学派代表人物，擅长刑名法制之术，看到韩国日益削弱，数次上书韩王，但韩王不能用他。韩非憎恶韩王治国不能举贤任能，反而将轻浮享乐的蛀虫，加之于实学功臣之上。太平无事的时候，就宠幸沽名钓誉之人；危急的时候呢，又起用能征惯战的勇士；平时尊养的，不是国家要用的人；关键时候要用的人呢，平时又不搭理。韩非悲愤啊，那廉洁耿直的人，为奸妄之臣所不容！于是观察历史上得失成败的经验教训，写了《孤愤》《五蠹》《内储》《外储》《说林》《说难》等五十六篇，十余万字。

秦王听说韩非子的贤名，想见他，韩非出使到秦国，就上书秦王说："如今秦国地方数千里，拥有百万雄师，号令严明，赏罚公平，天下不如。臣昧死愿见大王，向您陈述破天下合纵之计。如果大王愿意从我所言，而天下合纵不破，赵国不投降，韩国不灭亡，楚国、魏国不称臣，齐国、燕国不亲附，秦国霸王之名不成，四邻诸侯不来朝见，我请求大王斩杀我以殉国，来警戒那些为主谋而不忠的人！"

秦王听了很高兴。但是李斯听了很嫉妒，说："韩非，是韩国宗室公子。如今他说要兼并天下诸侯，一定是为韩国谋划，而不是为秦国着想，这是人之常情。如今大王您既然不用他，又让他久留秦国而归韩，那是给自己留下祸患，不如找个法子杀掉他！"

秦王认为有理，将韩非下狱治罪。李斯马上派人送毒药给韩非，逼他自杀。韩非想向秦王申诉，但不得进见，无奈自杀。秦王很快后悔，派人去赦免他。韩非已经死了。

扬子《法言》曰：有人问："韩非写了一篇《说难》，讲游说君王之难，最后呢，他自己正是死于游说君王之难，请问他的所说和他的所行，怎么相反呢？他不是游说君王的理论专家吗？"

我说："说难，正是他的死因。"

问："为什么呢？"

"君子依礼而动，据义而止，合则进，不合则退，根本不担忧我说的是否与君王心思相合。如果游说他人，还老担心跟人家心思是否相合，那就各种手段无不用尽了。"

问："韩非既然游说君王，担心和君王心思不合，这不是很正常的吗？"

"不！说不由道才是应该担忧的。我只说和正道相合的话，他用就用，不用就算。我说的是正道，他不用，这是他的事，不是我的事，没什么好担心的。"

【华杉讲透】

扬子是儒家价值观：以道事君，不可则止，用之则行，舍之则藏，不期必，不用就算了。韩非子呢，是法家价值观，不择手段，志在必得。韩非子的《说难》写了什么呢？我们读一段看看：

> 凡说之难，非吾知之有以说之之难也，又非吾辩之能明吾意之难也，又非吾敢横失而能尽之难也。凡说之难，在知所说之心，可以吾说当之。所说出于为名高者也，而说之以厚利，则见下节而遇卑贱，必弃远矣。所说出于厚利者也，而说之以名高，则见无心而远事情，必不收矣。所说阴为厚利而显为名高者也，而说之以名高，则阳收其身而实疏之；说之以厚利，则阴用其言显弃其身矣。此不可不察也。

这段话意思是说，大凡进谏游说的困难，不是难在我的表达能力，也不是难在我敢毫无顾忌地把看法全部表达出来，而是难在了解所想说服的对象的心理，以便投其所好。这个对象想要追求美名的，却用厚利去说服他，就会显得节操低下而得到卑贱待遇，弃而远之。对象想要追求厚利的，却用美名去说服他，就会显得没有心计而又脱离实际，必定不会被接受和录用。对象暗地追求厚利而表面追求美名的，用美名向他进说，他就会表面上录用而实际上疏远进说者；用厚利向他进说，他就会暗地采纳进说者的主张而表面疏远进说者。这是不能不明察的。

这就是韩非研究的事。他不研究自己的所言所行是否合乎正道，只研究怎么让对方上他的道。而且试图穷尽所有情况，都有应对的预案。结果呢，当他的游说君王之术开始实践的时候，根本不只是他和秦王之间的事，还有一个第三方——李斯。李斯把他害死了。这就叫机关算尽太聪明，反误了卿卿性命。

韩非的教训告诉我们，这个世界，我们能控制的只是很小很小一部分，主要是控制自己，别想控制别人。就像扬子说的："君子以礼动，以义止，合则进，否则退。"无可无不可，绝不志在必得。志在必得者死，今天李斯害死了韩非，明天他就会被赵高害死，而赵高呢，最后也被子婴杀了。这就是游戏规则。

【司马光曰】

我听说君子亲其亲以及人之亲，爱其国以及人之国，是以功大名美而享有百福也。如今韩非为秦国谋，而想要覆灭他自己的祖国，目的只是证实他的学问和才能。他的罪恶，罪不容赦，他的遭遇，不值得怜悯。

始皇帝十五年（己巳，公元前232年）

1 秦国大举兴师伐赵，兵分两路，一路抵达邺城，一路抵达太原，攻取狼孟、番吾；直到遇到李牧部队，才班师而还。

【胡三省曰】

秦军怕的就是李牧。之后赵国自己杀掉李牧，加速灭亡。

2 当初，燕太子丹曾经在赵国做人质，与秦王关系很好。秦王继位之后，燕太子丹到秦国做人质，秦王对他很傲慢无礼。太子丹非常愤怒，逃回了燕国。

【胡三省曰】

秦王的父亲异人在赵国做人质，所以秦王少年时在邯郸和燕太子丹有交集。秦王继位之后对太子丹无礼，为后来荆轲刺秦王埋下伏笔。

始皇帝十六年（庚午，公元前231年）

1 韩国将南阳献给秦国。九月，派军队到南阳接收。

2 魏国也献地给秦国。

3 代郡地震,从乐徐以西,向北到平阴,高台房屋和墙垣,一半以上都毁坏了。地面从东到西裂开有一百三十步宽。

始皇帝十七年(辛未,公元前230年)

1 内史胜灭韩,俘虏韩王安,以韩国土地设置颍川郡。

2 华阳太后薨。

3 赵国发生大饥荒。

4 卫元君薨,子卫角继位。

始皇帝十八年(壬申,公元前229年)

1 王翦率领上地部队进军井陉,杨端和率领河内兵马配合,一起攻打赵国。李牧和司马尚率赵军抵御。秦国间谍贿赂赵王宠臣郭开,给了他很多黄金,让他向赵王进谗言,说李牧和司马尚谋反。赵王听信,派赵葱和齐国将领颜聚去替换二人。李牧拒不受命,被捕杀。司马尚被废。

始皇帝十九年(癸酉,公元前228年)

1 王翦击破赵军,杀死赵葱,颜聚逃走,于是攻克邯郸,俘虏赵王迁,赵国至此灭亡。秦王亲自到邯郸城,搜捕过去和他母亲家有仇怨的,全部杀掉。取道太原、上郡回国。

2 太后薨。

3 王翦屯兵中山，图谋燕国。赵国公子嘉率领他的宗族数百人逃到代，自立为代王。赵国灭亡之后，有的大夫们去归附代王，代王与燕国合兵一处，驻军在上谷。

4 楚幽王薨，国人立他的弟弟芈郝为王。三月，芈郝的庶兄芈负刍杀掉芈郝，自立为王。

5 魏景湣王薨，子魏假继位。

6 燕太子丹对秦王的无礼十分怨恨，想要报复，问他的太子傅鞠武，鞠武建议他向西约定韩、魏、赵，向南结盟齐、楚，向北联合匈奴，以对付秦国。太子丹说："太傅的计策，旷日弥久，让人烦闷，我等不了！"

没过多久，秦国将领樊於期得罪于秦王，逃亡到燕国，太子丹收留他住在宾馆里。鞠武进谏说："以秦王的暴虐和对燕国的积怨，已经让人心惊胆寒了，更何况让他听说樊将军在燕国呢！这就像把肉扔在饿虎经过的小路上。希望太子赶紧把樊於期送到匈奴去！"太子丹说："樊将军穷途末路，来投奔我，正是我应该用生命来保护他的时候，怎么能把他撵走呢！希望您想想别的办法！"鞠武说："做危险的事来求平安，惹祸来求福，谋略肤浅而仇怨很深，为了一个人感恩戴德，而不顾国家之大害，这就是滋长冤仇，助长祸患啊！"

太子丹听说卫国人荆轲贤能，卑辞厚礼去求见，对荆轲说："如今秦国已俘虏韩王，又举兵南伐楚，北攻赵，赵国支持不住，祸患就到燕国了。燕国弱小，屡次遭到兵困，怎么挡得住秦国！诸侯各国都屈服于秦国，不敢合纵。我私底下想，如果能得天下之勇士出使秦国，劫持秦王，让他归还各国侵地，就像当初曹沫劫持齐桓公一样，那就再好不过了。如果不从，就当场杀了他。他的大将拥兵于外，而内有国乱，则君臣相疑，这段时间，诸侯各国就可以合纵抗秦，必定成功！希望先生您考虑一下这件大事！"

荆轲承诺充当刺客使者。于是太子丹请荆轲住在上等馆舍中，太子每天登门探访，奉养服侍荆轲的，应有尽有。等到王翦灭赵，太子丹恐惧，希望荆轲马上行动。荆轲说："如今要去见秦王，却没有信物，希望能得到樊将军的头和燕国督亢地区的地图，献给秦王，这样秦王一定会亲自接见我。那我就有机会报答您了。"

太子丹说:"樊将军穷困来归,我不忍心啊!"

荆轲沉默不语,之后私下去见樊於期,说:"秦国和将军您,那是深仇大恨啊!父母宗族都被屠灭,今天还悬赏先生您的头颅,听说竟然到了一千两黄金,封万户!将军准备怎么办呢?"樊於期长叹一声,说:"怎么办呢?"荆轲说:"我希望能得到将军的头,献给秦王,这样秦王一定高兴,愿意接见我。这时候,我左手抓住他的衣袖,右手持剑刺进他的胸膛,这样先生您大仇得报,燕国受到欺凌的耻辱也消除了。"樊於期说:"这正是我日夜切齿痛心而求之不得的事啊!"于是自刎而死。太子丹听说了,奔往抚尸痛哭,但是已无可奈何,于是砍下樊於期的头装在木匣子里。太子丹事先已经找到天下最锋利的匕首,让工人用毒药浸泡,用人试验,只要沾上丝缕般的血迹,没有不立即死亡的。于是将匕首和樊於期的头交给荆轲,派燕国勇士秦舞阳为副使,出使秦国。

卷第七　秦纪二

（公元前227年—公元前209年，共19年）

主要历史事件

荆轲刺秦　191
王翦伐楚　193
秦始皇统一天下　197
蒙恬攻打匈奴　202
焚书　202
修建阿房宫和骊山陵墓　203
坑儒　204
秦始皇之死　205
扶苏自杀　205
胡亥即位　206
陈胜吴广起义　208
刘邦起兵　211

主要学习点

压倒性投入：投入越大，风险越小　194
团结是一个人的事，不是大家的事　197
名不正则言不顺，言不顺则事不成　214

始皇帝二十年（甲戌，公元前227年）

1 荆轲到了咸阳，通过秦王宠臣蒙嘉，卑辞求见，秦王大喜，身穿朝服，集合文武百官，设九宾大礼来见他，准备接受樊於期的头颅和督亢地图。荆轲捧着地图献给秦王，地图展开到最后，匕首露出来，荆轲一手抓住秦王衣袖，一手抓起匕首就刺，还没刺到，秦王惊起，挣断衣袖得脱。荆轲追逐秦王，秦王绕着柱子躲避。群臣都惊慌失措，谁也想不到发生这种事，一时混乱，都不知道怎么办。按照秦国法律，群臣上朝是不能带任何兵器的，左右近臣只能徒手与荆轲搏斗，大声提醒秦王："大王！把剑推到背上！"因那秦王带着长剑，仓促间无法拔出。秦王得到提醒，把剑推到背上背着，终于拔出来，一剑就斩断了荆轲的左腿。荆轲知道自己废了，把匕首掷向秦王，击中铜柱。荆轲大骂道："事情所以失败，那是没想杀你，是想活捉你，胁迫你达成协议来报答燕太子丹罢了。"秦王大怒，于是将荆轲肢解示众，更加派大军前往赵国，增兵给王翦，命令他伐燕，与燕军、代军战于易水之西，大破之。

始皇帝二十一年（乙亥，公元前226年）

1 冬，十月，王翦攻占燕国首都蓟城，燕王及太子率其精兵向东退保辽东,秦将李信急追。代王赵嘉派人送信给燕王,让他杀了太子丹,献人头给秦王谢罪。太子丹藏匿在衍水。燕王派使者斩了太子丹的头,想要献给秦王。但是秦王继续进兵攻打燕国。

【华杉讲透】

荆轲刺秦,从整件事情来看,燕太子丹的所作所为,主要是报私仇,泄私愤,不是为燕国深虑远谋。所以刺秦也不是燕国的国家战略,而是太子丹的豪侠之举。而所谓的私仇私愤,无非是自尊心受了伤害,觉得跟秦王当初是光屁股一起长大的兄弟,今天你怎么不把我当人看。就像孔子说的,小人难养——"近之则不逊,远之则怨"。他还想跟秦王保持勾肩搭背的"不逊"的关系,秦王对他的疏远,让他心怀怨恨,以至于必欲杀之而后快,不能等!风萧萧兮易水寒,壮士一去兮不复还,这不是什么慷慨悲歌的英雄壮举,是懦弱轻佻的匹夫泄愤而已。身为一国太子,不励精图治,为国家做长久计,而派豪侠行刺大国之君以泄私愤,图侥幸,国家怎能不亡!

2 王贲伐楚,攻取十几座城。秦王问将军李信说:"我想要攻下楚国,将军认为需要带多少兵去?"李信说:"不超过二十万。"秦王又问王翦。王翦说:"非六十万人不可。"秦王说:"王将军老了,这么胆怯!"于是派李信、蒙恬将二十万人伐楚。王翦称病回老家频阳。

始皇帝二十二年(丙子,公元前225年)

1 王贲伐魏,截断渠水,挖沟引水去灌大梁。三月,城墙崩塌,魏王假投降,即刻杀了他,于是灭魏。

秦王派人对安陵君说:"寡人欲以五百里地换取安陵。"安陵君说:"蒙大王恩惠,以大易小,甚幸!但是,我受地于魏之先王,愿终身守之,不敢和您交换!"秦王赞赏他的信义,暂时放过了他。

2 李信攻平舆,蒙恬攻寝,大破楚军。李信又攻打鄢郢,破之,于是引兵向西,与蒙恬在城父会师。楚国人在后面尾随,三天三夜不宿营,不休息,大败李信,攻陷两个营寨,杀死七个都尉,李信败逃回国。

秦王听说后,大怒,亲自到频阳找王翦,说:"寡人不听将军的话,李信果然让秦军受辱。将军虽然生病,就忍心看着寡人不管吗?"王翦辞谢说:"确实生病了,不能将兵。"秦王说:"我已经决定了,你不要再多说了!"王翦说:"大王一定要用我,我还是那个要求,非六十万人不可!"秦王说:"全都听您的!"于是王翦将六十万人伐楚。秦王送行到霸上,王翦一个劲儿地向秦王要求要赏赐给他哪座宅子哪块田,啰啰嗦嗦,要了很多。秦王说:"将军快出发吧!您还担心受穷吗!"王翦说:"为大王做将领,功劳再大,也不能封侯,所以乘着大王您还欣赏我的时候,多请田宅,以为子孙打算罢了。"秦王大笑。大军既出发,出了武关,五次派出使臣回去向秦王落实良田美宅的赏赐。左右亲信说:"将军您的吃相有点难看了。"王翦说:"不然,秦王猜疑心重,不相信人,如今全国军队都给了我,我不显出求田问舍、胸无大志的样子,那秦王就会猜疑我了。"

始皇帝二十三年(丁丑,公元前224年)

1 王翦攻取陈丘以南土地,直到平舆。楚人听说王翦增兵而来,也动员全国军队抵御。王翦坚壁不战。楚军反复挑战,王翦始终闭营不出,态度安闲,每天抓的大事,主要是士兵的澡堂和食堂,洗澡水要烧好,伙食要搞好,在食堂和士兵们一起用餐。过了很长时间,王翦派人问:"现在士兵们玩什么游戏啊?"士兵说:"玩投石、跳远。"王翦说:"时候到了,士卒可用!"

楚军求战不得,就引兵向东。楚军一动,王翦马上追击,大破楚军,一路追到蕲南,杀死楚将项燕,楚军败走,王翦乘胜略定城邑。

始皇帝二十四年(戊寅,公元前223年)

1 王翦、蒙武俘虏楚王负刍,楚国灭亡,以其地设立楚郡。

【华杉讲透】

王翦伐楚,他始终要求六十万兵,而之前李信只要二十万。为什么呢,因为王翦懂得做事的关键——压倒性投入——投入越大,风险越小。而李信则贪巧求速,以致身败名裂。

前面我们说过,人们往往低估了成就一件事情所需要的时间,时间是一种投入;同样,人们往往也低估了成就一件事情所需要的人力、物力和财力投入。为什么会低估呢?因为人们都想少投入,都想要"多快好省",投入很少,回报极多,速度很快,质量还很好,这就是自欺欺人,要上当受骗的节奏了。李信自欺欺人,秦王就上当受骗。

这种思维在各行各业都有,比如广告业有一句著名的断言:"我知道我的广告费浪费了一半,但是我不知道是哪一半。"为什么这句话这么有名,人人都认同呢,因为他击中了人性的弱点——人人都想少付出,多回报。你也可以说王翦带去的六十万兵浪费了一半,你带三十万去试试呢?

所以,当我们面对投入问题的时候,不管是投入时间还是金钱,我们要问自己的是,我能不能再多投入一点,而不是能不能少投入一点,要尽可能多投入,投入越大,风险越小,我们要的是成功,不是省钱。想省钱的人没出息。

始皇帝二十五年(己卯,公元前222年)

1 秦王大兴兵,派王贲攻辽东,俘虏燕王喜,燕国也灭亡了。

【司马光曰】

燕太子丹不胜一朝之愤而犯虎狼之秦,轻虑浅谋,挑怨速祸,使得宗庙覆灭,始祖召公不得祭祀,罪莫大焉!还有人赞美他是贤公子,岂不是过分!

什么叫国家?任官以才,立政以礼,怀民以仁,交邻以信,这叫国家!如此,则官得其人,政得其节,百姓怀其德,四邻亲其义。如此,则国家安如磐石,炽如焰火,触之者碎,犯之者焦,虽有强暴之国,又何足畏惧!太子丹放着这些正事不做,反倒以万乘之国,发匹夫之怒,逞盗贼之谋,功隳身戮,社稷成墟,不亦悲哉!

跪着膝行前进，那不是恭敬；反复重重承诺，那不是信用；挥金散玉，那不是恩惠；自刎剖腹，那不是勇敢。为什么呢，因为没有深谋远虑，行动也不符合正义。这样做，跟楚国的白公胜之流有什么区别呢？

荆轲呢，感激太子丹对他供养的私恩，不顾自己七族的性命，欲以一把匕首，强燕而弱秦，还有比这更愚蠢的吗？所以扬子评论这些事，认为要离为吴王阖闾刺杀庆忌，不过是一个蜘蛛蜇人的角色；聂政刺杀侠累，不过是一个壮士的角色；荆轲呢，刺客而已，都算不上义士。又说："荆轲啊，如果以君子之道来衡量，也就是一个盗贼吧！"

2 王贲攻代，俘虏代王赵嘉。

3 王翦全部平定楚国长江以南地区，并降伏百越，设置会稽郡。

4 五月，令天下人民大张酒宴五日，以为庆祝。

5 当初，齐国君王后，就是太后，之前太史敫的女儿，很贤德，事奉秦国很谨慎，和诸侯交往，也守信义。齐国在东边临海，不与秦国接壤。秦国日夜进攻韩、赵、魏、燕、楚，五国各自相救，而齐王建继位以来，独享四十余年和平。太后临死的时候，对齐王建说："群臣之中，某人可用。"齐王说："等等，我拿毛笔和竹简来，把他的名字写下来。"太后说："好！"等齐王建拿来毛笔和竹简，太后说："哎呀！老妇已经忘了他的名字了。"太后死了，后胜担任宰相，接受秦国间谍的贿赂。齐国派往秦国的使臣和宾客，秦国也大撒钱财收买他们，所以这些宾客，都成了秦国的反间，劝齐王事奉秦国，不修战备，也不援助五国抗秦，所以秦国得以顺顺当当地灭了五国。

齐王建将要出发去咸阳朝见秦王，出发经过雍门，雍门司马上前说："齐国立您为王，是为了国家社稷呢，还是为了您个人呢？"齐王说："当然是为了社稷。"司马说："既然是为了社稷，为什么您离开社稷，要前往秦国呢？"齐王建想想也是，命令车马折返回宫了。

即墨大夫听说后，求见齐王说："齐国地方数千里，带甲之士数百万。而韩赵魏的大夫们，都不愿意接受秦国统治，逃亡在阿、鄄等地的有数百人，人王如果能团结他们，交给他们百万人的军队，使他们收复三晋故地，则可从临晋关攻入秦国。同样，楚国鄢郢的大夫们不愿意接受秦国统治，逃亡在我城南之下者，也有数百人，您收服他们，交给他们一百万军队，让他们收复楚国故地，则可从武关攻入秦国。如此，则齐威可立，而秦国可灭。这天大事业，岂止是保全齐国而已！"齐王建不听。

【柏杨曰】

幸亏齐王建不采纳这位即墨大夫的意见，否则徒使人民受到更大苦难。这跟赵括纸上谈兵一样。秦国倾全国之力，用之于战场的，也不过六十万兵。即墨大夫开口就这给一百万，那给一百万，也不知道哪儿来这两百万军队？武装部队不自己带领，交给那些流亡之徒，如何对付严格训练的秦军，还想一口气打到咸阳？齐国唯一的生路是之前就支援它的邻邦抵抗秦国。如今五国已灭，就算玉皇大帝下凡，也无法挽救了。

始皇帝二十六年（庚辰，公元前221年）

1　王贲从燕国向南攻齐，突袭临淄，齐国人毫无防备，没有一个人敢于抵抗。秦国派人引诱齐王建，承诺封给他五百里地，齐王建就投降了。秦国把他迁居到共城，软禁在松柏树林间，活活饿死。齐国人怨恨齐王建不早与诸侯合纵抗秦，听信任用奸臣和外籍宾客，以致亡国，编歌曲讽刺他说："是松树吗？是柏树吗？把田建迁居到共城的，是那些宾客吧？"埋怨田建听信那些心怀叵测的宾客。

【司马光曰】

合纵连横之说，虽然反覆百端，千头万绪，但大致来说，合纵符合六国的利益。从前先王建立万国，亲附诸侯，就是要他们交通来往，相亲相爱，飨宴相乐，结盟互保。如此，则秦国再怎么强暴，他们又怎会至于灭亡呢？韩赵魏三国，是齐楚的屏障，而齐楚两国呢，又是韩赵魏的根底，形势相资，表里相依。但是，他们相互之间居然还相互攻打，韩赵魏攻齐楚，就是自绝其根底，齐楚攻韩赵魏，就是自毁其屏障。哪有拆毁自己的屏障，以向盗贼献媚，还说："盗贼将因此爱我，而不会攻击我。"这岂不是荒谬吗？

【华杉讲透】

团结是一个人的事，不是大家的事。你拿个大喇叭喊："大家一定要团结！"有用吗？没用！你只有自己站出来，自己付出，吃得亏，打得堆，把大家团结在你周围。

六个国家，是无法相互团结的，只能团结在一个国家周围。团结，就必须有一个带头的，他有一以贯之的长期战略，愿意承担责任，愿意付出，愿意牺牲自己，愿意主持公平正义，方针政策始终不变，则大家都团结在他周围。如果六国中有一个这样的国家，那就不是秦国征伐天下，而是两雄逐鹿了，或者更长期地保持战略均势。齐国君王后之贤，不过是小心谨慎，苟延残喘，再凭借地理形势，最后一个灭亡而已。齐国没有承担历史责任，合纵抗秦。合纵不能靠一个挂六国相印的宾客苏秦，要靠一国君王为核心。秦国的战略，从秦孝公开始，到秦始皇经历了七任君主，一直一以贯之。其他六国，则没有一国有一以贯之的长期战略。

2 秦王刚刚兼并天下，自以为德兼三皇，功盖五帝，于是更改称号为"皇帝"，命令叫"制""诏"，制书是制度，诏书是诏告。自称为"朕"，追尊昭襄王为太上皇，颁布制书说："死后根据人的行为定谥号，是儿子议论父亲，臣下议论君上，没有意义，从今往后，取缔谥法。朕为始皇帝，后世依次计数，二世、三世至于万世，传之无穷。"

【华杉讲透】

谥法相传是周公制定，追谥的准则，即帝王、诸侯、卿大夫、大臣等死后，朝廷根据其生前事迹及品德，给予一个评定性的称号，这就是盖棺论定了。谥号有美谥，有恶谥，也就是说，有褒有贬。褒的比如秦穆公，布德执义曰穆，后世看到一个穆字，就知道他一生是布德执义的一生。又如齐桓公，辟土服远曰桓，克敬动民曰桓，这是他一生的写照。恶谥呢，比如周幽王，动祭乱常曰幽，烽火戏诸侯，这都是他干的事，西周亡在他手上，他就是动祭乱常的幽王。

从孔子时候起，儒家有意识地把谥法作为以礼教褒贬人物，挽救社会风气的手段，也是对君王的一点点制约，生前你拥有绝对权力，但是，如果行事乖张，一个谥号，就能让你遗臭万年！

秦始皇显然对自己死后的谥号没有信心，担心后世给他恶谥，干脆把谥法给取缔了。

到了汉朝，谥法又恢复起来，一直执行到清朝。

3 当初，齐威王、齐宣王的时代，邹衍提出一个金木水火土，五德相运的学说。秦王兼并天下之后，齐国人把这一套学说上奏给他，秦王深信此说，认为既然周是火德，秦灭了周，那是秦的德胜过了周的德，水能灭火，所以秦是水德。于是下令改变历法，以十月为每年的第一个月，每年朝贺，以十月一日为元旦。衣服、旌旗都用黑色。计数时，以"六"为单元。

【华杉讲透】

我们现在用的阴历，是夏历，夏朝的历法。到了商朝，把正月往前提前一个月，以十二月为正月。到了周朝建国，又提前一个月，以十一月为正月。孔子虽然一心恢复周礼，但是对历法，他一直呼吁恢复夏历，因为最符合农业生产的时节。秦朝建立呢，再提前一月，以十月为正月，春夏秋冬全乱了。到了汉朝，总不能把九月当正月吧？汉武帝恢复了夏历，以后再没人折腾这事了。咱们今天才能以正月初一为春节。

4 丞相王绾说："燕、齐、楚故地，离首都咸阳太远，不设置封国，恐怕难以统治和镇守，请在诸子中选择分封。"秦王下令群臣讨论。掌管刑罚的廷尉李斯说："当初周文王、周武王所分封的同姓子弟很多，但是几代之后，情谊疏远，相互攻击，就像仇人一样，周天子也无法禁止。如今天下赖陛下您的神灵，归于一统，都设置郡县，诸皇子和功臣，以赋税重赏之，比较容易控制，天下人也没有异议，这正是国家安宁的道理，再设置诸侯封国，实在不合时宜。"秦始皇说："天下征战不休，就是因为有侯王。如今赖宗庙神灵，平定了天下，又重新设置封国，那是刀兵再起了，要再求安宁，岂不难哉！廷尉说得对！"

于是分天下为三十六郡，每郡置郡守总管郡事，置郡尉掌管兵马，置郡监负责监察。

又收缴天下兵器，送到咸阳销毁，熔化后铸成巨钟和钟架，再铸十二个金人，各重一千石，统一度量衡，把天下豪门富户十二万家强迫迁到咸阳居住。

历代祖先祭庙和章台宫、上林苑，都在渭河南岸。每灭一国，就仿照他们的宫室，在咸阳以北按原样再盖一座，沿着渭河北岸，从雍门向东延伸，一直到泾河、渭河交汇处，亭台楼阁，来往复道，络绎相连，从各国抢夺来的钟鼓和美人，都被安置在这些宫殿中。

【张居正曰】

秦始皇不封王侯而设郡县，又收缴天下兵器，都是自为保守之计，以为天下没有侯王，就没有人作乱了，殊不知后来并起而亡秦者，不是王侯，而是闾巷田野之匹夫。又以为没有兵器，就不动刀兵了，殊不知后来豪杰振臂一呼，斩木也可为兵，揭竿也可为旗。可见人君之欲安天下者，在于仁义之固结，而不在于法制之把持也。

始皇帝二十七年（辛巳，公元前220年）

1 始皇巡游陇西、北地，至鸡头山，又经过回中宫。

2 在渭南建筑长信宫，建成后，又更名为极庙。从极庙筑道路通往骊山，建筑甘泉宫前殿，又筑甬道与咸阳相连。再以咸阳为中心，修筑高速驰道通往全国。

始皇帝二十八年（壬午，公元前219年）

1 始皇东行巡视郡县，登上邹县的峄山，立石碑，歌颂自己的功业。于是召集鲁地儒生七十人，到泰山下，商议封禅大典。有儒生说："古代帝王封禅，都用蒲草包裹车轮，不伤害山上的土石、草木，然后清扫地面来祭祀，席子用草席。"其他人众说纷纭，始皇听了，觉得都难以施行，由此罢黜儒生，不听他们的，直接下令修筑上山道路，从泰山南麓上到山巅，立石碑，颂功德，再从山北车道而下，到梁父县，举行封禅大典，其礼仪由掌管祭祀的太祝制定，跟古代秦国在雍县祭祀上帝的礼仪差不多，而封藏保密，世人无法知道。

于是始皇东游到海上，行礼祭祀名山大川及八方神仙。始皇向南，登上琅琊山，十分高兴喜欢，停留了三个月，筑琅琊台，立石碑，颂功德，抒发他志得意满的情怀。

当初，燕国人宋毋忌、羡门子高等声称有羽化升仙之术——老而不死，身体消失，变成神仙，升仙而去。燕、齐两国一些迂腐怪诞之人，都争相学习。齐威王、齐宣王、燕昭王等，都相信他们的说法，派人入海求蓬莱、方丈、瀛洲，说这三座神山都在渤海之中，离人不远。但山上的神仙不喜欢人去，船快接近的时候，就用风把它吹走。曾经有上过仙山的人说山上有神仙和不死之药。等秦始皇到了海上，那些方士和齐国人徐市都争相上书说仙山的事。于是派遣徐市带领童男童女数千人入海访求，船来往海中，都拿风来说事儿，说："看见仙山了，就是过不去啊！"

始皇回程时，经过彭城，斋戒祭祀，想把相传之前沉入泗水之中的一座周鼎打捞上来。派了上千人潜水去找，也没找到。于是向西南渡淮水，到衡山、南郡，乘船于长江中，到湘山寺，遇大风，几乎无法渡江。始皇问博士："湘君是什么神？"博士说："听说是尧的女儿，舜的妻子，葬于此地。"始皇大怒，派囚犯三千人，伐掉湘山所有树木，让湘山只见赤土，不见草木，以示惩罚。于是才由南郡，经由武关回咸阳。

【张居正曰】

这一段前面是始皇侈心于封禅，后面见始皇惑志于神仙，史臣详记其事，所以深著其骄奉之失，垂万世之鉴戒也。

2 当初，韩国人张良，其父亲、祖父以上，五代人在韩国为相。到了韩国灭亡，张良散尽千金家财，想为韩国报仇。

始皇帝二十九年（癸未，公元前218年）

1 始皇东游，走到阳武博浪沙时，张良派大力士操铁锥狙击始皇，误中副车。始皇心惊胆裂，即刻搜捕，力士已逃去无踪，令天下大索十日，还是没抓到。

始皇继续东行，登上之罘山，刻石记功，回程时，前往琅琊，经上党回咸阳。

始皇帝三十一年（乙酉，公元前216年）

1 下令天下黔首，自己申报田亩数量。

【胡三省曰】

从始皇第二十六年开始，更改民众的名称为"黔首"，因为老百姓用黑头巾裹头，所以叫黔首。

始皇帝三十二年（丙戌，公元前215年）

1 始皇登上碣石山，派燕国人卢生寻访古代仙人羡门，又在碣石刻石记功，拆毁城墙，堤防也拆除。始皇又向北巡游，然后取道上郡回咸阳。卢生派人从海上回来，上奏说，有一本预言书叫《录图书》，上面写着："亡秦者胡也。"始皇于是派将军蒙恬发兵三十万，北伐匈奴，要灭了胡人。

【胡三省曰】

郑玄说，亡秦者胡也，应在秦二世胡亥身上，秦始皇没注意自己有个儿子名字里有"胡"字，反而去打匈奴。

始皇帝三十三年（丁亥，公元前214年）

1 征发无业游民、上门女婿、市场商贩为兵，略取南越陆梁地，设置桂林、南海、象郡，又发配罪犯及平民五十万人到五岭戍边，与南越土著杂处。

2 蒙恬将匈奴驱赶到北方，收复河套以南地带，设置四十四县，又修筑长城，顺着地形险要，从临洮到辽东，绵延一万多里。蒙恬渡过黄河，占据阳山，再向北扩张。蒙恬十余年率师处于野战状态，大营设在上郡，统治北方，威震匈奴。

始皇帝三十四年（戊子，公元前213年）

1 整顿司法部门，处罚枉法徇私的官员，有陷害无罪者，及包庇有罪者的，一律充军去修筑长城，或者流放到南越。

丞相李斯上书说："以前诸侯并争，厚招游学之士。如今天下已定，法令出于中央政府，百姓在家则种田做工，出仕做官则学习政府法令，不需要其他学问。如今那些儒生，不学习今天的法令，老是拿古人说事儿，借古讽今，惑乱百姓人心，把老百姓都教坏了。政府有法令下来，则各自拿他们的学问来议论，心中不服，出门就在街巷中非议，以批评政府博取名声，以标新立异来哗众取宠，鼓动群众来诽谤政府。这样的情况，如果不能禁止，则中央政府的权威受损于上，而拉帮结党成之于下。这种情况必须禁止！我建议：请史官把各国史书全部烧毁，只留下《秦记》，除了博士官官方藏书外，天下有收藏《诗经》《尚书》和诸子百家书籍的，都由当地郡守、郡尉组织督促，全部烧毁。有敢偶语《诗经》《尚书》的，斩首弃市（偶语，就是相聚谈论，这就是偶语弃市的典故）；有敢以古非今的，灭族；如果官吏看见这种情况，不举报，不处理的，与之同罪。命令下达三十日之内，还不烧书的，脸上刺字，罚苦役四年。医药、卜筮、种树等书可以不烧。如果想学法令的，就请官员当老师。"始皇下制说："可。"于是列为制度。

魏国人陈馀对孔子八世孙孔鲋说："秦国要毁灭先王的书籍，而您正是这些书的主人，危险啊！"孔鲋说："知道我学习这些无用之学的，都是我的朋友。秦不是我的朋友，他也不知道，我有什么危险呢？我会把这些书藏起来，有一天，人们还会来找这些书。等到大家都知道要找这些书的时候，也就没有什么灾难了。"

始皇帝三十五年（己丑，公元前212年）

1 派蒙恬修筑高速直道，经九原到云阳，一路开山填谷，跨越一千八百里，工程持续数年，都不能完成。

2 始皇觉得咸阳人太多，先王的宫廷太小，于是在渭南上林苑中修建新宫殿，先筑前殿阿房宫，东西五百步，南北五十丈，上面可以坐一万人，下面可以树立五丈高的旗杆，周围阁道可以驰马从殿下一直到南山。在南山山顶建造宫阙。又修筑往返复道，从阿房宫渡过渭河，直达咸阳，以象征天上经过北斗七星，渡过银河，连接象征天子之宫的营星、室星。征调遭受宫刑和其他刑罚的罪犯七十万人，分别将他们投入阿房宫和秦始皇骊山陵墓的建设。又挖掘北山的石头，砍伐蜀地和荆楚的木材，在关中共计兴建宫殿三百余座，函谷关以东，又兴建行宫四百余座。于是在东海边朐县矗立巨石，作为秦国东方大门。迁徙三万户人家充实骊邑，五万户到云阳，都免除十年劳役。

3 卢生游说秦始皇说："根据仙人方术，君王不应该固定住在一个地方，而是要时常出行，以避恶鬼。恶鬼辟，则真人至。希望陛下不要让人知道您住在哪一个宫中，这样不死之药才可以得到。"始皇心向往之，说："我倾慕真人啊！"干脆也不称"朕"了，自称为"真人"。

于是下令咸阳之旁两百里内所有的两百七十座宫殿，统统建筑往返相连的复道、甬道，每个宫里卧室、办公室、钟鼓、美人，全部齐备，始皇可随时在任何一座宫中居住和办公，不管他到哪儿，只要有泄露消息的，处死。有一天，始皇到梁山宫，从山上看见丞相李斯车骑甚众，嘀咕了一句："丞相排场也不小啊！"再一次看到李斯的时候，排场就变小了。始皇大怒说："这是我的宦官泄露了我的话！"马上追查，没有一个人承认。这难不倒秦始皇，他把当时在场的宦官全部杀了。从此之后，再也没有人知道他在哪儿。群臣有事请示，只能在咸阳宫中等。

侯生、卢生在一起议论讥讽秦始皇，知道大祸临头，一起逃亡。始皇大怒，说："卢生等人，我尊重他们，大大地赏赐他们，他们竟敢诽谤我！"于是派御史审问还在咸阳的其他诸生，诸生互相揭发控告，抓了四百六十余人，活埋处死于咸阳，让天下知之，以恐吓后人。剩下的其他人，全部移民戍边。始皇长子扶苏进谏说："诸生都学习孔子之学，如今父皇都重法处置他们，恐怕天下不安。"始皇怒，让扶苏也去戍边，到上郡做蒙恬的监军。

【胡三省曰】

为之后胡亥杀扶苏夺嫡埋下伏笔。

始皇帝三十六年（庚寅，公元前211年）

1 有陨石落在东郡，有人在陨石上刻字："始皇死而地分。"始皇派御史查案审问，没人承认。于是将陨石降落处周围人家全部诛杀，将陨石焚化粉碎。

2 再迁徙三万户人家到河套以北的榆中，每人赐爵一级。

始皇帝三十七年（辛卯，公元前210年）

1 冬，十月七日，始皇出游，左丞相李斯跟从，右丞相冯去疾留守。始皇有二十九个儿子，他最爱他的小儿子胡亥。胡亥请求跟着一起去。始皇同意了。

十一月，抵达云梦泽，在九嶷山祭祀舜帝，又泛舟顺江而下，游览藉柯，渡过海诸，经过丹阳，抵达钱塘，濒临浙江。钱塘大潮，波浪险恶，于是西行一百二十里，从陿中渡江，登上会稽山，祭祀大禹，远望南海，立石颂德。回程，经过吴县，从江乘登船，沿大海向北，到琅琊，再到之罘，在海上见到大鱼，射杀之。再由之罘沿海西行，到达平原津就生病了。

始皇厌恶谈到死，所以群臣都不敢说死的事。病越来越重，始皇自知不起，于是命令中车府令掌管符节御玺的赵高写诏书给扶苏说："立即前往咸阳，与丧车会合，准备我的葬礼。"诏书已经封好，在赵高那里，还没有交给使者。秋，七月，始皇崩于沙丘平台。丞相李斯认为始皇崩逝在外，怕诸公子争位作乱，天下有变，于是秘不发表，把尸体藏在始皇寝车里，始皇生前宠幸的宦官同车陪乘。所到之处，饭食照样送进去。百官照样奏事。宦官则在车里宣称皇上准奏。只有胡亥、赵高和几个宠幸的宦官知道始皇已经死了。

当初，始皇尊宠蒙氏一家，非常信任。蒙恬率领大军在外，蒙毅则常在朝中参与谋划，有忠信之誉，因此诸将相都不敢和他们争锋。赵高是个天阉，生下来就生殖器不健全。始皇听说他强壮有力，又精通狱法，提拔他做中车府令，守卫宫门，并教胡亥决狱判案。胡亥很宠幸他。赵高曾经有罪，始皇把他交给蒙毅审判，蒙毅判决赵高依法当死。始皇认为赵高做事勤奋敏捷，赦免他，并恢复了他的官职。赵高既得到胡亥宠幸，又怨恨蒙氏，就游说胡亥，矫诏杀扶苏而立胡亥为太子。胡亥认为此计甚妙。赵高说："还要跟丞相商量，丞相不加入，恐怕不能成事。"于是见李斯说："皇上给长子扶苏的诏书，还有符节御玺，都在胡亥那里。现在定谁做太子，就在你我两人一句话了。先生看该怎么办？"李斯惊道："你怎么说出这亡国之言！这是咱们做臣下的可以议论的事吗？"赵高说："君侯您才能之高、谋虑之深、功劳之大、人缘之好，以及扶苏对您的信任，这五条，比蒙恬如何？"李斯说："比不上。"赵高说："这就是了。如果扶苏继位，一定用蒙恬为宰相。君侯您就没法身怀列侯印玺，衣锦还乡了，这是显然的事！如今胡亥慈仁笃厚，可以为嗣，希望君侯您仔细思量，定夺大计啊！"李斯被说服，于是加入阴谋，假称受始皇诏书，立胡亥为太子，重新下一道诏书给扶苏，数落他的罪状：不能开疆辟地，虚耗士卒，多次上书，直言诽谤，日夜怨望不能回首都为太子；又指斥将军蒙恬对扶苏的怨恨阴谋知情不报，也不能矫正；将两人都赐死，兵权交给副将王离。

扶苏接到圣旨，哭着进到室内，准备自杀。蒙恬说："陛下在外巡游，没有立太子。派我将三十万大军驻守边疆，公子您为监军，这是天下之重任。如今一个使者来，您就自杀，您怎么知道这里面没有欺诈呢？不如上书申辩，如果真的不准,再自杀不迟啊!"这边蒙恬相劝,那边使者却在一个劲地催扶苏快快了断,他好回去复命。扶苏对蒙恬说:"父要子死,还申辩什么!"当即自杀。蒙恬不肯死,使者把他交付官吏,关押在阳周,另外任命李斯的一位下属为护军都尉,还报胡亥。

胡亥听说扶苏已死,马上就想释放蒙恬。恰好蒙毅代表始皇出去祭祀山川回来。赵高对胡亥说:"先帝早就想立贤德的儿子做太子,而蒙毅一直强谏说不可,不如诛杀他!"于是把蒙毅关押在代郡。

从井陉抵达九原,当时正是夏天,寝车里始皇尸体腐烂恶臭,于是让随从官吏载一车鲍鱼跟着,用鲍鱼臭来掩盖尸臭,从直道直奔咸阳,发丧,胡亥继位。

九月,始皇葬于骊山,墓穴极深,用铜熔化了,堵塞地下水,墓室中堆满了奇珍异宝。又令工匠做机弩,有盗墓的穿过则自动发射,又在墓室周围挖成百川、江河、大海的形状,灌注水银。墓室顶部是天上的星辰,底部则是大地山川大海。后宫嫔妃,没有生孩子的,全部殉葬。下葬毕,有人说工匠设计建造了陵墓中的机关,知情者太多,一旦泄露,陵墓就会被盗。于是将所有工匠也驱入坟墓殉葬。

2 秦二世欲诛杀蒙氏兄弟。二世的哥哥子婴进谏说:"当初赵王赵迁杀李牧而用颜聚,齐王田建杀他数世的忠臣而用后胜,最后都亡国。蒙氏一门,是秦国大臣、谋士,而陛下一旦抛弃他们,诛杀忠臣而任用没有节操、没有本事的人,这是对内让群臣失去信任信心,而在外让边关将士离心离德了。"二世不听,于是处死蒙毅和蒙恬。

蒙恬愤然说:"我蒙氏家族,从先祖到子孙,我爷爷蒙骜,父亲蒙武,到我兄弟二人,积功劳信义在秦国已经三代了。如今我将兵三十万在外,虽然身处监牢,但只要我愿意,我仍有力量发动反抗!我自知必死还坚守信义,是为了不辱没我先辈的教诲,不敢忘记先帝的恩情罢了!"于是服毒自杀。

扬子《法言》曰:有人问:"蒙恬忠心耿耿,却被诛杀,忠心还有用吗?我们还应该忠心吗?"

答:"开山填谷,西起临洮,东接辽水,人力不足,死尸遍野,虽然忠君,不能抵消他的罪行。"

【司马光曰】

始皇毒害天下，而蒙恬为他所驱使，蒙恬的不仁，由此可知。但是，蒙恬能深明为人臣之义，虽然无罪被诛，能守死不二，也足以称道了。

二世皇帝元年（壬辰，公元前209年）

1 冬，十月，大赦。

2 春，二世东行郡县，李斯跟从，到碣石，然后沿着海南到会稽山。之前始皇立的石碑，有的还没有刻字，全部刻上，旁边还刻上跟从的大臣的姓名，以彰显先帝的盛德而还。

夏，四月，二世回到咸阳，对赵高说："人生啊人生！就像驾着六匹马拉的快车，飞驰过一道裂开的缝隙，一眨眼就过去了。现在啊，我已经君临天下了，别无所求，就想快快乐乐度过此生！极尽耳目之所好，穷极心志之所乐！怎么样？"

赵高说："太好了！这正是贤主之所能行，而昏君之所禁止的！不过，陛下想法虽然很好，要落实执行，还有阻碍啊！我给您分析一下看：沙丘之谋，诸公子和大臣都有所怀疑，而诸公子呢，都是您的兄长，大臣们呢，又都是先帝任命的人。现在陛下刚刚继位，有些人对此怏怏不乐，心中不服，我担心他们发动政变，所以我战战兢兢，担心自己不得善终啊！陛下还能安享人生之乐吗？"

二世一听："为之奈何？"

赵高说："陛下严法峻刑，凡是有罪的，彼此株连，一网打尽，诛灭大臣及宗室公子，然后收举各国遗老遗少，贫穷的，让他富裕；低贱的，让他尊贵。把先帝的旧臣除掉，全部换上您的亲信，这样，阴德归于陛下，祸害被除掉了，奸谋被堵塞了。群臣全是蒙受您恩典润泽的人，陛下就可高枕无忧，肆志娱乐了。这是最好不过的计策！"

二世深以为然。于是修改法律，务求严苛。诸公子、大臣有罪的，就交给赵高严加惩治。于是皇子十二人被处刑戮死于咸阳街头，公主十人被分裂肢体磔死于杜县，家产充公。株连逮捕者不可胜数。

皇子将闾与同母兄弟三人，被囚禁于内宫，一直定不了罪，拖到最后。二世派使臣告诉将闾兄弟说："你们有不臣之罪，按罪当死，叫官吏执行！"将闾说："对朝贺礼仪，我从来没有不遵从礼宾司的安排，在朝堂上，我从来没有失节犯错，皇上问我什么，我从来没有说错话，什么叫'不臣'呢？希望能告诉我，我的罪到底在哪里，我愿闻罪而死！"使者说："我没有资格讨论这些事，只是奉命行事。"将闾仰天大呼三次："天！天！天！我无罪！"兄弟三人痛哭流涕，拔剑自杀。

皇族宗室震动恐惧，皇子嬴高打算逃亡，又怕自己跑了，家人被诛灭，于是上书说："先帝无恙时，臣入门则赐给食物，出门则派给车马，御府的衣服赏赐给臣，中厩的宝马也赏赐给臣。如今先帝去世，我应该殉葬跟随先帝啊！如果我不殉死，那是为人之子而不孝，为人之臣而不忠，不孝不忠之人，怎么能立于人世间呢？臣请求跟随先帝而死，葬在骊山脚下。恳请陛下怜爱我，满足我的心愿啊！"

二世拿到这封奏书，得意忘形，心花怒放，喊赵高来，给他看，说："怎么样！怎么样！你看！咱这一招，收效神速啊！"赵高也满意地说："他们都只求速死，哪有工夫搞阴谋啊！"

二世批准了嬴高的奏章，恩准他殉葬，并赏赐殡葬费用十万贯。

之后秦二世又继续修建阿房宫，征发勇士十五万人屯戍保卫咸阳，加强战斗技能训练。

宫廷豢养的狗马禽兽太多，饲料不足，于是征调郡县转输大豆、杂粮、草料到咸阳。而负责运输的人，要自己负责带自己的粮食。咸阳三百里以内，都不许碰这些粮食，保障狗马禽兽的饲料供应。

3 秋，七月，阳城人陈胜、阳夏人吴广起兵于蕲。当时的情况，是征发闾巷左边的人戍边渔阳，九百人屯驻大泽乡，陈胜、吴广皆为屯长。

【胡三省曰】

秦政府征发兵役戍边：第一梯队，先征发贬斥的官员、上门女婿和市场商贩；第二梯队，是曾经当过上门女婿、市场商贩的；第三梯队，是祖父母、父母曾经当过上门女婿、市场商贩的；第四梯队，没有"贱人"可以征发了，就每个巷子住左边的全部征发。

适逢天降大雨，道路不通，算下来肯定会误了抵达的期限，依法必须斩首。陈胜、吴广趁着天下人对秦朝的仇怨，于是杀死将尉，召集大家说："我们已经误了期限，依法当斩。即便不斩，戍边而死的，十个里面也得有六七个。况且壮士不死则已，死则举大事，成大名！王侯将相宁有种乎！"大家都愿跟从举事。于是假借公子扶苏和楚将项燕的名义为号召，设坛盟誓，称大楚。陈胜自立为将军，吴广为都尉，攻陷大泽乡，再攻打蕲县。占领蕲县后，派符离人葛婴，将兵一路向东，攻打铚、酂、苦、柘、谯，全部拿下。一路作战，一路招兵买马，到了陈县，已有战车六七百乘，骑兵一千多，步卒数万人。攻打陈县，陈的守、尉都不在，只有守丞率军在城门下与起义军作战，兵败被杀。陈胜大军于是入据陈县。

当初，大梁人张耳、陈馀，相与为刎颈之交。秦灭魏，听说二人是魏国名士，重金悬赏缉拿。张耳、陈馀于是改名换姓，逃到陈县，做里间守门的小卒度日。里吏曾经因为陈馀犯错而鞭打他，陈馀想奋起反抗。张耳踩踩他的脚，让他忍耐受刑，之后批评他说："我之前怎么跟你说的，今天为一点小小的侮辱，就死于一个小吏之手吗？"陈馀于是向他谢罪。等到陈胜进入陈县，张耳、陈馀都上门谒见。陈胜一向知道二人的贤名，大喜。陈县的豪杰父老请立陈胜为楚王，陈胜问张耳、陈馀意见。二人回答说："秦为无道，灭人社稷，暴虐百姓，将军为万死之计，为天下除暴。如今刚刚才拿下一个陈县，就急着称王，这是让天下人都看到将军的私心了。希望将军不要称王，迅速引兵向西攻打秦国。同时，派人到之前各国，寻访立六国王室之后为王，这样，一方面给自己树立党羽，一方面为秦国增加敌人。秦国敌人多了，它的力量就分散了。将军的党羽多了，将军的兵众就越强。如此，六国都是同盟，就没有人阻挡您攻秦；六国都要各自复国，各郡县就没人愿意为秦守城。将军进军咸阳，诛灭暴秦，以令诸侯。诸侯本已灭亡，因将军您而得复国，以德服之，则帝业可成！如果今天在陈县就称王，恐怕引起反感，就没人跟随拥护您了。"陈胜不听，自立为王，国号"张楚"。

当时，各郡县百姓苦于秦国法制的严苛，争相杀死官吏，响应陈胜。有地方政府派人到咸阳，禀告东方各郡县造反的事。二世一心只想快乐地生活，恼怒听到这些烦心事，把他们下狱治罪。后面再来的使者，二世问他们所谓造反的事情怎么样了？都异口同声回答说："都是些鸡鸣狗盗的鼠辈，各郡守、郡尉组织搜捕，如今已经全部抓获了，不足为虑。"二世这才高兴了。

陈胜封吴广为假王，监督诸将，向西攻打荥阳。

张耳、陈馀又游说陈胜，请求派出军队，向北略取赵国土地。于是陈胜以之前和他关系好的陈县人武臣为将军，邵骚为护军，以张耳、陈馀为左右校尉，拨出三千人，经略赵国。

陈胜又令汝阴人邓宗攻打九江郡。当时，陈胜的军队，以数千人为一个单位，四处攻打的，不可胜数。

葛婴到了东城，立襄疆为楚王。这时候传来消息，陈胜已经自立为王了。葛婴赶紧又杀了襄疆，回来报告。陈胜仍不原谅他，诛杀葛婴。

陈胜令周市向北攻略魏国土地，以上蔡人房君蔡赐为上柱国。

【胡三省曰】

房，是地名。封地在房邑，所以称房君。上柱国，是楚国爵位之尊贵者。

陈胜听说周文是陈县的贤人，而且熟悉军事，于是给他将军印信，派他向西攻打秦国。

武臣等从白马津渡过黄河，进入赵国故地，到各县游说豪杰，豪杰皆响应加入，三千人变成了几万人，尊称武臣为武信君，攻下十余城，但其他的城镇仍然坚守，于是引兵向东北，攻打范阳。范阳人蒯彻游说武信君说："看起来，您一定是要战胜而后夺取土地，攻城而后占领城池，我认为这是失策。如果您听我的计策，城池可以不攻而下，土地可以不战而得，千里之国，传檄而定，如何？"武信君问："有何方略？"蒯彻说："范阳令徐公，贪生怕死，想要投降。但是，您如果因为他是秦国官员，就像之前十座城池一样诛杀，那边地的其他城市全都固若金汤了，您没法一个个全都攻下来。如果您把封侯的印信给我，授予范阳令，让他乘坐朱红轮子的豪华马车，在燕、赵各地城下做个模范，那燕、赵城池都可不战而降了。"武信君说："好！"于是以车百乘，骑兵二百，以及侯印迎接徐公，广为宣传，燕赵各地都知道了，不战而降者有三十多座城池。

陈胜既已派出周文，认为秦国政治混乱，已经崩溃，有轻敌之意，不再严加防备。博士孔鲋进谏说："我听说，《孙子兵法》里写道：'不恃敌之不我攻，恃吾不可以攻。'（不能认为敌人不会来攻打我，而是我守备严密，不怕他来攻打我。）如今大王您呢，就是恃着敌人不会来，而不是恃着我自己不怕他来。如果这样放松警惕，一朝失利，悔之晚矣。"陈胜说："寡人的军事，先生就不要操心了。"

周文一路招兵，一路行军到函谷关，军队已经滚雪球般壮大到有战车千乘，步卒数十万，在戏水旁扎营。二世这才惊了，问群臣："怎么办？"

少府章邯说："叛军已经到了，而且人多势众，现在征发周围郡县的兵马都已经来不及了。骊山从事苦役的囚犯很多，请陛下赦免他们，发给兵器，前往迎击。"于是二世大赦天下，派章邯赦免骊山囚徒，以及所有家奴、家奴的儿子，令他们全部上前线迎击楚军，张楚军大败。

张耳、陈馀到了邯郸，听说周文战败退走，又听说诸将为陈胜攻城略地之后回到陈县的，往往被谗言所害而被诛杀，于是游说武信君自己称王。八月，武信君自立为赵王，以陈馀为大将军，张耳为左丞相，派人向陈胜报告。陈胜大怒，想要诛杀武信君全家，并发兵攻打赵国。上柱国房君进谏说："秦国还未灭亡，此次诛杀武信君等家族，那是又树立一个秦国那样的敌国了，不如顺水推舟，祝贺他，并派他赶紧向西进攻秦国。"

陈胜认为房君说得很对，于是把武信君等人的家属接到宫中居住，封张耳之子张敖为成都君，派使者去祝贺新的赵王，催促他发兵攻秦。张耳、陈馀游说赵王说："您做赵王，不是张楚王的意思，如今张楚王给您道贺，是他的计策。张楚灭秦之后，一定会加兵于赵。希望大王不要西进，而是向北扩张，占领燕国、代国的土地；再向南夺取河内地区，扩大我们的地盘势力。这样，赵国南据黄河，北有燕、代，张楚即便灭了秦国，也不敢拿赵国怎么样；如果灭不了秦国呢，就更加倚重赵国。"赵王深以为然，于是不进军攻秦，而是派韩广攻略燕，李良攻略常山，张黡攻略上党。

九月，沛县人刘邦起兵于沛，下相人项梁起兵于吴，狄人田儋起兵于齐。

刘邦，字季，长得鼻梁高耸，眉骨圆起，左腿上有七十二颗黑痣。喜爱交朋友，慷慨大方，性格豁达，常有大度，不愿从事家人的农业生产作业。开始时做泗上亭长。单父人吕公,喜欢给人看相,看见刘季状貌,深以为奇,把自己的女儿嫁给他为妻。

之后刘邦以亭长身份,替县府把囚犯押送到骊山做苦役,中途不断有囚犯逃亡。刘邦算下来,等到了骊山,囚犯估计都跑光了,于是到了丰邑西泽中亭,停下来饮食休息,到了晚上,他把囚犯们的绳索都解开了,将他们全部释放,说:"各位都走吧!我也从此就消失了。"囚徒中有十几个壮士自愿跟随他。

刘邦喝醉了酒,晚上穿过草泽地,有一条大蛇横在路中间,刘邦拔剑把蛇斩了。有一位老妇人哭着说:"我的儿子,是白帝之子,化为蛇在路中间,被赤帝之子杀了。"然后老妇突然就不见了。刘邦躲在芒山、砀山之间的草泽里,不断有类似的神奇故事。沛县的年轻人听说了,好多都跑去投奔他。

到了陈胜起事,沛县县令也想以沛城响应。主吏萧何、狱掾曹参说:"您是秦国官员,如今要率领沛县子弟反秦,恐怕他们不听,不如招募在外逃亡者,可以得数百人,再胁迫众人,他们就不敢不听了。"县令觉得有理,于是派樊哙召刘邦。这时刘邦的部众已经有差不多一百人了。县令反悔,怕生变故,于是闭门守城,还想诛杀萧何、曹参。萧、曹于是逃出城外,投奔刘邦以自保。刘邦在布帛上写了一封信,射入城中,向沛县父老陈说利害。父老们于是率子弟一起杀了县令,开城迎接刘邦,立为沛公。萧、曹等招募沛县子弟,得三千人,以响应起义的诸侯各国。

项梁,是楚将项燕之子,曾经杀人,与哥哥的儿子项籍一起在吴中躲避仇家。吴中的贤士大夫,大多出自他的门下。项籍年少的时候学习诗书,学不下去;又学剑,还是半途而废。项梁很生气。项籍说:"学文,能记得姓名就行了。学剑,只能跟一个人打,没用!我要学就学万人敌!"于是项梁就教他兵法。项籍大喜,但是略知其意之后,又不肯深入了。项籍身高八尺有余,力能扛鼎,才器过人。会稽郡守听说陈胜举事,想起兵响应,任命项梁和桓楚为将。当时,桓楚逃亡在草泽中。项梁说:"桓楚逃亡,谁也不知道他在哪里,只有项籍知道。"项梁于是预先布置项籍持剑在门外等候,自己进门去,和郡守坐在一起,说:"不如召项籍进来,派他去找桓楚。"郡守说:"好。"项梁召项籍进来,过了一会儿,项梁给项籍使个眼色,说:"可以行事了。"于是项籍拔剑斩了郡守的头。项梁一手拎着郡守的头颅,解下他的印绶佩戴在自己身上。郡守门下众人大惊,一片混乱,项籍一口气斩杀几十近百人,一府之中,全都震慑降服，无人再敢反抗。项梁召集他之前就认识的豪强官吏，告谕他们要举大事，于是召集动员吴中驻军，派人征召下属各县子弟，得精兵八千人。项梁为会稽郡守，项籍为副将，进击下属各县。这年，项籍二十四岁。

田儋，是齐国王族宗室子弟。田儋的堂弟田荣，田荣的弟弟田横，都是豪杰之士，家大族大，能得人心。周市攻城略地，到了狄县。狄县闭城自守。田儋假装捆绑他的一个家奴，带着一群年轻人来到县府，求见县令，陈述家奴之罪，准许他处决家奴。县令出来接见，他们就击杀县令，召集豪吏和子弟们说："诸侯皆反秦自立，齐国本是自古以来的诸侯国，田儋是齐国宗室田氏，应该做齐王！"于是自立为齐王，发兵击周市。周市退走。田儋率兵向东，略定齐国故地。

韩广将兵向北略定燕国故地，燕地豪杰欲立韩广为燕王。韩广说："我母亲还在赵国，不可！"燕人说："赵国如今西边担心秦国，南边防备楚国，没有力量来限制我们。而且以张楚之强，当初也不敢杀害赵国将相的家属，赵国就敢谋害将军您的家族吗？"于是韩广自立为燕王。赵国将他的母亲和家属礼送到燕国。

赵王和张耳、陈馀向北攻略燕国土地，赵王不小心，自己微服出行，被燕军俘获。燕国把他囚禁起来，要求割地。赵国派使者去请他们放人，他们就杀掉使者。赵王的一个炊事兵来到燕军营垒，见燕将说："您知道张耳、陈馀想干什么吗？"回答说："想救回他们的王呗。"炊事兵笑道："您不知道他二人想要什么！武臣、张耳、陈馀三人，拿着马鞭，攻下赵国数十座城池，他们三个人，都想当王！还能以君臣将相的关系一直这样下去吗？只是目前形势初定，还不敢三分而王罢了，所以以年纪稍长的武臣为王。如今赵国已经平定，这两人正想分赵而王，只是时机未到。如今您囚禁赵王，张耳、陈馀正中下怀，表面上求您放人，实际上恨不得您赶紧杀了武臣，他二人好分赵自立。一个赵国，已经不把燕国放在眼里，如果两个贤王，左右策应，再兴师问燕国杀赵王之罪，那燕国恐怕要灭亡了。"燕将被说服，释放赵王。那炊事兵驾着马车，把赵王带回去了。

4 周市从狄地还师，到了魏国故地，欲立魏公子宁陵君魏咎为魏王。魏咎当时在陈县追随陈胜。魏地已经平定，诸侯各国都想立周市为魏王。周市说：

"天下昏乱，忠臣乃见。如今天下一起反抗秦国，在道义上魏国一定要立魏王之后方可！"诸侯各国固请立周市，周市坚持不接受，派使者去陈县迎接魏咎，往返五次，陈胜才同意放行。魏咎被立为魏王，周市为魏相。

【华杉讲透】

陈胜当初没有听张耳、陈馀的，拥立诸侯王室之后，而是刚打下一个县城就自立为王，这就开了一个坏头，他的部下，就有样学样，带了他的兵，出去打下地盘，也就不再屈居于他之下，而是打到哪儿，王到哪儿，都自立为王了。这就是孔子说的："名不正，则言不顺，言不顺，则事不成。"一开局就自立为王，没有先正名，这后面的言不顺，事不成就来了。各个军阀都自立为王，突然有一个周市，他非要找回魏国宗室，闹得大家都不好看，所以各国新诸侯反复坚持要立他，不要立魏咎。按理说周市是陈胜的部下，派他出去攻城略地的是陈胜，带出去的是陈胜的兵，立谁应该陈胜说了算，但陈胜名不正的结果，就是言不顺，他说什么也没用。他似乎也接受自己说了不算。最后就是谁意志坚定谁说了算。周市坚持，大家就妥协了。周市到底是怎么想的，咱们不知道，因为他不久就战死了。

名不正则言不顺，言不顺则事不成，陈胜的事业，一开始就没有凝聚力。

5 这一年，二世废卫君姬角为庶人，卫国灭亡。

【胡三省曰】

周朝的诸侯国，卫国是最后一个灭亡的。

卷第八 秦纪三

（公元前208年—公元前207年，共2年）

主要历史事件

张良追随刘邦　222
李斯之死　228
项羽成为上将军　231
钜鹿之战　232
赵高指鹿为马　237
秦二世之死　238
子婴杀赵高　238

主要学习点

与其早点看清别人，不如早点看清自己　219
有价值观和志向，才能行道于天下　219
领导力的关键，在于成就他人　221
命名就是召唤　224
傲和惰，能毁掉人的一生　228
"一语见幸"被提拔，是一种危险　229
君臣之义，只有名分是不行的　231
仁爱的领导力和恐怖的领导力　234

二世皇帝二年（癸巳，公元前208年）

1 冬，十月，泗川郡监平率军在丰县包围刘邦，刘邦出战，击破秦军，令雍齿驻守丰县。十一月，刘邦率兵攻打薛县，在那里击败泗川郡守壮，壮带着败兵撤退到戚县，被刘邦的左司马所杀。

2 周文向东撤退，退出函谷关，驻军在曹阳。两个月后，章邯追上来，击败他。周文又撤退到渑池。过了十几天，章邯再追上来，大破之。周文自刎，军队瓦解。

吴广带兵包围荥阳。三川郡郡守李由镇守荥阳。吴广久攻不下。张楚将领田臧等相互商量说："周文大军已经覆灭，秦军随时会增援荥阳。我们包围荥阳，不能攻下，等到秦军援兵一到，我军一定大败，不如留少部分兵马围荥阳，主力部队主动出击，迎击章邯部。如今假王吴广，骄傲不可一世，又不懂军事，跟他没法商量，恐怕事不成！"于是合谋，假称陈胜命令，杀死吴广，还把吴广的头派使者送去献给陈胜复命。陈胜顺水推舟，派使者赐给田臧张楚国的令尹印信，以他为上将。

田臧于是派诸将李归等守荥阳，自己引精兵向西迎击秦军于敖仓，田臧战死，军队瓦解。章邯引兵击李归于荥阳城下，破之，李归等战死。阳城人邓说将兵驻扎在郯，章邯派别将击破之。铚人伍逢将兵驻扎在许，章邯击破之，两军皆败，撤退回到陈县。陈胜诛杀邓说。

3 二世数次责备李斯："你身居三公之高位，怎么让盗贼蜂起如此呢？"李斯恐惧，一心要保住自己爵位俸禄，又拿不出具体办法，于是阿附迎合二世的意思，上书说："明君贤主的含义，就是能行督责问罪之权，所以申子说：'拥有天下，却不能恣情放纵，快意人生的，那是因为没有掌握督责问罪之术，他们说以天下为桎梏，为什么呢？就是因为不能督责别人去干，而是自己亲身去为天下百姓劳碌，就像尧、舜一样，那拥有天下，反而就是劳碌他们的枷锁了。'如今陛下不能修申韩之术，行督责之道，而是把天下的事集中在自己一个人身上，独自苦形劳神，为百姓操劳，这是匹夫的劳役，哪里是一个拥有天下的帝王该干的呢？如果成天干这个，还有什么尊贵可言呢？所以，明主能行督责之术以独断于上，则权不在臣下，然后才能灭仁义之道，绝谏说之辩，为所欲为，而无人敢言。如此，群臣、百姓找自己的毛病还找不过来，哪里还有工夫图谋叛逆呢？"二世大悦。于是行督责更加严苛，搜刮民脂民膏最多的视为明吏，杀人最多的视为忠臣，于是路上走的人，一半都受过刑罚；街市上遭受死刑的尸体，每天堆积如山。秦国人民，更加惊骇恐惧，日夜盼望天下大乱。

【王夫之曰】

李斯上书给二世说："人主灭仁义之途，绝谏诤之辩，莘然行恣睢之心。"从古到今，无论贤与不肖之人，都没有忍心这么说话的，而李斯居然毫无廉耻地说出来。呜呼！他何至于此呢！李斯，他是荀子的学生啊！他也曾经给秦始皇谋天下而得天下啊！他怎么能说出飞廉、恶来那样的大奸臣都说不出口的话呢？他的心里难道真是这么认为的吗？如果不是二世愚蠢到了极点，就算是秦始皇那样的骄纵狂悖，能接受他这样的话吗？李斯说出这话的时候，不知道他会因此遗臭万年吗？不是别的缘故，是贪生怕死和患得患失之心，让他顾不上这些了。

既然他贪生怕死，患得患失，又怎么走到这步田地呢？他当初的进身之道，并不是他的应持之道；接着他得以受重用的功绩，并不是他自己所建的功绩；后来他借以自保的措施，也不是他的所学之术；最后他退以求生时，更是手足无措，方寸大乱。他一路走来，都不是正道，那当然就走到这可畏可患的田地。到了这时候，要想无畏无患，不说出这样的荒唐言论，还能怎么做呢？天下没有必死的路，也没有侥幸之得。能早早立志走正道，就不至于有后面的窘迫，就不至于说出这不忍心、不敢说的妖言。早不能诚意正心走正道，到了后面，不走到这一步也不行了。李斯最后被处以死刑，他是到了走向刑场的时候才肝胆俱裂的吗？不，他写下这封奏折的时候，已经肺肝自裂了。《易经》说："履霜坚冰至。"与其早点看清别人，不如早点看清自己。

【华杉讲透】

君子行道于天下，在于自己的价值观和志向，人都想趋利避害，但是如果你有利必驱，有害必避，那你就不算志有定向，就不能在正道上一以贯之。而如果你任其私智，你认为你的智商，能够得到所有的利，避掉所有的害吗？做不到！只会让自己迷失了方向，掉进自己给自己挖的坑里。《中庸》说："人皆曰予知，驱而纳诸罟擭陷阱之中，而莫之知辟也。"人们都说，我知道！我知道！但别人把他往罗网陷阱里赶，他也不知道躲避！李斯就是一直在把自己往陷阱里赶啊。

君子处世，用之则行，舍之则藏，以道事君，不可则止。原则很清楚，我贡献给君王和社会的，是我的道。用我，我就行道于天下，不用我，我就藏身以自保。一定是直道事人，绝不枉道事人。王夫之说李斯跟荀子学了道，但他用的，始终都不是自己学的正道，而是追名逐利、趋利避害的歪门邪道，邪道能通向哪里呢？孔子说："知者不惑，仁者不忧，勇者不惧。"不惑、不忧、不惧，是因为有价值观，有原则，有方向，这样才能我心光明，能进能退。只能进，不能退，最终就无路可退。

4 赵国大将李良平定常山，还报赵王。赵王再派李良经略太原，大军抵达石邑，秦军阻塞井陉口，无法再前进。秦将诈称二世有信给李良，招降他。李良得到书信，不敢相信，回邯郸请求增兵。还没到邯郸城，在路上碰见赵王姐姐出城喝酒的车队。李良以为是赵王，急忙跪伏在路边拜谒。赵王姐姐喝醉了，不知道是李良，仅仅派了一个骑兵过来打个招呼。李良本是大将，身份尊贵，自尊心更是非常强，从地上站起来，看看他的随从将领，觉得非常受辱，脸都丢尽了。其中一个随从说:"天下畔秦,能者先立。且赵王之前的地位本来在将军之下,如今他家一个女人竟然都不为将军下车!请追杀之!"李良本来得到秦国书信,已经动摇,想要反赵,犹豫未决,如今怒从心中起,恶向胆边生,即刻派人追击,杀死赵王姐姐,又将兵突袭邯郸。邯郸毫无防备,李良竟然一举杀死了赵王、邵骚。赵国人多为张耳、陈馀耳目,所以二人得到消息,得以逃脱。

5 陈县人秦嘉、符离人朱鸡石等起兵,把东海郡守围困在郯城。陈胜听说了,派武平君畔为将军,前往郯城任监军。秦嘉不接受命令,自立为大司马,而且非常痛恨自己屈居于武平君之下,对军吏们说:"武平君年少,不懂军事,不听他的!"然后假称陈胜命令,直接把武平君杀了。

【华杉讲透】

一种风气会传染,陈胜派出去的人,谁都可以杀,而且都说是他下令杀的就可以了。这样,陈胜的张楚国,就没法不分崩离析了。

6 二世派长吏司马欣、董翳增兵章邯。章邯已击破武逢,又击破张楚上柱国房君,杀之,再进击陈县以西的张贺部,陈胜出城督战,张贺战死。

腊月(秦历的腊月,就是夏历,也就是我们今天阴历的九月),陈胜到汝阴,回程到下城父,他的车夫庄贾杀陈胜,向秦军投降。

当初,陈胜称王,家乡故人都去投奔他。他的岳父也去了。陈胜把他当普通宾客对待,长揖不拜。岳父大怒,说:"造反僭号为王,对长辈傲慢无礼,必定不能长久!"转身不辞而去。陈胜赶紧跪下谢罪,岳父头也不回。于是宾客们进出越来越轻慢无礼,畅谈陈胜在家乡时的往事。有人劝谏陈胜说:"宾客们愚昧无知,轻率妄言,减轻您的威望。"陈胜于是杀掉那些乱说话的宾客。其他的故交旧友就都离开了,陈胜身边没有一个亲信的人。

陈胜以朱房为中正,胡武为司过,主管群臣。将领们攻城略地回来,二人对他们颁布的命令或所行的事,总是纠察批评,发现不对的,就关押治罪。陈胜所不喜欢的人,则根本不交给有司,自己直接处置。所以诸将都不跟他一条心,不亲附他。这是他失败的主要原因。

【华杉讲透】

成大事，靠雄才大略，更要靠修养。赵王之死，就是他的姐姐没修养触发的。二世是蠢和坏的极致，谈他的修养有点离题太远了。而陈胜之败，就败在没有修养。二世和陈胜，又都有同一个错误，就是自以为帝王至高无上，可以严刑峻法去对待属下，事情搞不好，治罪就行了。陈胜在这方面错得更离谱，因为他还不是真王，只是刚刚造反，自己称王，还差得远呢，他就当真了。

如果当领导只需要看结果，做得好就奖励，做不好就惩罚，那也太容易了。那不是当领导，是当裁判。但是，领导不是裁判，领导也是运动员，是队长，要负责组织，负责激励，负责带头干活。

领导力的关键，在于成就他人，首先要让每一个人感受到你发自内心的关心和爱，你真的想成就他们，你才有资格领导他们。如果你是老板，其他人都是打工的，一切只有奖惩制度，这事业长久不了，或者说，这根本就不是任何人的事业，而是你个人的利欲，上天不会让你长久的。

仁爱的王者，致力于成就全天下的所有人，还要成就天地万物，让山川河流，一草一木，空气土壤，都成就在最佳状态，这就是明君圣主。雄才大略的霸者呢，至少也要成就一部分人，让他们成为人上人，他们才能是你的人。像二世和陈胜这样，只管自己一个人，就成了孤家寡人，成了独夫。一个独夫，能做什么呢？

陈胜以前的随从吕臣做苍头军，在新阳起兵，攻打陈县，杀庄贾，重新以陈县为楚国，葬陈胜于砀，谥号隐王。

当初，陈胜令铚人宋留将兵平定南阳，进入武关。宋留已经征服南阳，陈胜死讯传来，南阳又再度叛归秦国。宋留率军投降秦国。二世将宋留车裂示众。

7 魏相周市将兵攻略丰县、沛县，派人招降雍齿。雍齿一向不愿归属刘邦，就以丰县降魏。刘邦攻打丰县，未能攻克。

8 赵国张耳、陈馀收其散兵，得数万人，攻击李良。李良败走，投降章邯。有幕僚游说张耳、陈馀说："两位都不是赵国人，要在赵立国，自己难以独立，不如寻找赵国宗室之后，以义辅佐，方可成功。"于是找到赵歇。春，正月，张耳、陈馀立赵歇为赵王，定都在信都。

9 东阳宁君、秦嘉听说陈胜兵败，拥立景驹为楚王，引兵到方兴，准备在定陶城下迎击秦军。派公孙庆出使齐国，游说齐楚并立西进。齐王说："陈王战败，生死未知，楚国怎么能不请示别国就自己立王呢？"公孙庆说："齐没有请示楚就立了王，楚国立王为什么要请示齐呢？况且楚国是举事首义之国，应该号令天下。"田儋闻言大怒，斩杀公孙庆。

秦国左、右校尉再攻打陈县，陈县陷落，吕臣败走，征召散卒，再度集结起来，与番阳大盗黥布合兵一处，再反攻秦左、右校尉，在青波击败秦军，收复陈县。

黥布是六安人，本姓英，叫英布，因为犯法被处以黥刑，发配在骊山做劳役。骊山的劳役犯有数十万人，黥布和其中的犯人头目及豪杰多有交往，于是率领他们逃到江中做强盗。番阳县令吴芮，甚得江湖民间人心，号曰番君。黥布前去拜见他。当时他的部众已有数千人。番君将女儿嫁给他，派他攻打秦国。

10 楚王景驹在留城，刘邦前往投奔。张良也聚集了一百多个少年想去投奔景驹，路上遇到刘邦，就决定追随刘邦。刘邦拜张良为掌管马匹的厩将。张良经常跟刘邦讲太公兵法，刘邦非常欣赏他，总是用他的计策。张良曾经把他的谋略跟其他将领说过，都听不懂！张良感慨说："沛公是天降奇才！"于是坚定地追随刘邦，不做他想。

刘邦与张良一起去见景驹，想要请兵攻打丰县。当时章邯手下司马夷将兵北定楚地，从相县到砀县，一路屠杀。东阳宁君和刘邦引兵向西，与司马夷大战于萧县以西，楚军不利，撤退，在留县集结。二月，再攻打砀县，三天后攻下。收降砀县兵，得六千人，与原来三千人合在一起，有九千人的队伍了。三月，再攻占下邑。还师攻打丰县，还是打不下来。

11 广陵人召平，受已故张楚王陈胜命令攻打广陵，未能攻下。听说陈胜兵败，章邯将至，于是渡长江南下，矫称陈王命令，拜项梁为楚上柱国，说："江东已经平定，速引兵西击秦！"项梁于是率八千子弟兵渡江西进，听说陈婴已经攻占东阳，派遣使臣与陈婴联络，希望一起西进。

陈婴，是之前东阳县令的属下小吏，在县城居住，一向为人谨慎，讲信义，被称为长者。东阳少年杀其县令，相聚得两万人，要立陈婴为王。陈婴的母亲对他说："自从我嫁到你家，还没听说过先祖里面有富贵的。如今你暴得大名，这是不祥之事，不如跟着别人干，事成，可以封侯；事不成，也方便逃亡，不要被人指着名字追捕。"陈婴于是不敢称王，对军吏们说："项氏世代都是楚国大将，有名于楚，如今要举大事，大将还是要他家的人来做。我们依靠名家大族，一定能灭亡秦国！"他的部属都认为有理，于是带兵投奔项梁。

英布既破秦军，引兵向东，听说项梁西渡淮河，英布和蒲将军都率军去投靠，于是项梁部众达到六七万人，驻军在下邳。

景驹、秦嘉驻军在彭城以东，想与项梁对抗。项梁对军吏们说："陈王首义举事，战不利，不知下落。如今秦嘉背叛陈王，立景驹为王，大逆不道！"于是进兵击秦嘉，秦嘉败走，追之，到胡陵，秦嘉转头迎战，大战一天，秦嘉战死，部队投降，景驹逃亡，死在梁地。

项梁兼并了秦嘉部队，驻军在胡陵，将引军西进。章邯军到了栗县。项梁派别将朱鸡石、馀樊君迎战。馀樊君战死，朱鸡石军败，败走胡陵。项梁于是率军入薛城，诛杀朱鸡石。

刘邦带着部下百余骑去见项梁。项梁给刘邦步兵五千，"五大夫"级的将领十人。刘邦引兵而回，再度攻打丰县，终于攻陷。雍齿逃往魏国。

项梁派项羽攻打襄城，襄城坚守，久攻不下。项羽大怒，城陷之后，屠城，将守城人全部坑杀，才回来汇报。

项梁终于确认了陈胜的死讯，召所部诸将在薛县会议，刘邦也出席了。居鄛人范增，年七十，平常在家，好为奇谋巧计，前往游说项梁说："陈胜的失败，是理所当然的。秦灭六国，最冤枉的就是楚。自从楚怀王被骗入秦，死在异乡，楚国人至今都还同情他。所以楚国的南公先生说：'楚虽三户，亡秦必楚。'楚国就是只剩三户人家，将来灭秦的也一定是楚国！当初陈胜举事，不立楚王之后，而自立为王，他的势力就长不了。如今您起兵江东，而楚国蜂拥而起的将领们都争相来投靠您，为什么呢？因为您的家族世世代代都是楚国大将，大家认为您能再立楚王之后为王啊！"于是项梁听从范增的话，访求得楚怀王的孙子芈心于民间，芈心正给一户人家做牧羊童呢。夏，六月，立芈心为楚怀王，以从民望。陈婴为上柱国，封给五个县的封地，与怀王定都在盱眙。项梁自号为武信君。

【华杉讲透】

名不正则言不顺，言不顺则事不成，范增老成谋国，从正名开始，欲正名，先寻找"名世者"。孟子说："五百年必有王者兴，其间必有名世者。"名世者，是可以命名一个时代的人。举事抗秦，要寻找一个名世者，找谁呢？范增找到一个"牺牲者"，因为牺牲者比活着的人有更大的政治号召力，而且死者不会犯错，也与世无争，是最好的宣传旗帜。

而范增最大的创意，是立芈心为"楚怀王"，直接用楚怀王的谥号，命名就是召唤，"楚怀王"一立，召唤起楚国人的悲情，天下人的同情，和对秦国暴虐无道、无赖不义的整体经验，凝聚了天下人的集体意识。"楚怀王"，是名世的超级词语，超级符号，是范增的超级创意，那楚怀王已经死了，新立的楚王怎么能用他的谥号呢？范增就直接用了！仅此一策，范增堪称三千年来最伟大的宣传家，可惜所遇非人，项羽竖子，不足与谋耳！

张良游说项梁说："您已经立楚王之后，而韩国诸公子中，横阳君韩成最有贤德，可立他为王，可以多树立我们的党羽。"于是项梁派人找到韩成，立为韩王。以张良为司徒，与韩王将兵千余人西略韩地，得数城，后来又被秦军夺回去了。韩军往来在颍川一带活动。

12 章邯击破陈胜之后，进兵击魏王于临济。魏王派周市突围而出，求救于齐、楚。齐王田儋和楚将项它都将兵来救。章邯夜晚衔枚突袭，大破齐、楚军于临济城下，杀齐王及周市。魏王咎以章邯保证不屠城为条件约降，章邯同意。于是魏王咎自焚而死。魏咎的弟弟魏豹逃亡到楚国，楚怀王给魏豹数千人，继续攻略魏地。齐国田荣收集其兄田儋的残兵，东走东阿。章邯追上来，在东阿包围田荣。

齐国人听说田儋死了，于是立已故齐王田建的弟弟田假为齐王，田角为丞相，田角的弟弟田间为大将，以抵御各国诸侯。

秋，七月，连绵大雨。项梁引兵攻亢父，听说田荣危急，转头来救，击破章邯军于东阿城下。章邯向西撤退。田荣引兵向东回到齐国。项梁自己继续追击章邯，派项羽、刘邦攻打城阳，攻下后屠城。楚军抵达濮阳以东，与章邯军再战，章邯再败。章邯收集散卒，迅速振作起来，坚守濮阳城，决河水环城自守。刘邦、项羽率军攻打定陶。

八月，田荣回到齐国，攻击驱逐齐王田假。田假逃亡楚国。田间正率军救赵，就留在赵国，不敢回来。田荣立田儋之子田市为齐王，田荣为丞相，田横为大将，平定齐地。

章邯军势重振，越来越强盛，项梁多次派使者催促齐、赵发兵共击章邯。田荣说："楚杀田假，赵杀田角、田间，我就出兵。"楚、赵都不同意，田荣怒，始终不肯出兵。

13 郎中令赵高，仗着二世宠幸，以私怨私仇诛杀众人，怕大臣们入朝揭穿自己，于是游说二世说："天子之所以尊贵，是因为群臣只能听到他的声音，见不到他的真容。而且陛下现在年轻，好多事情您不熟悉，如今您坐朝断事，难免有处理不恰当的，让大臣们看到了您的短处，就显不出您的神明了。陛下不如深居禁中，不与群臣见面，让我和熟悉法令的侍从处理政事，有奏章来，我们就直接给他批示了。如此，则大臣不敢拿那些疑难政事来为难您，天下都称陛下为圣主了。"二世正中下怀，于是不坐朝上班，不见大臣，只在深宫中享乐。赵高和宫廷侍臣们掌权，所有国事都由赵高决定。

赵高听说李斯对此有怨言，于是见李斯说："听说东边盗贼越来越多，但皇上一心只管征发徭役，修建阿房宫，收集狗马无用之物。我想要进谏，但是我地位低微，这是君侯您这样的社稷重臣的事儿啊！您为什么也不进谏呢？"

李斯上当，说："是啊！我很久以来就想进谏了。但是陛下现在不坐朝上班，常居深宫之中，我想说的话，传递不进去，想见他，陛下又总是没时间。"

赵高说："如果您能进谏，我替您留意着，一看陛下有空，我就通知您，替您把信传进去。"于是赵高趁着二世正和嫔妃们游乐厮混的时候，派人告诉李斯："陛下现在空闲，可以奏事。"李斯于是赶紧到宫门求见。如此搞了三回。二世大怒，说："我平时空闲的时候挺多，丞相他不来，我每次自己稍微放松放松，他就来谈正事！他是欺负我年轻吗？他是欺负我不敢拒绝他吗？"赵高马上火上浇油，说："当初沙丘之谋，丞相有份参与。如今陛下已立为帝，但丞相还是丞相，并没有得到更大富贵。他的意思，也是希望能裂土封王。陛下不问臣，臣不敢说。丞相的长子李由，做三川郡守。而楚国盗贼陈胜等，都是三川附近郡县的人。所以楚盗公然横行，从三川城经过，而郡守不肯出击。我听说他们之间还有文书往来，但是没有查实，所以也一直不敢跟您汇报。况且丞相在外主持工作，他的权力实际上比您大。"二世深以为然，马上就想调查李斯，但是又怕一时找不到证据，于是下令调查三川郡守与盗匪交通往来的情状。

李斯这时候才醒悟赵高是他的敌人，于是上书攻击赵高说："赵高专擅利害之权，权势和陛下已经没有分别。当初田常为齐简公之相，窃取简公的恩威，下得百姓人心，上得群臣依附，最终弑杀简公而窃取齐国，这是天下人所共知的历史。如今赵高有奸邪淫逸之志，危险反动之行，而其私人财富，也和当初田氏之于齐国相当，而又贪得无厌，求利不止，他的实际权力，已经超过了君主，而其欲望无穷尽，他劫持陛下的威信，他的野心，犹如当年韩玘做韩安丞相一样。陛下如果不早做处理，臣恐怕会生变！"

二世说："丞相何至于言此！赵高不过是个宦官，但他不因为安逸而放纵，不因为危险而变心，志行高洁，一心修善，从跟随先帝出使到今天，一直是以他自己的努力和忠心得到提拔，一步步走到今天，始终坚持忠信守职，朕非常欣赏和信任他！而您却怀疑他，这是为什么呢？况且，我不信任赵高，又信任谁呢？赵高的为人，精干清廉，强健有力，下知人情，上能适应朕，您不必怀疑他！"

二世宠爱赵高，怕李斯把他杀了，于是把李斯的话私下告诉赵高，让他小心点。赵高说："丞相所忌惮的就是我吧，我如果死了，丞相就可以行田常之事了！他说我是田常，他才是田常啊！"

这时候，盗贼越来越多，而关中不停地发兵向东平叛。右丞相冯去疾、左丞相李斯、将军冯劫一起进谏说："关东群盗并起，秦发兵诛击，所杀死者很多很多了，但还是止不住。为什么呢？盗贼多，都是因为我们戍边、漕运、陆运和各种劳役太苦，而赋税又太高啊！请陛下停止修建阿房宫，减轻四省的戍边和陆运劳役。"

二世说："凡贵有天下者，得肆意极欲，居君主之重位，申明法令，臣下不敢不听，以制御四海也。而尧舜之类，贵为天子，却亲自和穷苦百姓在一起，讲究所谓亲民，这还算什么天子呢？怎么可以效法他们呢？况且先帝起于诸侯，兼并天下，天下已定，外攘四夷以安定边境，内修宫室以彰显得意，这些先帝的功业，你们都是亲眼看到的。如今朕继位，两年之间，盗贼蜂起，各位不能尽责平叛，倒怪到我头上，要停止先帝的事业，这是上无以报答先帝，下不为朕尽忠竭力，你们凭什么还身居高位呢？！"于是下令将冯去疾、李斯、冯劫逮捕下狱，找其他罪名治他们。冯去疾、冯劫即刻自杀，只有李斯到监狱报到。二世就派赵高治李斯一案，调查李斯及其子李由的谋反情况，搜捕其宗族、宾客，全部下狱。赵高治李斯案，拷打千余人，都扛不住刑，自己承认谋反。

李斯之所以不自杀，一是自负他的辩才，二是觉得自己有大功于秦，三是自己确实清白，没有反心，所以想上书自陈，期待二世突然醒悟，赦免他。于是从狱中上书说："臣为宰相治民，三十余年矣。当初秦地狭隘，不过千里，兵数十万。臣竭尽薄材，派遣谋臣间谍，资之金玉，使游说诸侯；又暗中加速武装，修明政治教化，提拔勇士战将，尊崇有功之臣，所以终于能胁迫韩国，削弱魏国，击破燕国、赵国，夷灭齐国、楚国，最终兼并六国，俘虏了他们的国王，立秦为天子。又北逐胡、貉，南定百越，以见秦之强。更刻画统一度量衡及统一文字，推行天下，以树秦之名。这些，都是臣的罪行吧！臣早就该死了，幸蒙皇上允许我继续效力，才活到今天。希望陛下垂念啊！"

奏书递上去，先到赵高手里，赵高转手就扔了，说："一个囚犯，还有什么资格给皇上上书！"

【华杉讲透】

李斯这封信，别说没递给二世，递上去也只能加速他的死刑。他把秦统一六国，以及统一之后，统一度量衡和文字的千秋功业——可以说是继秦孝公以来秦国七代君王的功劳，全揽到自己身上，说："此臣之罪也！"他太自我了，太自以为是了。这封书信，句句都是对秦二世残杀功臣的控诉，这哪里是能救自己命的求饶信啊！赵高如果给他递上去，说："陛下您看！我说他怨恨自己没能封王吧！他这信上说，秦统一天下都是他干的，都没先帝什么事儿，他哪里还把陛下您放在眼里呢？"这点狡猾赵高一定有，只是他现在觉得没必要了，就在自己手里解决李斯。

赵高派出他的宾客十几人，诈称是御史、谒者、侍中之类，往复去审问李斯。李斯以为他的奏书起作用了，皇上来核查了，据实回答，确实没有谋反。

赵高就给他上刑拷打，李斯受刑不过，就承认谋反。如此反复多次，李斯形成条件反射，再也不敢说冤枉了。这时候，二世的使臣来审问。李斯以为跟之前一样，直接承认谋反，结论就递上去了。二世接报，大喜说："幸亏有赵君啊！朕差点就被丞相出卖了！"二世派往三川调查的人，到达三川时，李由已经在和楚军的战斗中战死。（这么说李由确实没有谋反。）使者回来，正好李斯已经下狱，赵高就继续诬告李由已证实谋反。于是判定李斯罪大恶极，判处五刑（先在脸上刺字，然后削掉鼻子，第三砍去双脚脚趾，第四用鞭抽死，第五斩首，剁成肉酱），在咸阳市中腰斩。李斯被押出监狱，绑赴刑场途中，第二个儿子也一同处决，他转头对儿子说："我如今再想和你牵着黄狗，出上蔡东门去追逐狡兔，不可能了！"于是父子相哭而夷灭三族。二世以赵高为丞相，政事大小全由赵高决定了。

14 项梁击破章邯军于东阿，引兵向西，在定陶再破秦军。项梁、刘邦再与秦军战于雍丘，大破之，斩李由。项梁愈加轻视秦军，面有骄色。宋义进谏说："战胜而将骄卒惰者，败。如今士卒都有些怠惰了，而秦兵越来越多，我希望保持敬畏啊！"项梁不听，干脆派宋义出使齐国。宋义走到半路，遇到齐国来的使者高陵君显，说："您是去见武信君吗？"显说："是啊。"宋义说："我认为武信君必败，您慢点走则免死，快点走则刚好赶上殉葬。"二世动员全部军队增援章邯，击楚军，大破之，项梁战死。

【华杉讲透】

做任何事情，我们都应该有一个体会，春风得意总是短暂，当你最得意的时候，一放松自己，马上就会出问题打击你。曾国藩说，有两个字能毁掉一个人的一生，一个字是傲，一个字是惰。项梁都占全了，就丢了性命。我们读书读到这些故事和教诲，就当知行合一，学会谦虚谨慎，始终勤奋。

当时连绵下雨，从七月一直下到九月。项羽、刘邦攻打外黄县，一直不能攻下，这时传来项梁死讯，士兵们都很恐惧。于是与将军吕臣一起带兵向东撤退，把怀王迁都，从盱眙迁到彭城。吕臣部驻扎在彭城东，项羽部在彭城西，刘邦部在砀。

15 魏豹攻下魏地二十余城，楚怀王立魏豹为魏王。

16 闰九月，楚怀王合并吕臣、项羽两军，自己亲自指挥；以刘邦为砀郡郡长，封武安侯，指挥砀郡军队；封项羽为长安侯，号鲁公；任命吕臣为司徒，任命吕臣之父吕青为令尹。

17 章邯击破项梁之后，认为楚军不足为虑，于是渡过黄河，北击赵国，大破之，引兵到邯郸，把邯郸百姓全部迁到河内，夷平邯郸城郭。张耳与赵王赵歇逃到钜鹿城，王离率军围城。陈馀向北，聚集常山士兵，得数万人，在钜鹿城北扎营，章邯军驻扎在钜鹿南边的棘原。赵国不停地派使臣向楚国求救。

高陵君显在楚军中，见楚王说："宋义当初跟我说武信君必败，过了没几天，果然兵败。兵未战而先见其败征，宋义这是真懂军事啊！"于是楚王召宋义来议事，非常欣赏他，任命宋义为上将军，项羽为次将，范增为末将，率军救援赵国。其他将领一概归宋义指挥，号为"卿子冠军"。

【华杉讲透】

宋义得到提拔，是标准的"一语见幸"，因为说了一句话，得到赏识，暴得高位，这本身就是一种危险。刘邦可以一下子把韩信拜为大将，因为刘邦撑着他；楚怀王却没有资格把宋义拜为上将军，因为他自己还靠项羽撑着呢。楚怀王给宋义的称号，卿子冠军，卿是士大夫，子是子爵，都是尊崇之意，还要叫"冠军"，不叫"将军"，可见楚怀王多么急于提拔一个"自己人"。这就为之后项羽杀宋义埋下祸根。

提拔人要注意避免"一语见幸"，还得讲资历，因为一来他不一定真有本事，二来他没有群众基础，不能服众。更何况楚怀王自己，也没有足够的群众基础。

当初，楚怀王与诸将立约："先入关中者封王。"当时，秦军兵势强盛，经常乘胜逐北，诸将都避其锋芒，不敢先入关。唯独项羽急于报秦军杀项梁之仇，奋然愿与刘邦一起西进。怀王帐下诸位老将一起商议说："项羽为人，彪悍狡猾，而且残暴，曾经攻打襄城，破城之后，无论男女老少，全部坑杀。他经过的地方，没有不残灭的。而且楚军一直勇猛进取，之前陈胜、项梁都兵败战死了，不如另遣长者，扶义而西，告谕秦国父老乡亲。秦国百姓在暴政下苦日子已经过够了，如果能去一个仁厚长者，没有侵略暴行，或许可以攻下。不能让项羽去。唯独沛公刘邦，是宽厚长者，可以派他去。"于是楚怀王没有答应项羽，派遣刘邦向西，收拢陈胜、项梁的残部，进军伐秦。

刘邦从砀郡到阳城、杠里，攻击秦军营垒，连破秦军两支部队。

二世皇帝三年（甲午，公元前207年）

1 冬，十月，齐将田都不服从田荣命令，带着自己的部队帮助楚军，救援赵国。

【胡三省曰】
为之后项羽封赏田都埋下伏笔。

2 刘邦在成武击破东郡郡尉军队。

3 宋义率军行军到安阳，停留四十六日不前进。项羽说："秦军围赵，军情紧急，应该即刻引兵渡过黄河，楚军在外，赵军在内，内外夹击，一定能击破秦军！"

宋义说："不然！要打死牛身上吸血的牛虻，就不能关注去打破那些虮子卵。现在秦军攻赵，如果战胜，那他的士卒都疲惫了，我们正可以乘他疲惫攻击他。如果秦军败了，那我们就免了这一仗，直接引兵鼓行向西，一举灭亡秦国。所以，不如坐山观虎斗，让秦、赵两国相互消耗。披坚执锐，我不如您。运筹帷幄，您不如我。"于是下令军中："凡是猛如虎，狠如羊，贪如狼，桀骜不驯，不服从命令之辈，一律诛杀！"

于是派他的儿子宋襄到齐国担任宰相，亲自送行到无盐，大摆酒宴。当时，天气寒冷，又下大雨，士卒又冻又饿，项羽对亲信们说："我们正应该戮力攻秦，宋义却久留不行。如今岁饥民贫，士兵们都吃着青菜拌豆子，军中没有一点存粮,宋义还饮酒高会,不引兵渡河,去赵国取得粮草,与赵国并力攻秦,说什么等秦赵相互消耗之后'乘其疲惫',以秦国之强,攻打一个新建的赵国,一定是秦军获胜。秦军获胜之后,必然军势大振,有什么疲惫给我们乘?况且我楚军新败,楚王坐不安席,集结境内所有兵力专属于宋将军,国家安危,在此一举,他却不体恤士卒,只顾自己的私心,安排他儿子的官位,他不是社稷忠臣!"

十一月,项羽开晨会见上将军宋义,就在军帐中击杀宋义,提着宋义人头说:"宋义与齐国勾结反楚,楚王密令我诛杀他。"当时,诸将都慑服,没人敢嘀咕一句,都说:"首义立楚的,就是将军您家,如今将军又为楚国诛杀乱臣。"于是共立项羽为代理上将军。又派人追杀宋义的儿子宋襄,一直追到齐国境内,杀之。再派桓楚回去报告楚怀王。楚怀王只能接受,任命项羽为上将军。

【王夫之曰】

怀王之立,不是项氏本意。范增的说法,不过是从民望而已。君臣只是名分,心里并没有诚意,项氏大功告成之后,怀王是不能拥有楚国的。怀王也明白这个道理,所以,乘着项梁兵败身死的机会,就夺了上将军之权,交给宋义。怀王与宋义谈论军国大事,大悦,他大悦的,不是宋义有灭秦之计,而是能用宋义夺项氏之权。宋义筑营于安阳,而项羽斩之,不是愤恨他不救赵,而是愤恨他夺了自己的权。宋义迟迟不进兵,不是为了乘秦、赵之敝,而是为了找机会再收项羽的兵权。他送自己的儿子去齐国做宰相,一路送行到无盐,置酒高会,不是不体恤士卒的饥寒,而是为怀王树立外援,以齐国巩固自己的势力。

项羽杀死宋义之后,诸将说:"首立楚者将军家也。"这一句话,项羽的心思都在里面了,宋义的心思也在里面了,怀王不能安于项氏之心思也在里面了。救赵的任务交给宋义,入关的任务交给刘邦,项梁死,项羽孤立无援,成为宋义帐下一个小小偏将,楚怀王谋项氏之计就成了。但是,这不能服楚人之心。幸而秦国国君是二世,丞相是赵高,大将是章邯、王离,都是笨蛋,没能乘其隙行离间计瓦解楚军。否则,就算刘邦也无法自保,更何况宋义那样的弱智浅谋,项羽那样的有勇无谋呢?

可见君臣之义,只有名分是不行的。天之所秩,性之所安,情之所顺,缺一不可。

4 十二月，刘邦引兵到栗县，遇到刚武侯，刘邦夺了他的兵权，吞并了他部队四千人。刘邦与魏将皇欣、武满联手合攻秦军，得胜。

5 已故齐王田建的孙子田安，攻下济北地区，率军追随项羽，参与救援赵国。

【胡三省曰】
为之后项羽将田安封王埋下伏笔。

6 章邯修筑垣墙甬道，给王离运粮饷。王离粮草充足，急攻钜鹿，而钜鹿城中食尽，兵少，张耳数次派使者召陈馀来救援。陈馀度量着自己兵少，打不过秦军，拖了几个月，也不敢来。张耳大怒，怨恨陈馀，派张黡、陈泽前往责备陈馀说："当初你我二人立誓为刎颈之交，如今大王和我随时都会死，而您拥兵数万，不肯相救，这是同生共死的朋友吗？如果当初我们的誓言是真的，何不一起冲向秦军，死在一起！况且还有十分之一二的机会，击败秦军，活出生天呢！"陈馀回复说："我之所以不来救援，是不愿意白白牺牲了军队。我之所以不和您死在一起，是留下火种，为赵王和您报仇啊！如果今天一定要一起死，那是白白把肉扔给饿虎，有什么意义呢？"张黡、陈泽反复胁迫陈馀，就要死在一起。陈馀无奈，拨了五千人给两人，张黡、陈泽率领这五千人为先锋，先出击秦军，结果全军覆没。

当时，齐国军队、燕国军队都已经抵达救援赵国，张耳的儿子张敖也征召代地士兵，得万余人，也来救赵。各国军队都到了，但是都不敢出击，在陈馀周围扎营，就这么耗着。

项羽杀了卿子将军宋义，威震楚国，于是派遣当阳君、蒲将军将兵两万渡河救钜鹿，出战稍稍顺利，切断了章邯的运粮甬道，王离部队开始缺粮了。陈馀派人来请求再增加援军。项羽于是引兵渡河，渡河之后，破釜沉舟，把船凿沉了，锅碗炉灶全部打烂，军营也给全烧了，每人只留三天的干粮，以示士卒必死之心，绝不后退！于是抵达战场，直接包围王离，短兵相接，合战九次，大破秦军。章邯引兵退却，诸侯各部才敢进击秦军，于是杀死苏角，生擒王离。秦军另一将领涉间拒绝投降，自焚而死。

这个时候，楚军冠绝诸侯。诸侯各国来救援的部队，有十几座大营，但是没有一个敢出击的。等到楚军进击，诸侯各将都在营垒上观望。楚军战士，无不以一当十，呼声惊天动地，诸侯军无一人不震恐。等到击破秦军，项羽召诸将来见面，诸侯各将进入楚军辕门，无不下跪膝行向前，见了项羽都不敢抬头仰视。项羽于是成为诸侯各部的上将军，诸侯各部都听他指挥。

赵王和张耳这才得以出钜鹿城答谢诸侯。张耳与陈馀相见，责让陈馀不肯相救，并追问张黡、陈泽在哪，怀疑他们是不是被陈馀杀掉了。陈馀怒道："想不到你对我的怨恨这么深啊！你以为我就这么看重这将印吗？"于是愤然解下大将印绶，推给张耳。张耳也愣了，不接受。陈馀起身上厕所，有幕僚对张耳说："古话说：'天与不取，反受其咎。'如今陈将军自己把印绶解下给您，您不接受，违反天意，恐怕不吉祥啊，急取之！"张耳于是佩戴陈馀的印绶，合并了他的部属。陈馀从厕所出来，见张耳竟然毫不相让，于是走出大帐，只带着自己麾下亲信数百人，到河上水泽中渔猎为生。赵王歇回到信都。

【胡三省曰】

为之后张耳、陈馀互相攻杀埋下伏笔。

春，二月，刘邦北击昌邑，遇到彭越。彭越率其部队追随刘邦。彭越是昌邑人，经常在钜野水泽中打鱼，也兼职做强盗。陈胜、项梁起事，水泽中的少年相聚有百余人，去找彭越说："请您做我们的首领！"彭越推辞说："我不愿意干那事儿。"少年们反复强请，于是彭越同意了，与他们约定，明天早上日出前集合，迟到者斩首！到了第二天，有十几个人拖拖拉拉迟到，最迟的一个，中午才到。彭越说："我年纪老了，各位非要我当首领不可，如今约定了时间，却有那么多人迟到，这样的部队能上战场吗？这是第一次，而且迟到的人也太多了，依军法当斩，也不好都斩了，就斩最后一个吧！"于是下令一个军校负责行刑。各位少年还不知厉害，都笑着说："何至于此，下次不敢了就是！"于是彭越亲自动手，斩杀最后迟到的人，设立祭坛，宣告起义。部属们都大为惊恐，不敢仰视，于是带兵攻城略地，收集诸侯散卒，得千余人，协助刘邦攻昌邑。

【华杉讲透】

彭越这一手，跟当初孙子见吴王阖闾一模一样。孙子跟吴王谈兵，吴王把自己的妃子们交给他，让他演练看看，说：你要能把这群女子训练成一支铁军我就信你。妃子们嘻嘻哈哈不听号令，孙子马上把领头的两个吴王最宠的妃子斩了，娘子军即刻练成。

李世民的大将李靖说："古之为将者，必能十卒而杀其三，次者十杀其一。十杀其三，威震于敌国。十杀其一，令行于三军。"

什么意思呢？先杀自己人。差的杀十分之一，厉害的杀十分之三。杀十分之三，威震敌国；杀十分之一，三军听令。所以残酷的内部清洗，并不会因损失了精英而让一个组织被削弱，而是会让这个组织更加强大。

古代出军前要杀人祭旗，不是杀敌国人质，杀敌国人质，比如康熙杀吴三桂的儿子，那只是表示决裂，并不能立威。杀自己内部不听令的，才是立军威，立军法，让三军听令。什么样的人是最好的斩杀对象呢？最好是跟皇上有点关系的宠臣。他以为没人敢动他，吊儿郎当，杀了他，三军将士就都明白人人可杀。先斩后奏，跟皇上汇报，皇上也觉得杀得合适，这样的故事数不胜数。

彭越治这帮毛贼，杀一个人，就把他们治成了正规军。少年们恐惧，彭越要的就是这恐怖的领导力，这也是兵法，还是李靖的话："畏我者不畏敌，畏敌者不畏我。"自己的主将要比敌人更可怕，冲向敌人，还有一线生机，不听将令，必死无疑。

领导力有两种，仁爱的领导力和恐怖的领导力。仁爱的领导力，《孙子兵法》说："视卒如婴儿，故可与之赴深溪；视卒如爱子，故可与之俱死。"恐怖的领导力，《孙子兵法》说："厚而不能使，爱而不能令，乱而不能治，譬若骄子，不可用也。"只有爱，没有恐怖，这兵就不能用。

昌邑未能攻下，刘邦引兵向西，经过高阳。高阳人郦食其，家贫落魄，在一个里弄做看门人。刘邦麾下一个骑士，正好是郦食其一个里弄的街坊，郦食其去见他，说："诸侯将领从高阳经过的已经有几十人了，我询问这些将军，都是性格急躁、计较琐碎礼节的人，刚愎自用，对视野开阔的意见，他们听不懂也不愿意听。我听说沛公没那么急躁，而且平易近人，有大战略，这真是我愿意追随的人，但是没有人给我引荐啊！如果你见到沛公，就跟他说：'臣所居里弄有一位郦生,六十余岁,身长八尺,别人都说他是狂生,他自己说,我不是狂生。'"

骑士说:"沛公不喜欢儒生,宾客戴着儒生帽子来的,沛公就解下他们的帽子,往里面撒尿。跟人谈话,经常破口大骂,恐怕不能用儒生那一套来跟他说。"

郦食其说:"你就按我教你的说吧!"

骑士于是一五一十照着郦食其教他的话跟刘邦说了。

刘邦到了高阳驿站宾馆,派人召郦生。郦生进来谒见的时候,沛公正坐着,两个女子给他洗脚。郦生作了一个长揖,并不跪拜,说:"足下是要帮助秦国攻打各诸侯呢?还是帮助诸侯攻打秦国呢?"刘邦破口大骂:"竖儒!天下共同苦于秦国暴政已经很久了,所以诸侯相率而攻秦,你说什么助秦攻诸侯,你有病吗?"

郦生说:"既然你是聚徒众,合义兵而诛无道之秦,那你就不应该这么倨傲地接见长者。"

刘邦于是停止洗脚,站起身来,把衣帽穿戴整齐,请郦生上坐,向他道歉。郦食其于是跟刘邦讲六国合纵连横时的故事,刘邦很喜欢听,给郦食其摆上酒食,问:"有什么计谋?"郦食其说:"足下起纠合之众,收散乱之兵,不满万人,就这么径直去攻打强秦,这就像俗话说的,把头伸进老虎口中去探望。附近有一座城池叫陈留,是天下之要冲,四通八达,城中积蓄的粮草甚多。我和陈留县令是好朋友,希望能得到您的命令,让我出使陈留,说服他投降,如果他不听,足下引兵攻之,我为内应。"

刘邦于是派郦食其出使陈留,自己率军队跟着,这样拿下了陈留。刘邦封郦食其为广野君。郦食其又向刘邦推荐他的弟弟郦商。当时郦商聚集了少年四千人,都来投奔刘邦,刘邦任命郦商为将,率领陈留之前的守军,随从出征。郦生则经常担任说客,出使诸侯。

7 三月,刘邦攻开封,未能攻克,向西与秦将杨熊会战于白马,又战于曲遇东,大破之。杨熊败退到荥阳,二世派使者到军营问罪,斩杀杨熊。

夏,四月,刘邦南攻颍川,屠城。因为张良家世为韩国相国,于是去攻略韩国土地。当时赵国别将司马印正要南渡黄河,攻击函谷关。刘邦于是向北攻击平阴，断绝黄河渡口，战于洛阳之东。战事不利，于是向南撤退到轘辕。刘邦派韩王成留守阳翟，自己和张良率军继续南下。

六月，与南阳郡守齮战于犨东，破之，经略南阳郡。南阳郡守退保宛城。刘邦引兵从宛城经过，向西而行。张良进谏说："沛公急于攻打函谷关，但是秦军兵力仍然众多，而且据守险峻要塞，如果今天不打下宛城，强秦在前，宛军在后，两面夹击，我们就危险了！"于是当夜，刘邦偃旗息鼓，带兵从其他道路又悄悄回到宛城，等到天明，已经把宛城包围了三圈。南阳郡守齮绝望，想要自杀。他的舍人陈恢说："等我想想办法，实在不行，您再死也不晚。"于是翻墙出去见刘邦，说："我听说楚怀王与诸将约定，先入咸阳者封王。如今足下围攻宛城，宛的郡县城池有数十座，其官吏百姓，都以为投降必死，所以都登城坚守。如今足下整日进攻，士卒死伤必多。等您引兵离开宛城，宛城军队必然尾追骚扰。足下向前不能入关封王，向后又有宛军之患。我为足下着想，不如招降宛城，封赏南阳郡守，还让他负责守城，然后您带着他的军队一起向西。其他没有攻下的城池，听到这个消息，一定争相大开城门接待您，您就可以通行无阻了。"刘邦说："善！"秋，七月，南阳郡守齮投降刘邦，封为殷侯；封陈恢万户。

刘邦引兵向西，城池无不望风而降。到了丹水，高武侯鳃、襄侯王陵投降。还攻胡阳，遇番君别将梅鋗，与他合并一起攻打析、郦，也都投降。刘邦大军所过，军纪严明，都没有抢掠之事，秦国人民都感到惊喜。

8 包围邯郸的王离大军全军覆没。此时，章邯军在棘原，项羽军在漳南，相持未战。章邯军几次退却，二世派人责备章邯。章邯恐惧，派长史司马欣回去汇报请示，到了咸阳，在宫门外等了三天，赵高不见，有不信任之意。司马欣恐惧，决定返回军营，而且不敢走来时的路。赵高果然派人去追，没追到。司马欣回到军营，向章邯汇报说："赵高用事，下面没有人能做决定。我们如果战胜，赵高一定嫉妒我们的功勋；不能胜，就是死罪一条，希望将军您自己决定怎么办！"

陈馀也派人给章邯送信说："白起为秦将，南征鄢郢，北坑马服，攻城略地，不可胜计，而竟然被赐死。蒙恬为秦将，北逐戎人，从榆中开疆辟地数千里，竟然被斩于阳周。为什么呢？功劳太大，秦没法再封赏他们了，就找一条罪名诛杀他。如今将军您为秦国大将三年了，损兵折将数以十万计，而诸侯并起，军队越来越多。那赵高靠阿谀拍马的功夫，久居高位，如今事态紧急，他怕二世问罪诛杀他，就会找罪名杀你来顶罪，派人替换您来解除他的压力。将军您长期在外，朝中无人，危机四伏，有功也是死，无功还是死。况且天下将要灭秦，这是无论贤愚之人都看得明白的事。您对内不能向君王直言进谏，对外将为亡国之将，如此内外交困，孤立无援，还想长久生存，岂不哀哉！将军何不掉转枪头，与诸侯联合，共约攻秦，裂土封王，南面称孤！这与身受腰斩之刑，妻子儿女都被戮杀比起来，怎么样呢？"

章邯狐疑不定，暗中派军侯始成出使项羽，想和他盟约。盟约还没谈成，项羽军事行动不止，派蒲将军先带一支军队，日夜行军，从三户渡过漳水，大军抵达漳南，和秦军合战，击败秦军。项羽率领全军击秦军于汙水上，又一次大破秦军。章邯派使者来，再次请求定合约投降。项羽召集军吏们商量说："我军粮少，接受他们投降吧！"军吏们都同意。项羽于是与章邯约定在洹水之南的殷墟盟约，盟约成，章邯拜见项羽，痛哭流涕，陈说赵高弄权之事。项羽立章邯为雍王，留在楚军统帅部，任命司马欣为上将军，率领秦军为前驱。

9 瑕丘人申阳，率领他的部队攻入黄河以南，引兵跟从项羽。

10 当初，中丞相赵高想要专擅秦国大权，怕群臣不听，于是先做一个试验，牵一只鹿来献给二世，说："这是一匹马。"二世笑着说："丞相错了，这是鹿。"问左右是鹿是马，有人沉默，有人阿谀赵高，说是马，也有人说是鹿。赵高暗中以罪名惩治那些说是鹿的。于是群臣没有一个人敢说赵高的不是。

赵高数次跟二世说关东盗匪成不了气候，等到项羽俘虏王离等大将，章邯等军连连战败，上书请增兵救援。从函谷关以东，各地几乎全部背叛秦国官吏，响应诸侯。诸侯各国，全都率其部众，向西挺进。八月，刘邦率数万兵攻武关，屠城。赵高怕二世发怒，诛杀自己，于是称病不朝。

二世做了一个噩梦，梦见白虎咬死了他马车左边的骖马，怏怏不乐，问占梦的。解梦说："是泾水作怪。"二世就在望夷宫斋戒，要祭祀泾水，杀了四匹白马，投入水中，派使臣去责问赵高东方盗贼之事。赵高害怕，和他的女婿咸阳令阎乐、弟弟赵成，密谋说："皇上不听劝谏，如今事情紧急，又想要我顶罪，我想罢黜他，另立子婴。子婴仁厚节俭，百姓都拥戴他。"于是派郎中令为内应，诈称有大贼，下令阎乐召官吏发兵追击。把阎乐的母亲劫持到赵高府中，下令阎乐率吏卒千余人至望夷宫殿门，绑了宫门守将，喝问："有盗贼冲进望夷宫，为什么不阻止？"守将说："各区守卫严谨，哪有什么贼？"阎乐下令将他斩首，率众冲入宫去，一路射杀宦官和侍卫。宦官和侍卫们大惊，有的逃跑，有的反抗，反抗的都被杀死，死者数十人。郎中令与阎乐一起进入，以箭射中二世帷幄。二世大怒，召左右，左右都惊慌失措，没有上去抵抗的。旁边只剩下一个宦者伺候，不敢离去。二世入内，问他："你为什么不早告诉我？竟至于此！"宦者说："我因为不敢告诉您，才活到今天。如果我早告诉您，早被杀了。"阎乐上前，数落二世说："足下骄恣，诛杀无道，天下已经反叛足下，请足下自己看看怎么办！"二世问："能不能见丞相一面？"阎乐说："不可！"二世说："愿得一郡为王。"阎乐不许。二世又说："愿为万户侯。"又不许。再哀求："愿与妻子儿女一起做个百姓，比照皇子待遇。"阎乐说："我受丞相之命，为天下诛杀足下，足下虽然话多，但是我不敢向丞相汇报。"命令士兵上前。于是二世自杀。

阎乐回报赵高。赵高于是召集诸大臣、公子，宣告诛杀二世的情状，说："秦本来是王国，始皇君临天下，所以称帝。如今六国自立，秦地也变小了，以空名为帝，不可，应该恢复原状。"于是立子婴为秦王。以百姓规格将二世葬在杜县南部的宜春苑。

九月，赵高令子婴斋戒，在太庙接受群臣朝见，受玉玺。斋戒五日之后，子婴与他的两个儿子密谋说："丞相赵高将二世杀死在望夷宫，怕群臣诛杀他，于是假装公义，立我为秦王。我听说赵高正与楚国密约，灭秦宗室而让他在关中称王。如今他令我在太庙斋戒，是想找机会在太庙杀我。我称病不去，丞相一定自己来催，来了就杀死他！"赵高数次派人催促子婴，子婴都不动。赵高果然自己来了，说："宗庙重事，大王为何不去？"子婴于是就在斋宫将赵高刺杀，灭三族。

子婴派兵增援峣关，刘邦准备迎击。张良说："秦兵尚强，不可轻敌。不如先派人于山上大张旗帜以为疑兵，派郦食其、陆贾去游说秦将，诱之以利。"秦将果然被说动，愿意连合。刘邦准备跟他订约。张良说："这是他的将领想要叛变，士兵们不一定听从，可以因其懈怠而击之！"刘邦引兵绕过峣关，翻越黄山，攻击秦军，大破之于蓝田南，于是大军抵达蓝田，又战于蓝田北，秦军大败。

【王夫之曰】

秦所诛灭而降辱的，是六国王室；残酷压榨而使之家破人亡的，是郡县百姓；而诛杀二世，甚至要诛灭秦国宗室，要出卖秦国给楚国而自己称王关中的，既不是六国王室之后，也不是郡县百姓，而是赵高。所以怨在敌国，敌国或许还没有能力报复；怨在百姓，百姓也没有决心反抗；宠狎小人，而祸必发于小人。如果赵高真的屠灭秦国宗室，开关和诸侯讲和，要诸侯立他为关中之王，诸侯能接受吗？能不杀了他吗？所以，以智者的智商来判断赵高，一定认为他会死心塌地和秦国相终始；以愚者的智商来判断赵高，也认为他只能与秦国共存亡。但是他为什么会杀胡亥以侥幸一时呢？（都是慌不择路。）祸福之外，有无籍之欲；死生之外，有无方之谲；俄顷之间，有忽变之情焉！到了千钧一发的时候，他什么事都干得出来，圣人君子也防备不了，别说二世了。

秦国以为他的法令严密，可以防备天下。但是，项梁曾经犯罪，曹咎给司马欣一封信，就把他的罪给免了。项梁是楚国大将军之子，是秦国最需要防备的人，而司马欣一个小小的狱掾，一封信就能给他脱罪。可见法令越密，而吏权越重；死刑越多，而贿赂越彰；天子之权，倒持于掾吏。

【华杉讲透】

秦国的法网，成了赵高的法网，最后又把二世和赵高都一网打尽了。

激发个人成长

多年以来,千千万万有经验的读者,都会定期查看熊猫君家的最新书目,挑选满足自己成长需求的新书。

读客图书以"激发个人成长"为使命,在以下三个方面为您精选优质图书:

1. 精神成长
熊猫君家精彩绝伦的小说文库和人文类图书,帮助你成为永远充满梦想、勇气和爱的人!

2. 知识结构成长
熊猫君家的历史类、社科类图书,帮助你了解从宇宙诞生、文明演变直至今日世界之形成的方方面面。

3. 工作技能成长
熊猫君家的经管类、家教类图书,指引你更好地工作、更有效率地生活,减少人生中的烦恼。

每一本读客图书都轻松好读,精彩绝伦,充满无穷阅读乐趣!

认准读客熊猫

读客所有图书,在书脊、腰封、封底和前后勒口都有"**读客熊猫**"标志。

两步帮你快速找到读客图书

1. 找读客熊猫

2. 找黑白格子

马上扫二维码,关注**"熊猫君"**

和千万读者一起成长吧!